走近
当代名校长
系列丛书

雅慧教育论

邓仕民 著

中国言实出版社

图书在版编目（CIP）数据

雅慧教育论 / 邓仕民著. -- 北京:中国言实出版社，2024. 12.
ISBN 978-7-5171-5040-4

Ⅰ. G40

中国国家版本馆CIP数据核字第2025L4J653号

雅慧教育论

责任编辑：朱　悦
责任校对：张　朕

出版发行：中国言实出版社
　　　　　地　　址：北京市朝阳区北苑路180号加利大厦5号楼105室
　　　　　邮　　编：100101
　　　　　编辑部：北京市海淀区花园北路35号院9号楼302室
　　　　　邮　　编：100083
　　　　　电　　话：010-64924853（总编室）　010-64924716（发行部）
　　　　　网　　址：www.zgyscbs.cn　电子邮箱：zgyscbs@263.net

经　　销：新华书店
印　　刷：北京荣泰印刷有限公司
版　　次：2025年4月第1版　2025年4月第1次印刷
规　　格：710毫米×1000毫米　1/16　18.25印张
字　　数：244千字

定　　价：56.00元
书　　号：ISBN 978-7-5171-5040-4

《走近当代名校长系列丛书》
编 委 会

序

　　教育的本质是传承文化、培养人才。因此，我一直认为中华优秀传统文化是中国人的根，是中华民族安身立命之本。教师的任务就是传承文化，创造文化。而如何落实优秀传统文化育人的功能，是很多学校在教育实践过程中比较困惑的地方。有的学校为了传承传统文化而进行所谓的"国学教育"，让学生穿汉服、戴官帽，摇头晃脑地读《三字经》，甚至有的学校开展"孝"的教育，让全校孩子在操场上为妈妈洗脚。我看了这些表演之后特别不舒服。我觉得，进行中华优秀传统文化教育不能搞形式主义，要讲求精神实质。重庆凤鸣山中学的雅慧教育可谓是一次比较成功的教育实践，值得我们借鉴和学习。

　　学校开展优秀传统文化教育要有所选择、有所创造。邓仕民书记创造性的依托"凤"这一独特的精神符号和文化图腾，将优秀的传统文化精神渗透到学校常规教育教学活动中，潜移默化地影响学生的思想、意识、价值观。这里值得一提的是，雅慧教育在学生中推行"雏凤共同体"的合作学习小组，以及在学区范围内构建的学区共同体，这个做法就是继承了中华优秀传统文化精神——贵和尚中。过去，周恩来总理在印度尼西亚万隆会议上提出处理国际关系的和平共处五项原则，讲和而不同，而今，习近平总书记在谈到共建"一带一路"时提出"人类命运共同体"，这都是继承中华优秀传统文化而提出的，体现的是中国人的智慧。大到国家，小到个人，中国人向来都讲究顾全

大局，重和谐、求稳定。贵和与矢志爱国、自强不息、诚信待人等品质是刻入中国人骨子里的，渗透到人的心里、血脉中，是深层次的，是不容易改变的。因此，可以说雅慧教育的这种做法才是学校传承中华优秀传统文化应该有的方式方法。

除此之外，我也很欣赏邓仕民书记为解放学生进行的课程和课堂改革。之前我也讲过要解放孩子，再往前，鲁迅也讲要解放孩子，今天还是要讲解放孩子。当然，我们讲解放孩子，讲减负，绝对不是怕让学生"吃苦"，也绝对不是要放纵学生懒怠学业。吃苦耐劳、拼搏奋斗既是中华民族的优秀品质，也是我们必须在教育中予以培养的学生基本品格。我们讲"解放孩子"主要是解放思想，也需要全社会长期努力。我们现在推行的素质教育，注重对学生核心素养的培养，将孩子从被动的学习、从所有的负担、从教育的竞争里解放出来，让孩子们主动活泼地成长。具体落实到学校教育中，就要依靠邓仕民这些一线的教育工作者了。关于这一点，邓仕民的做法值得称道。他精准地抓住了解放学生的关键，把课堂真正还给学生，改变学生的学习状态，但同时又在课堂温度、教育宽度、知识密度、学科深度四个方面下功夫，让学生真正成为学习的主人。

实施"雅慧教育"，向"雅"而行，因"慧"而生，有中华优秀传统文化作底蕴，雅慧教育会越走越远。借此机会，我也希冀在教育领域里出现越来越多如邓仕民一样的教育工作者，开启建"雅慧"校园、塑"雅慧"教师、修"雅慧"课程、培"雅慧"学生的办学之路。

是为序。

二〇二五年二月二十六日

（作者系中国教育学会名誉会长、北京师范大学资深教授）

目录

雅慧教育论

第一章 雅慧教育的缘起

我国教育是开放的，但教育的目的是不变的，不论古今中外皆无一例外，其根本目的是育人。"培养什么样的人"是教育永恒的命题。这既是教育的出发点，也是教育的最终归宿。我们今天的教育正是从"培养什么人、怎样培养人、为谁培养人"三个方面入手，因此也决定了我们今天的教育是以满足人的全面发展为追求的教育。

教育是基于人、为了人、服务人、发展人的事业，是发展人性、培育人格、改善人生，让生命更美好的活动。教育思想是人们对人类特有的教育活动现象的理解和认识，其主旨是对教育实践产生影响。教育思想的核心是"培养什么样的人"。任何一种经典的教育思想，始终站在时代前沿，主动适应社会发展变化和时代更迭变迁，通过教育，培养出适应社会发展的时代新人。

第一节 雅慧教育的当代实践

雅慧教育作为一种教育理念，始终站在培育尚雅尚慧的时代新人的高度来审视教育，发展教育，以学生的发展为本，关注学生的发展，促进学生的发展，执着地追求教育的"高品位"和"高境界"。

一、"雅""慧"释义

"雅"字从牙从隹，最早出现在《诗经》中。"牙"是殷商时代乐器上的装饰，形状为牙形，因此牙既代表声，同时又具有音乐之意，是周代正统的礼乐标志。"隹"作为一种鸟的象征性符号出现在甲骨文中，常和占卜、祭祀、王命连用。它是周代受"天命"的一种标志，是一种旗帜，带有正统的含义。^①《说文解字》中，"雅，楚乌也。""雅"的本义是"乌鸦"的一种。后来借用为乐器名。孔颖达说："讯疾以雅者，雅谓乐器名。"西周之后，朝廷的乐歌称为"雅"，如《诗经》中配有雅乐的诗篇《大雅》《小雅》。因雅乐主要用于朝廷，因此，"雅"有"合乎规范""正统"的意思。《毛诗序》言："雅者，正也。""雅"指周代正声，也就是天命的正统。^② 后来，儒家学派丰富和发展了"雅"的内涵，从"王政"推及"人德"，指人的行为和思想端正合乎规范、标准，即雅。这也是中国典籍中常见的"雅"的释义之一。如《荀子·王制》："使夷俗邪音，不敢乱雅。"除此之外，"雅"的第二层释义是文雅、高尚，不庸俗。如《论语·述而》："子所雅言，诗、书、执礼，皆雅言也。"《新书·道术》："辞令就得谓之雅，反雅为陋。"《史记·司马相如列传》："相如之临邛，从车骑，雍容闲雅甚都。"由此可见，"雅"在典籍中常表示高雅心志，闲雅容态，风雅旷达的意趣。

在古代，"雅"作为一种艺术表现形式，是古典的美学范式。在《后汉书·窦后记》中载有"及见，雅以为美"。"雅"作为古代审美标准，主要用于评价建筑、人的风格、品性，如"雅言""雅士"。关于"雅"作为中国古代重要的审美范畴，赵国为教授在《浅析"雅"的美学含义及当代价值》中有较为详尽的论述，他认为：

---

① 夏德靠.中国文学研究书系《诗经》补论 [M].北京：知识产权出版社，2022：155.
② 孙娟.《诗经·大雅》与礼乐文化研究 [D].北京：首都师范大学，2008.

广义的"雅",包含政治概念与审美范畴两部分,二者相辅相成,共同构成了"雅"的内涵。就其政治范畴而言,"雅"代表的是统治者阶级以及社会精英等团体的文化,代表一种引领时代潮流的正统、典雅的文化。狭义的"雅"则指审美境界的雅致、典雅、超脱世俗等特质,实则是儒道释之"雅"在审美领域的显现。[①]

他还指出,"雅"作为审美观念在指代人的品格、行为时又成为一种价值观念,具有道德规范作用。

发展至今,"雅"的政治功能被弱化,美学内涵与道德观念逐渐加强,正所谓"存雅以正人心"。这也正是我们今天德性化教育所主张的。

"慧"在《说文解字》中为"儇也",徐锴注:儇,敏也。《广韵》:儇,解也,妍黠也,又了也,智也。大意是精明、精神清爽,可引申为"慧黠",即有才华、有胆略。"慧"作为佛教用语 [Prajna(般若)],意为智慧,如:慧目 (指智慧的眼目能洞察世间的一切现象);慧光 (智慧的光,能了却一切);慧寂 (佛教谓智慧和禅定);慧业 (指智慧的业缘)等。《辞海》(1999 年) 则把智慧定义为对事物认识、辨析、判断和发明创造的能力。

从词源上说,"慧"字从彗从心,心有尘借彗 (扫帚) 除之,意为保持心境清明。因此,古代先哲认为清心净虑、洞察真相为"慧"。这里"慧"有两层含义:其一,清心净虑,指人心性清明,不为繁杂俗事所困扰,有超凡脱俗的心境,心境惧空,照览无惑。其二,洞察真相,指人具有透过事物表象把握内在本质和规律的能力。正如汉代文学家贾谊在《新书》中所写:"深知祸福谓之智,反智为愚;极见宛察谓之慧,反慧为童。""极见宛察"指既能从宏观上把握又能从微观上洞察,参透事物的本质和规律。贾谊认为"智"与"愚"相对。古代,"智"通"知"。

① 赵国为.浅析"雅"的美学含义及当代价值 [J].汉字文化,2021(5).

《释名》：智，知也，无所不知也。《荀子·正名篇》：知而有所合谓之智。由此可见，"智"表示人可以通过学习、实践积累知识和经验摆脱愚昧，成为智者。智有向外积极进取、吸纳之意。而"慧"有向内反思、觉悟之意。就"慧"而言，首先人要在心境上达到一种清明的状态和超然脱俗的高度，才能参透外在事物，洞察和领悟事物内在本质。古人常将智慧组合，"慧以智为体，智以慧为用"①。

古代先贤论说智慧，习惯与"仁"相提并论。如《论语》中记载有"知者不惑，仁者不忧，勇者不惧"。《孟子》中也有"学不厌，智也；教不倦，仁也。仁且智，夫子既圣也"。董仲舒在《春秋繁露》中专辟一章论说智慧，他认为智慧就是能正确谋划、能预测，且能合乎伦理。他还强调"必仁且智"，"仁而不智，则爱而不别也；智而不仁，则知而不为也。故仁者所以爱人也，智者所以除其害也"。"仁"与"智""慧"，反映儒家智慧和道德相结合的基本特征。

"智慧"在《现代汉语词典》里解释为辨析判断、发明创造的能力。哲学家冯契认为"在由意见、知识到智慧的辩证发展过程中，意见是'以我观之'，知识是'以物观之'，智慧则是'以道观之'……把认识过程看成是从无知到知、从知识到智慧（即转识成智）的运动。"②而在李泽厚看来，"智慧不是指某种思维能力、知性模式，它不只是 wisdom，intellect，而是包括它们在内的整体心理结构或精神力量，其中也包括伦理学和美学的方面，例如道德自觉、人生态度、直观才能等智力结构与这些方面交融渗透在一起"。③

从古发展至今，"慧"不仅指探究事物本质、洞察人生真理的能力，还包含德性的成分，因而有"德照古今者为慧，才通天地者为慧"之说。

① 张继禹.中华道藏 [M].北京：华夏出版社，2004：234.
② 黄雪松.大学英语混合式智慧教育研究与实践 [M].长春：吉林出版集团股份有限公司，2022：3.
③ 李泽厚.中国思想史编（上册）[M].合肥：安徽文艺出版社，1998：301.

二、"雅""慧"价值重构

"雅"与"慧"二字蕴含着深厚的文化意蕴。"雅"从具有政治色彩的文化类别逐渐发展为儒家的审美理想,成为儒家思想的重要内容。"慧"兼具才与德,是我国古代人民人生态度和价值观的反映。新时代,在社会主义文明与价值观的影响下,雅慧教育赋予"雅"与"慧"的时代新意。

雅,"正而有美德者谓之雅"(《荀子·荣辱》),雅正、雅致。雅是自我超越的气度,是人生追求的积淀,是为人素质的外显,是一种合乎社会发展的、规范的、文明的、高尚的境界。雅以悠远的意蕴求善、求美。

慧,明晰一切事理谓之慧。智慧、聪慧。慧是一种精神,一种状态,一种深刻的理解人、事、物、社会、宇宙、现状、过去、将来的过程,一种思考、分析、探求真理的能力。慧以执着的坚韧求真、求实。

尚雅者修身养性,高尚而有美德。尚慧者为学进才,聪明而有才智。尚雅尚慧,修身为学,雅正慧通,秀外慧中,雅慧并行,至善至真。

我们这里探讨的雅慧,不是一般意义上所说的美好、智慧,是价值重构后的"雅"与"慧"的结合。

关于"雅"的价值重构,主要是指"雅"的伦理价值重构。"雅"作为一种审美范式,其审美标准仍然以文雅、高雅、雅致为美,与"俗"相对。《诗经》的内容分为风、雅、颂三类。雅诗与风诗的差异就是雅俗的差异。朱熹曾说"风多出于在下之人,雅乃士大夫所作,雅虽有刺,而其辞庄重,与风异。"[①] 在新时代的审美观念中,雅仍然与俗相对而立。

"雅"的伦理价值重构,主要围绕人的言行、人格、人生境界来谈。张宗登教授在《"雅"的审美范式与价值重构——兼论民间手工艺的价值判断》一文中认为"'雅'的价值重构,从根本上讲,就是'雅'的伦理重建过程,需要人们超脱功名利禄、物质环境等世俗杂念的羁绊,

---

① 朱熹.朱子语类(全八册)[M].北京:中华书局,1986:2736

以旷达的态度对人对己，以豪迈的情怀为人处世。"①他说"雅"的价值重构的第一步是"围绕'人'的生存意义、人格价值、人生境界的探究和追求"，第二步是"关注'人'的审美特质的变化与文化生存空间的演变"。②

"雅"的伦理价值重构，首先表现在，"雅"在古代作为上层贵族的文化属性，表现为以雅言、雅行所构筑的士族风度和情操，如温文儒雅的名士风度，而在当下，"雅"突破了阶层的局限，指代一般人的言谈、举止、修养、学识及其所表现出的气质和品性。"雅"是一个人文明举止、深厚学识的自然流露，是高素质的外显。其次，"雅"从士阶层的文化属性发展为当今社会广泛认同和践行的社会行为准则，表现为合乎社会发展和文明，反映的是世人的处世态度和价值选择。"雅"融合了儒家"礼"的思想后超越了美，达到了善。正如李天道教授在《中国传统美学"典雅"说的规定性意义》一文中所指出的"典雅"的五个规定性意蕴：一是雅正无邪；二是温柔敦厚；三是尽善尽美；四是会通真淳；五是雅而不腐。③"雅"从美达到善，是人们所追求的人格价值取向及行为目标的结果。

"慧"的价值重构主要体现在"慧"从单一的知性维度发展成知、行、情统一的多维度。"慧"不仅指传统观念中参透事物的本质和规律、把握人生真理的思维能力、知性模式，还指人格力量、心理结构、创造能力。美国著名心理学家罗伯特·斯腾伯格将"智慧"定义为"以价值观为中介，运用智力、创造性和知识，在短期和长期之内通过平衡个人内部、人际间和个人外部的利益，从而更好地适应环境、塑造环境和选择环境，

① 张宗登."雅"的审美范式与价值重构——兼论民间手工艺的价值判断[J].艺术评论，2019（7）.
② 张宗登."雅"的审美范式与价值重构——兼论民间手工艺的价值判断[J].艺术评论，2019（7）.
③ 李天道.中国传统美学"典雅"说的规定性意义[J].四川师范大学学报：社会科学版，2007（10）.

以获取公共利益的过程"。① 现代认知观念里,更重视"慧"的情感认知,除了智商,还有情商一说。情商又称情绪智力,是美国心理学家约翰·梅耶尔和彼得·萨拉维提出的情感智能。情商被定义为一种社会智能,指人在情绪、意志、容忍力等方面的能力,包括察觉和区分自己与他人情绪的能力,以及运用情绪信息指导思维和行动的能力。

总的来说,现代人的智慧有三方面指向:"第一,'智慧'指向知识,既包括具体的知识,如生物学、化学、文学等具体自然科学领域和人文领域的知识以及生活实践经验方面的知识,也包括元知识,即能统领具体知识的更抽象的思维,注重的是宇宙人生的整体,是人生、宇宙的真理,人性与天道的知识。这个方面是'是什么'和'为什么'的问题,意味着人类对世界的认识,对自我的认识。第二,'智慧'指向策略和方法,是人类为解决问题,综合客观和主观等各方面条件的基础上采取的何种抽象策略以及何种具体方法。知识往往是固化的,是理论性的,解决问题往往需要我们把理论付诸实践,所以'智慧'也是实践性的。这个方面可以理解为'怎么做'。第三,'智慧'指向情感,即人的激情、性格、动机、态度、兴趣、意志力、道德品质、价值观等等,它对问题的解决有着重要的影响,有时甚至是决定性的影响。总之,'智慧'是'知''行''情'的统一。"②

新时代,通过对"雅""慧"的价值重构,在继承和发展古代文化内涵的基础上,融入新时代的价值观念,使"雅""慧"更契合当代人的品性和成长诉求。雅慧教育赋予"雅""慧"时代新义:"雅慧"的要素是德性加能力,是德性化的能力,就是凭借善良的天性、德性去有所成长、有所创造、有所贡献;雅慧的实质是符合事理的行动中所表现出的高尚品格和高超智慧。

① 黄雪松.大学英语混合式智慧教育研究与实践[M].长春:吉林出版集团股份有限公司,2022:4.

② 黄雪松.大学英语混合式智慧教育研究与实践[M].长春:吉林出版集团股份有限公司,2022:5-6.

第二节　雅慧教育：理想的教育追求

雅慧教育作为一种教育理念，它的产生并非偶然，也绝非孤例。"雅"与"慧"二字所蕴含的人文理念、伦理价值、美学价值等意蕴，正是教育所追求的理想状态，因而，将"雅慧"与教育相结合，让尚雅尚慧成为学校教育的追求。

一、雅慧教育的普适性及其成因

据悉，近年来，全国有多所中小学立足雅慧教育构建学校特色教育体系，如四川省巴中市通江县第六小学提出了"养高雅之气，培聪慧之人"的办学理念，以"建雅慧校园、塑雅慧教师、修雅慧课程、培雅慧学生"为载体，构建"雅慧文化"体系，着力培养"外雅于形，内慧于心，有家国情怀、未来眼光"的现代学生；江苏省无锡市育英实验小学秉持"雅慧教育——做最精彩的自己"的办学理念，实施教育国际化战略，坚持"雅慧""精诚""敏毅"的"三风"建设，以"教育即服务"的育人理念，全力为师生营造一个幸福家园；安徽省合肥市兴华苑小学教育集团以"育雅慧少年，享幸福人生"为办学目标，致力于培养雅慧现代公民，以"蕴雅达慧，畅享童年"为雅慧特色课程理念，着力打造雅饰、雅言、雅行、雅好、雅健、慧语、慧创、慧学、慧巧、慧生活等十大特色课程；重庆市璧山区丹凤九年制学校把中华传统文化中的"雅"和现代创新教育所追求的"慧"糅合在一起，取长补短形成"雅慧教育"，积极开展"雅慧"校园文化建设，造就雅慧名师，培养雅慧学生，实现内涵发展。

另有上海复旦大学附中的"博雅教育"，以"博而通、雅而正"为核心理念，"博而通"是有渊博的知识以通晓世事，"雅而正"意味着端正的品行以行走天下。"这儿的'雅'，能承继中华优秀传统文化的君子气度；重视社会主义核心价值观的落实；能进行理性的价值判断与正确的行为选择，成为有信仰、有尊严、有追求的人。这儿的'博'和'雅'，是一种人生境界，也是一种人生态度。"[1]学校以博雅教育为基本理念进行顶层设计，从课程建构、学校班级建制、生成性学习设计、教师专业发展、学生发展性评价等方面展开"博而通、雅而正"的教育。

　　另外，也不乏以"慧雅教育"为核心构建的学校教育理念，如广东省东莞市第一中学中堂实验中学精心打造"慧雅教育"品牌，以"慧、雅"为价值导向，以"文雅校园、慧思教学、慧雅课程、雅行德育、温雅管理"为实施载体，实现"以慧立心、以慧启智、以慧促思、以雅树人、以雅育行、以雅正美"；江苏省徐州市经十路小学融通古今，借助集团优势开启了"慧雅教育"特色育人之路，实践以精神文化和物质文化为基础，结合国家课程和学校特色构建"慧雅教育"课程体系；苏州工业园区星洲学校以慧雅作为学校文化品牌，把"慧心雅行·经世致用"作为学校的办学理念，"'慧'强调外在修养、内在文化；'雅'重在强调外在修为合乎礼。慧雅，简单地说，即为心灵明慧，行为合乎礼仪而优雅美好。慧雅教育，在教育教学过程中，尊重学生个体，关照其心智发展，培养出品性优雅，语言、行为优雅，具有社会责任感的国民。"[2]

　　总而言之，不管是以"雅慧教育"或"慧雅教育"为教育理念，还是以其为学校文化品格，甚或是课程特色，其都立足于"雅"与"慧"的传统文化和民族精神的基础上，并以其为价值导向进行学校教育。这体现出教育工作者对理想教育的朴素追求，即将学生塑造为"外雅于形，内慧于心"的现代公民。

　　"雅慧教育"作为一种教育理念在全国不同学校实行，并非是从上至下推广的结果，而是各所学校根据自身发展需求自发形成的教育特色。

① 王厥轩. 践行博雅教育，成就人的发展记——复旦大学附属中学校长吴坚 [J]. 上海教育，2021（4）.
② 何苗. 小学生慧雅教育有效策略 [J]. 教师.2018（9）.

这便是雅慧教育的普适性。雅慧教育之所以能如此广泛的生发，其原因主要有两点。

首先，"雅慧教育"有着深厚的文化根基和鲜明的民族特性。正如通江县第六小学校长高怀阳所说："雅者，正也。正而有美德者谓之雅。慧者，心系于事也。明白一切事相谓之智，了解一切事理谓之慧。雅是德，慧是智。'雅慧教育'的核心要义就是以德为先，德智共育，全面发展。"①显然，雅慧教育贯彻的是我国长期以来坚持的德性化的教育，即立人先立德。我国的德性化教育启蒙很早，大概是从西周开始，周王吸取纣王"失德"亡国的教训，重视对宗室成员"德"的教育，并在宗族生活、政治实践中广泛展开。《尚书·洪范》中记载箕子教授周武王以"五行""五事""八政""五纪""三德""五福"等来治理国家。其中"三德"即正直、刚克、柔克，"五福"为长寿、富贵、平安、好德、善终，②形成了以"明德慎罚""用康保民"为中心的系统德育思想，以及"勤用明德""不可不敬德"的德政观念。

其后，孔子、孟子等先秦先哲通过讲学、授课等方式推广和普及德育思想，明确提出仁、义、礼、智、信、忠、孝、温、良、恭、俭、让为德的内涵，尤其是经历"西周灭亡""天下无道""礼崩乐坏"时期之后，德育显得尤为重要，主要在于德育具有的教化功能有助于社会稳定、生活和谐。其功用有："一是用德育的途径使人以精神的充实饱满来面对生存的艰险和挑战，二是用德育的方式来协调社会成员的利益和秩序，三是用德育的手段培养政治人才来实现社会的统一和政治的安定。"③至此，德育由贵族精英阶层扩展至平民阶层，成为以孔子为代表的儒家学派的核心思想。孔子提倡的"德"，不仅限于独善其身的个人道德，而

① 高怀阳. 养高雅之气，培聪慧之人——通江县第六小学"雅慧教育"实践 [J]. 四川教育，2020：10.
② 李健. 为仁由己：孔子德育思想及其人本价值研究 [D]. 西安科技大学，2018.
③ 李健. 为仁由己：孔子德育思想及其人本价值研究 [D]. 西安科技大学，2018.

是涉及整个民族和社会的人道，包括个人的道德素质、管理者的政治素质、社会和谐发展的人文素质等综合性道德。随着儒学成为官方正统思想，德育也成为正统教育的核心内容，成为"修身""齐家""治国""平天下"的重要保障。

"修身"是注重个人修养，修德行仁，然后成为君子，甚至是贤者、仁人、圣人。在个人修养中，德是首位的。司马光在《资治通鉴》中写道："才者，德之资也；德者，才之帅也。""是故才德全尽谓之'圣人'，才德兼亡谓之'愚人'，德胜才谓之'君子'，才胜德谓之'小人'。"儒家学派很重视个人修养，认为个人始终要以修身明德为不懈追求，并对个人修养提出具体要求，正如《弟子规》中所记载："入则孝，出则悌，谨而信，泛爱众，而亲仁。"儒家学派这一套完整的道德标准可概括为：修德行仁、正直忠信、知书达理、文质彬彬、与人为善等。

个人以修身成其德，而管理者则应以德治国，"以德治天下"。在儒家学派看来，德治是得民心的主要方法，君王一方面通过道德教化启迪民智，另一方面又通过仁政取得民心。孟子在《尽心下》中说："民为贵，社稷次之，君为轻"。荀子也有同样的言论："君者，舟也，庶人者，水也。水则载舟，水则覆舟。"当统治者端正自身言行，以仁爱之心对待民众，亲民、爱民，使人民生活安定，社会和谐，这便是"以德治国"。

其次，雅慧教育所蕴含的是我国传统社会的教育观、人生观、价值观。我国传统教育观、人生观和价值观的正式形成是从汉代儒家成为主导意识形态开始的，形成了以"有教无类""因材施教""学以致用""尊师重教"为核心思想的教育观，以"修身、齐家、治国、平天下"为追求的人生观，以五常之道"仁、义、礼、智、信"为核心的价值观。孔子非常重视教育，终其一生都在践行自己的教育理念。儒家学派以孔子的教育理念为基础，从政治的高度看待并重视教育。儒家学派认为教育不只是教化人，讲修身养性，更要讲治世，为社会、为国家培养安邦定国的人才，于是便有"学而优则仕"之说。因此，教育的内容也就不仅仅局限于正心修身，更要贴近社会生产、生活，涉及社会政治、经济、文化等各方面的发展，通过"六艺"，即"礼、乐、射、御、书、数"，有目的地培养社会需要的各类人才，学以致用。如孔子言："诵《诗》三百，授之以政，不达；使于四方，不能专对，虽多，亦奚以为？"大意是：如果一个人熟读《诗经》三百遍，让他处理政务，却办不好；让他出使其他国家，又不能独立交涉，这样的人书读得多又有什么用呢？儒家学派在教育实施中，坚持"有教无类""因材施教""循循然善诱人""不愤不启，不悱不发""学而不思则罔，思而不学则殆"等方法，实现教育促进个人发展，并最终促进社会发展的目的。

儒家被认为是入世之学，文人志士都有着经邦济世的人生追求，即"穷则独善其身，达则兼济天下"。无疑，个人修身是儒家所提倡的人生观的起点，通过"修身"而"齐家"，然后再"治国、平天下"。"平天下"是文人志士的崇高追求。在孔子和孟子看来，人应不断提高自身修养，积极进取，乐而好学，所谓"士不可以不弘毅"，更要有心忧天下的意识和敢于担当的胸襟，关心国家、人民的前途和命运，具有高度的社会责任感，有"先天下之忧而忧，后天下之乐而乐"的豁达胸怀。儒家知识分子的这种"天下兴亡匹夫有责"的人生观，将个人的命运与前途同国家的命运与前途紧密联系起来。

儒家所秉持的价值观是以"仁""礼""义"为核心。在个人价值观上，主张道德价值高于一切，"不义而富且贵，于我如浮云"，甚至可以为了道义牺牲生命，这便是"杀身以成仁""舍生取义"。而在社会价值上，人又可以为了人民利益、社会安定付出一切，"苟利国家生死以，岂因祸福避趋之"。

我国传统社会如此深厚的历史文化根基，如此豁达、宽广的人生观，如此宏阔、深远的价值观代代相传，早已成为深种在国人心中的文化基因，这便是"雅慧教育"成为一种普适性教育的基础与前提。

二、雅慧教育的"重庆印记"

如果说"雅慧教育"所具有的深厚历史根基是雅慧教育能生发于各所学校的原因，那么重庆市凤鸣山中学所具有的"重庆印记"则是使凤鸣山中学的"雅慧教育"实践独树一帜的关键所在。

重庆教育有着较为悠久的历史。自北宋冯忠在江津创办五举书院后，重庆先后建有十四所书院，其中有被誉为"理学圣地"的北岩书院和后来周敦颐讲学书院的前身瑞应山房，在经历元、明、清三代以及民国短暂发展，重庆教育事业处于西南地区的领先地位。随着 1937 年 7 月抗战全面爆发，重庆教育因国民政府迁都重庆迎来了新的转机。

"苟利国家生死以，岂因祸福避趋之"。任何时候，教育始终与国家前途、民族命运紧紧相连。在国民党迁都重庆之时，张伯苓、郭沫若、梁漱溟、马寅初、老舍、于右任、丰子恺、竺可桢、胡庶华等一大批民族脊梁和教育精英们辗转周折，迁徙重庆，200 多所大中小学云集沙坪坝，校舍林立、名师荟萃、书声琅琅，点亮了名震华夏、蜚声世界的"沙磁学灯"，擎起了"沙磁教育，国之所倚"的教育救国大旗。陪都重庆，成为世界反法西斯的中心，也成了中国热血青年教育救国的中心和培养建国人才的重要基地。

"沙磁教育"是指 20 世纪三四十年代沙坪坝磁器口地区的教育。"当时重庆沙磁文化区的学校不仅数量多，而且办学体制、教学方法不拘一格，为广大学生及民众接受教育提供了多种选择。各校对教材、课程的选择也有很大的自主权。一大批爱国学者、教授成为各校'资源共享'的对象。他们不仅在高等学校任教，而且中学和职业学校请他们兼课的也非常普遍。"[①] 如周恩来、郭沫若、梁漱溟、冯玉祥、邓颖超、李四光、老舍、丰子恺等政界、文化界、教育界名人要员的到来为沙磁教育带来

---

① 宋晓梦．沙磁教育亟待发掘的教育宝库 [N]．光明日报，2003-1-23．

了先进思想和教学方法，使沙磁教育获得了质的发展。

第一，国民政府颁布了一系列法令，如"强迫入学条例""中学法"等，并鼓励私人兴学，确立了德、智、体三育并重的教育方针，小学教育要"发展儿童身心，培养其健全体格，陶冶其良善德性，教授以生活之基本技能"为宗旨，学制多采用"多轨制"，[①] 而中学采用三年制与四年制、六年制并行，使中小学教育得到进一步发展。

第二，"沙磁教育摒弃了中国传统教育重书本轻实践和西方教育重个性培养轻人际情感教育的弊端"，[②] 既注重将理论与实践相结合，开展实验推广，同时还开展职业教育，每所职业学校有自己的实习基地，培养工厂急需的技术工人骨干和高级技术人才。

第三，大学"除了教学以外，政治和学术空气甚浓，还每周请一位政坛要人或社会名流，学术耆宿到校作时事或学术讲演"。[③] 以此增强学生们抗战必胜的信念，极大地激发了学生的爱国情怀。同时，学校鼓励学生走出校园，积极参加社会活动以及各种社团活动，走出"读死书、死读书、读书死"的怪圈，为社会服务，实现理论与行动统一，成长为民族英才。

抗战期间，沙磁教育在战火纷飞中取得了极大的发展，为"保存我国文化教育的实力，促进大后方教育的发展，培养民族英才做出了重要贡献"，[④] 至此之后，沙磁教育刻上了鲜明的红色印记。

凤鸣山中学于1936年在抗日烽火中应运而生，发展至今历经了两个阶段：

小学办学20年（1936—1956），1936年建校"迁建区初级小学"；

---

① 重庆市沙坪坝区地方志办公室.抗战时期的陪都沙磁文化区 [M].北京：科学技术文献出版社，1989：65.
② 宋晓梦.沙磁教育亟待发掘的教育宝库.光明日报，2003-1-23.
③ 重庆市沙坪坝区地方志办公室.抗战时期的陪都沙磁文化区 [M].北京：科学技术文献出版社，1989：45.
④ 宋晓梦.沙磁教育亟待发掘的教育宝库 [N].光明日报，2003-1-23.

1945 年更名为"重庆市第十三区第五国民学校";1949 年改名"新桥小学"办学至今(其中 1956 年开办初中戴帽班,1957 年戴帽班剥离)。

凤中西校门(丹凤门)

中学办学 60 余年(1957—至今),1957 年承接"新桥小学"初中戴帽班,独立建校"四川省重庆市凤鸣山初级中学";1971 年改名"四川省重庆市第五十九中学校";1985 年改名"四川省重庆市凤鸣山中学"(开办高中);1997 年重庆被设立为直辖市,学校更名"重庆市凤鸣山中学"(以下简称"凤中")至今(其中 2000 年被评为重庆市重点中学,2011 年 9 月整体迁建到现校区)。

在八十余年的办学历程中,凤中历经风雨,虽三易校址,七更校名,但始终扎根在凤鸣山地区从未离开。历代凤中人在前进中寻找教育真谛,在探索中砥砺办学品质,在传承中培育学校精神,留下了优良的办学传统:

一是熔铸红色信仰。1936 年创建时期的任克校长是中共地下党员,学校当时为中共地下组织的活动聚集地,办学规模不大,但革命活动如火如荼。一方面进行抗日救国教育,另一方面开展抗日救国活动。

二是注重品德教育。1949 年新中国成立后的首任校长戴映秋女士,带领学校积极抢抓教育发展机遇,重视学生文雅的养成教育和儒雅的行为规范培养,学校发展突出,至 1953 年,学校扩充到 10 余个教学班,随后率先在小学创办初中。

三是砥砺奋斗精神。1957 年独立建校的凤鸣山中学首任校长付平先生,带领全校师生员工艰苦奋斗,敢为人先,教育学生志存高远、情趣高雅,学校发展面貌逐年变化。继任的历届校长们秉承精神,接续奋斗,追求卓越。学校发展持续向前,办学层次由低到高,规模由小变大,实

2018年在国家博物馆参观复兴之路展览

力由弱变强，逐渐成为学生热爱、家长认可的重点中学。

2011年9月，凤鸣山中学整体迁建新校址。坐落于闻名全国的红岩精神发祥地、重庆文化教育高地——沙坪坝区的凤鸣山中学，背倚凤鸣秀峰，面眺歌乐烟岚。紧邻沙坪坝区委政府驻地、重庆市图书馆、陆军军医大学、西南医院、新桥医院、解放军通讯学院等单位，周边社区居民整体素质较高，办学氛围较好。凤中与重庆这座红色城市、歌乐山这座英雄山脉，与红岩、渣滓洞、白公馆、磁器口等红色景点，与江姐、许云峰、彭咏梧等革命先烈一道历经了艰难的抗战时期，并受其精神、文化的洗礼熏陶、浸润滋养，铸就了学校百折不屈的精神品格、高雅聪慧的人文气质和赤胆忠诚的红色基因。

2012年7月，我履职凤中任党委书记、校长。走过80余年的凤中，已取得了长足的进步和发展，但与名校林立的全市教育强区沙坪坝其他优质名校，如重庆一、三、八、七中相比，仍有很大差距。学校仍然处于综合实力不强、教育质量不高、发展基础不厚、竞争实力不够的基本状态。学校虽提出了"群凤和鸣"的办学理念，但没形成完整的办学理念体系。面对新校区百端待举、百事待兴的客观现实，面对全校师生不甘落后、不愿平庸的内在渴求，如何将时代的发展需要、社会的热切期盼、学校的发展目标变为全校师生的精神动力和行动自觉？如何从沙坪坝区教育你追我赶的激烈竞争中跳跃出来，另辟蹊径，走出一条有效的创新发展之路，是摆在我和团队面前的重大考验。

没有时间犹豫，更没有理由彷徨。直面问题，统一思想，凝聚共识，开展工作。一是确立"文化立校、质量兴校、特色强校"的办学思路。

二是实施推进凤中发展的"一一二五"行动方案。即一个指导思想（尊重教育规律、教学规律和人的成长规律，遵循继承发展创新的原则，又好又快地推进学校持续健康发展）；"一体两翼"发展战略（强势提升学校综合办学实力为本体，高质量发展体育、艺术特色为两翼）；五大发展举措（学校文化建设、课堂教学改革、课程体系建构、体艺特色打造、师资队伍提升）。三是深化凤中办学理念、提炼办学思想。充分利用校名与地名"凤鸣山"一致性，深入研究学校的办学历史和发展历程，深度挖掘"凤"的精神元素和文化内涵，精心提炼"凤"高雅、智慧的精神寓意和内涵特质，逐步形成以"高雅、智慧"为价值核心的雅慧教育思想。

凤者，东方神鸟，历来被视作智慧和高洁的化身。自古以来，见凤，则天下大安宁。而"凤鸣"一词，初见于《国语·周语》"周之兴也，鸑鷟（yuè zhuó）鸣于岐山"（鸑鷟即凤凰之别名）。凤鸣岐山，乃稀有吉兆，原喻示周室将兴、统领天下，后引申为运势勃兴。"凤"这一意象，据《山海经》中记载，其"文"分别代表了"德、义、礼、仁、信"；在屈原的《离骚》中，"凤"又是真善美的人格化身，被赋予高尚、优雅、超逸的人格品质。"凤"作为中华民族的古老图腾，在传说中作为"帝使"和天降的瑞鸟，有着通天达神的灵性；汉唐时期，多有以凤喻人的记载，借以凤称赞人高雅高贵通灵智慧的才华、技艺、品性和精神。

身处凤鸣山地区的凤鸣山中学，历来珍视"凤"的深厚情感。"凤"已经成为学校的精神符号和文化图腾。凤高雅、智慧的内涵特质已内化为凤中学校发展、师生发展的核心价值追求。

第三节　雅慧教育构筑现代学校教育体系

加快教育现代化，建设教育强国，是当前我国教育的发展需求。我国现代教育体系的构建，自然离不成千上万所现代学校的建设。作为教育一线的学校，既是教育政策的执行者，也是前沿实践者，是构建现代教育体系中最关键的一环。学校能否构建现代学校教育体系直接影响到我国教育现代化进程。

《中国教育现代化 2035》提出以八个基本理念：更加注重以德为先，更加注重全面发展，更加注重面向人人，更加注重终身学习，更加注重因材施教，更加注重知行合一，更加注重融合发展，更加注重共建共享①为核心，构建立体的和全方位的中国教育现代化体系。这也明确了学校构建现代教育体系的发展内容和要求。

现代学校教育体系是在网络新媒体迅速普及、人工智能方兴未艾的社会背景下，能够适应现代化经济发展和建设终身学习型社会的基本要求，以党组织领导的校长负责制和新型的政校关系为基础，以现代教育观念为指导，学校依法治校、民主管理，能够促进学生、教职工、学校、学校所在社区的协调和可持续发展的一套完整的制度体系。

雅慧教育以中国传统文化与民族精神为基点，以现代学校文化品格、现代学校制度、现代学习方式三个维度为支点，构建现代学校教育体系。

一、现代学校文化

现代学校教育体系建设体现在学校的教育理念、学校发展规划、教育教学活动中，同时也集中体现在学校文化建设上。"学校文化是一所学校的灵魂与生命之源，没有灵魂的学校教育，只能异化为各种各样的工具。"②

2020 年 9 月，教育部等八部门发布的《关于进一步激发中小学办学活力的若干意见》中在"增强学校办学内生动力"部分强调要"强化学校文化引领作用"，充分发挥学校文化在学校内涵发展过程中的价值

---

① 新华网 . 中共中央、国务院印发《中国教育现代化 2035》[EB/OL]. （2019-02-23）[2025-03-18].http://www.xinhuanet.com/politics/2019-02/23/c_1124154392.htm.

② 陈建华 . 学校文化建设的思路与出路 [J]. 北京教育（普教版），2024（3）.

引导、组织凝聚力等作用，为打造现代学校体系构筑坚实基础。

"学校文化"这一概念最早是在 1932 年由美国学者华勒在其著作《教育社会学》中提出的。当时华勒将学校文化理解为学校

2012 年京津沪渝四市区德育研讨会嘉宾考察凤中

中形成的特别的文化。[①] 他指出："学校文化的来源之一是年轻一代的文化,之二是成人有意安排的文化。前者是由学生群体中的各种习惯传统、价值观念以及受其影响而产生的情感心理和表现行为等构成。而后者则代表了教师的成人文化, 由教师群体的各种习惯传统、规范准则、价值观念和心态行为等组成, 也是学校中形成的文化。"[②] 华勒已经指出学校文化是教师、学生、学校其他成员共同享有和认可的行为取向、价值观念。

我国早期对学校文化没有精准定义, 有学者认为学校文化是"一种次级文化……是一种综合性文化……是一种可以有意安排或引导发展方向的文化"。[③] 也有学者认为学校文化是"学校全体成员或部分成员习得且共同拥有的思想观念和行为方式"。[④] 而且这一时期, 我国学者常将学校文化与校园文化混为一谈。这一情况在新一轮基础教育改革时得到改观。这一时期,"知识社会与学校文化重塑"成为推动基础教育课程改革的重大命题,"学校文化作为新课程改革的实质"[⑤] 被广泛关注。这之后学界的关注焦点转移到学校文化建设上, 并逐渐重视学校文化建设

① 余清臣, 卢元凯 . 学校文化学 [M]. 北京：北京师范大学出版社, 2010：2.
② 朱亚红 . 构建学校文化, 打造学校品牌 [J] 教学与管理：小学版, 2006（11）.
③ 林清江 . 学校文化新论我国社会与教育之关系研究 [M]. 台北：五南图书出版公司, 1981：166-170.
④ 郑金洲 . 教育社会学 [M]. 北京：人民教育出版社, 2000：240.
⑤ 钟启泉 . 现代课程论（新版）[M]. 上海：上海教育出版社, 2006：449.

的问题，而且将学校文化建设提到引领学校发展的高度。

总的来说，学校文化是在长期的办学实践中形成的，并被学校各成员认同且遵守的思想观念、价值取向和行为习惯。学校文化是新时代学校发展的立校之本，是激发办学活力和增强内生动力的力量之源。这主要是基于学校文化的特征。

学校文化的关键词是文化。文化是一种精神符号和价值立场，是人类文明的象征和代表。文化所蕴含的陶冶道德情操、净化心灵、健全人格等功能，正是学校教育所要实现的。因此，学校建设学校文化的目的，一是发挥学校文化对学校所产生的凝聚、导向、约束和感染的作用，起到陶冶道德情操、净化心灵、健全人格的作用；二是构建学校师生取之不尽用之不竭的精神资源，为师生长久的发展提供源源不断的精神养分和情感支持，也为师生的精神生命铺垫深厚的文化底蕴。

通常来说，学校文化的建设可四分为精神文化、制度文化、物质文化和行为文化，也可以二分为理念文化与物态文化。这种比较直观的分类，有利于促进师生对学校文化的理解和认同。但需要强调的是，学校文化建设需要全体成员参与。校长是学校文化建设的"掌舵者"，广大教师是"主导者"，学生和其他教职工是"承载者"，[1] 从而形成以校长为核心，广大教师、学生和其他教职工共建、共享的共同体。

学校文化建设还应注意继承并发展学校历史与传统，"将历史文化传统及其当代阐述与当下发展的物理与精神空间融为一体，使学校成为文化的传承与创新力量"。[2] 学校历史是学校文化、学校精神的重要组成部分。我们不能"数典忘祖"。正因为有学校历史上的每一次发展和进步的铺垫，才有学校的今天。我们要将学校文化根植于历史之上，要传承学校历史的价值并实现超越。

凤中在办学过程中，通过对自身地理、历史文脉的挖掘和对未来发

---

① 王定华.试论新形势下学校文化建设 [J]. 教育研究，2012（1）.
② 杨小微.理解当代学校文化生成的多重视角 [J]. 教育科学研究，2009（7）.

展定位的思考，依托"凤"这一独特的精神符号和文化图腾，精心梳理并提炼出学校理念文化，出版了《群凤和鸣　声震九垓》学校文化读本，深度诠释"凤"高雅、智慧的精神寓意和内涵特质，师生人手一册，细读慢品，内化于心，外化于行。

1. 理念文化让"凤"的高雅品性、智慧特质深入内心

在浓厚"凤文化"的熏陶浸润下，学校一路坚守着爱与纯洁的风骨，坚守着高雅与智慧的特质，努力让学校成为一块圣洁的教育领地，成为学子灵魂诗意栖居的绿洲，让每一位凤中师生谦恭持重、荣辱坦诚，思想纯，内涵雅，智慧高。让高雅、智慧成为每一个凤中师生道德修为、学养成长、人生发展的理想境界、奋斗目标和不懈追求。

（1）办学理念：群凤和鸣，声震九垓

群凤和鸣。在中国文化中，凤不仅表示自然物之"和"，也表示人类社会之"和"；"凤"的"五色"被看成古代社会和谐安定的"德、义、礼、仁、信"五条伦理的象征。而学校正是教师教书育人、学生求学问道之所，与凤一样，是群体和谐观念在精神和物态上的载体。"和鸣"是指凤中学子"相互学习、同伴互助"的行为文化，又代表"和谐共生、抱团发展"的理想境界，是凤中学子"合作探究"精神和"共同成长"效果的一种隐喻。群凤和鸣，既有内涵之考究，又有意象之丰美。凤而成群，鸣而相和，蕴涵着凤中校园团结合作、共享互补、和谐融洽的文化氛围。

声震九垓。"九"，言数之多，《素问·三部九候论》中言："始于一，终于九焉。"《易经》中称阳爻（yáo）为九，王弼注："九，阳也。阳，刚直之物也。"《易·乾》云："乾元用九，天下治也。"垓，亦作"畡"。"九垓"一词，于此可有两解：其一，谓兼该八极的九州之地，《国语·郑语》言："王者居九垓之田。"《说文·土部》也言："天子居九垓之田。"引"九垓"一词入办学理念，言指学校置身于浩浩荡荡的世界潮流，遵循天地阳刚、厚重的运行规律，与时代同步发展，为每一寸土地播撒下知识的

种子，为社会和国家培养有良知、有担当、有作为、能传递正能量的人才，在中学教育领域发挥凝聚智慧、引领发展的核心作用。其二，"九垓"亦作"九阂（hé）""九陔（gāi）"，谓九重天，《汉书·礼乐志》中言："专精厉意逝九阂。"由此，可以理解为凤中人不仅力当修身进德，完成自我，而且有卓越的眼光，能成为未来时代与社会的精英阶层、中坚力量；同时，学校不只看到自身的未来发展，还能以一种高屋建瓴的视角看待这个世界，站在高中教育改革的最前沿，参与并引领教育创新与发展，自觉追求教育理想和学术品格的高度。

群凤和鸣，声震九垓。这是指学校的办学理念中包含着上下一心、和衷共济、各美其美、美美与共之意，并且以天的威势、山的力度，期望学校发展以冲决一切的勇气、奔腾东去的激情，达至高远之志向，成就广远之声名。

（2）办学目标

到 2025 年，把凤鸣山中学建设成为重庆市一流的特色示范高中、中西部教育名校，2035 年成为全国有影响力的优质特色高中、中外交流合作名校。

（3）育人目标：丹心雅意，雏凤清声

丹心雅意，谓德行之高尚，才具之懿美。丹心，字面意思为赤子之心，即纯正净洁之心，此处实指崇高的道德境界；雅意，指高雅的情趣，即人的文化品位与精神气质，也即苏东坡所云"腹有诗书气自华"。

雏凤清声，出自李商隐的"桐花万里丹山路，雏凤清于老凤声"。雏凤，幼小的凤，比喻有才华的英俊少年，喻学子优秀；清声，喻德才高美。此语有期望学子后来居上、超越前贤、才华出众、成就卓著之意。

简而言之，就是把学生培养成为德智体美劳全面发展，有适应终身发展和社会发展的必备品格和关键能力，有凤中基因、有民族情怀、有国际视野的时代新人。

（4）凤中赋

胸襟宏阔，气象恢张。弦歌清越，凤鸣铿锵。歌乐烟岚，增校园之幽雅；嘉陵波影，映楼堂之轩昂。凤凰化身，彰底蕴之殷厚；巴蜀灵壤，滋文脉之深长。至善至真，济济多士之仪范；尚雅尚慧，熠熠生辉之圭璋。高冈和鸣，声雍雍闻于旷野；碧空回翥，羽猎猎沐于朝阳。

雏凤腾杏坛嘉誉，清声播书卷幽香。五十春秋，蒸蒸郁郁；三千弟子，济济跄跄。草创维艰，新桥郊野之小学；玉成非易，凤鸣山麓之名庠。恂恂师长，尽一时之俊彦；莘莘学子，充国家之栋梁。文理奠基，重通识之熏育；艺体鼓翼，助群凤之翱翔。鲤鱼腾跃于龙门，英才蔚起；鸾凤翩跹于霄汉，嘉名远扬。

仰凤凰之修容，涵育优雅；萃凤凰之智慧，镕铸雄强。行而求雅，雅至则慧达；学而生慧，慧成而雅彰。嘤嘤其鸣，赏四时之清韵；翩翩其舞，展五彩之华裳。怀忠义，抱贤智，德懿才茂；集梧桐，饮醴泉，志洁行芳。奋翼垂天，美志常存高远；御风越海，英气尽显阳刚。

凤凰鸣而兴宏愿，校址易而启新航。凤凰涅槃，浴烈火之熊熊；风云际会，飞壮思于茫茫。慧学课堂，回归教书正脉；雅行教育，开启办学良方。绛帐传经，沐洙泗春风之乐；程门立雪，得源头活水之方。尔乃海阔天空，龙凤联翩而群起；山辉川媚，玉石并雕而同光。丹山千寻，奇峰巍巍而挺秀；桐花万里，群凤昂昂而呈祥。

于是相和而歌曰：

凤凰之鸣兮，巍峨崇冈。凤中之兴兮，喷薄朝阳。

人文鼎盛兮，方正贤良。气象高华兮，灿烂辉煌。

（5）凤中精神：凤翔九天，志存高远

"凤翔九天"为"志存高远"的美好愿景。驭风振翅，俯视人寰，以其雄放豪迈的气象，激励学子怀抱青云之志，脱胎换骨成为百鸟之王，凤鸣冲天。

"志存高远"语出诸葛亮。负重致远，志在一流，是古今之成大事

凤凌体育馆雄姿

业大学问者之"共相";而培高远之志，育超世之才，亦实为学校之职责。

志存高远，方可翱翔九天。这昭示着凤中由弱而强，英才蔚起，人杰辈出。

（6）凤中校徽：三凤成群，环聚成品

校徽以"凤"为其构成主体。"凤"是凤中人的文化符号、文化标识，它象征着高洁和坚韧，是凤中人的化身。图案中三凤成群、盘旋环聚，代表了凤鸣山中学全体师生的群体意识；鲜红的色彩，如燃烧的火焰，寄寓了火中涅槃、丹凤朝阳的美好愿景；三凤衔颈合抱、上一下二、呈"品"字形，含有学校优化教育过程、追求有品质的教育之意；而三凤飞旋如圆的身姿，恍如交相和鸣演绎出一曲和谐优美的音乐；群凤相簇相拥，并力进取，张焰升腾，未来可期，预示着学校革故鼎新，走向辉煌。

（7）凤中校旗：以青色为底，上有白色环形"重庆市凤鸣山中学"字样

传言凤有五彩"赤、青、黄、紫、白"，校旗便取其中二彩，意指校园纯洁清雅的整体氛围。其中，青色更是代表着凤鸣山中学的精神底色：青，本义为春季草木之色;《论衡·自然》有"草木之生，华叶青葱"之意，草木一片青葱繁盛即为"青春"。以青绿之色为底，既与"凤非青梧不栖"的文化气质相呼应，又与"君子温润如玉"的"尚雅尚慧"校训相契合。"青春光凤苑，细草遍龙池"（陈翊《龙池青草》），校园内丛植槐枫蕙草、竹兰梅菊，凤中师生既可于此悠游休憩、安谧徜徉，又能趁韶华正好，砥砺修学，不负春光。

（8）校歌

青春与理想一同飞歌
——凤鸣山中学校歌

1=F 2/4
中速、热情而充满朝气地

王光池 词
张 烈 曲

啦…… 啦…… 啦…… 啦…… 这里的

这里的 每一朵花都会微笑，都会微笑，这里的每一棵
每一片绿叶都有梦，绿叶有梦，这里的每一株

树都会唱歌，都会唱歌。 凤鸣山中学金色的
小草都活泼，小草都活泼。

摇篮，金色的摇篮， 筑巢引凤呀带来了满园
凤鸣声声呀不再是传说

带来了满园的春色。 为了中华的崛起而努力
不再是美丽的传说。 我们是校园的主人 校园的

学习， 去攀登高峰，跨越坎
主人， 让青春作伴，相约快

坷。 今天我们在校园在校园里成才
乐。 明天我们从校园从校园里出发，

让青春和理想一同飞歌。
像小溪奔向辽阔的江河。

（结束句）
明天我们从校园从校园里出发，像小

溪奔向辽阔的江河。辽阔的江

河。 哦！

（9）凤中校训：尚雅尚慧，至善至真

正如"凤中赋"所言："行而求雅，雅至则慧达；学而生慧，慧成而雅彰"。作为凤中师生，应以凤凰的优雅仪范、卓然智慧为目标。

"至善"语出《礼记·大学》："大学之道，在明明德，在亲民，在止于至善"。"至真"是中国先贤读书治学的最高境界。"至善至真"的意思是道德修养，达于至善；知识积累，达于至真。

中国传统历来推崇"秀外慧中""温润如玉"的君子风度，即优雅

于外，智慧乎中，德臻至善，知穷至真。

2. 物态文化让凤中师生浸润高雅心性，陶冶智慧境界

学校把握雅慧要义，整体规划，精心设计，实现环境育人。校园所呈现的一切以"凤"为主题的

2013 年北京大学教育文化战略研究所领导赠送凤中竹简礼品

物态文化，磅礴大气，图文精巧，交相辉映，寓意隽永。从校门到道路，从建筑楼宇到亭池花园，从文化墙到主题雕塑，从体育训练场馆到艺术陈列场馆，从报告厅到校史馆，从楼阁到楼道，从橱窗到展板，让校园的每个地方都在述说"凤"的智慧，每个细节都在体现"凤"的高雅。

（1）校门大气典雅

"丹凤门"宏伟磅礴，景象高远。"八鸾锵锵渡银汉，九雏威凤鸣朝阳。"（唐·刘禹锡）"青梧门"寓意深刻，气象恢张。"寒蛰爱碧草，鸣凤栖青梧。"（唐·李白）

（2）亭池文化深厚

"凤池"蟾宫折桂。"斫削群才到凤池，良工良器两相资。他年好携朝天去，夺取蟾宫第一枝。"（明·解缙）"醴泉"圣洁流芳；"方塘"鸿学巨儒。"半亩方塘一鉴开，天光云影共徘徊。问渠那得清如许？为有源头活水来。"（南宋·朱熹）"凤仪亭"仰凤凰之修容仪态；"凤笙亭"闻辽远之悠扬笙笛。

（3）道路含义丰富

凤鸣路——不鸣则已，一鸣惊人；凤翔路——一路弦歌，翱翔九天；凤馨大道——宽阔长远，喻学校欣欣向荣，学生兴旺发达，教师德艺双馨。

雅慧教育论

（4）楼宇命名考究

"凤鸣楼"凤栖梧桐巅，居高声自远；"凤翔楼"奋翼高天外，凤翔九万里；"凤怡楼"温馨舒适，心旷神怡；"凤霄楼"临九霄之境，高瞻远瞩；"练实堂"练实洁白如练，营养富饶充足。

（5）雕塑寓意深刻

"凤鸣潮起"浦江潮起听凤鸣，少年心事与天齐。喻凤中学子既理想宏大、目标高远、胸怀天下，又谦恭持重、开拓奋进、敢为天下先。

"凤逐青天""新竹高于旧竹枝，全凭老干为扶持。明年再有新生者，十丈龙孙绕凤池。"（郑板桥）人梯相接，薪火相传。喻凤中在和谐中追求发展，在团结中谋求前进；以学生为本，为学生的全面发展奠基；以教师为本，为教师的专业发展铺路；以学校为本，为学校的持续发展而改革。

"凤凰涅槃"，"涅槃"是梵文 Nirvana 的音译，意思是"灭渡"，即"重生"。据印度史诗《罗摩衍那》记载：保护神毗湿奴点燃熊熊烈焰，垂死的凤凰投入火中，燃为灰烬，再从灰烬重生，成为美丽辉煌永生的火凤凰。浴火重生的砥砺，学养精进的斩获。

（6）壁雕寄语高远

凤鸣高冈，"凤鸣高冈"源于《诗经·大雅》："凤凰鸣矣，于彼高冈；梧桐生矣，于彼朝阳。"喻凤中师生努力追求卓越和高远；"人中凤子，智慧高冈"群雕形象生动，刻画的20位中外历史科技巨匠和文化名人，是凤中师生学习的楷模和榜样。

凤举鸾翔，"凤举"出自班固《功德论》"朱轩之使，凤举於龙堆之表"，喻使臣奉诏出使远方，意指课堂上学生争先恐后、主动积极的表现。"鸾翔"，鸾鸟飞翔，昭示学生成功地展示。

"人中凤子"树学习楷模；"凤翔九天"寄未来理想；丹凤朝阳书人生豪迈；凤举鸾翔看当下精彩。

（7）凤馨阁文化浓郁

"仁仪礼智信，温良恭俭让……"中华传统文化为人处世二十六字经典要义，"雅慧善真"校训四字核心解读可仰首吟诵，耳熟能详。寄语凤中师生铸就人生华章。

（8）苗木含情蕴意

榕树根基扎实，独冠成林。桂树出类拔萃，誉满天下。香樟伟岸挺拔，芳直不屈。玉兰素雅洁白，淡雅清芳。杜鹃鲜艳欲滴，气节高雅。

二、现代学校制度

现代学校制度与传统学校制度最主要的不同在于：现代学校是以人为本，促进学生的主动发展，而传统学校则强调社会本位，突出学校教育的社会化要求。

加强现代学校制度的建设，就是要以现代教育观为指导，能够促进学生的充分、全面、终身发展，能够引导学校致力于研究教师的教和学生的学，能够引导学校持续提高效能。这种学校制度建设的价值取向在于：通过制度建设实现学校内在精神的更新和整体发展，从而促进人的全面发展。

我们认为，加强现代学校制度的建设，必须遵循以下原则：一是以人为本。制度主要和人打交道，因此所有的制度体系设计和规则要求都要体现以人为本，做到在规范人和教育人的同时，充分体现人性化的管理理念，即尊重人、理解人、帮助人、激励人、解放人，而不是一味生硬的"管"。二是开放民主。只有秉持开放的态度，才能吸纳更多经验，集更多的智慧，整合制订出更有效的学校制度。通过开放民主，不仅有助于集思广益，而且传达了一种人文关怀，表达了对人的尊重。更重要的是，开放民主的过程可以加深师生对制度的理解，增强民主意识，从而有利于制度的执行。三是与时俱进。教育是顺应时代的进步和社会新的需求而不断发展的，学校制度建设也要与时俱进。一方面，学校制度的生成是一个动态的过程，需要通过实践来不断加以检验，以不断修正完善。另一方面，当学校的每一个成员都能根据既有制度形成稳定的行为方式时，原有的规范就在一定程度上失去了存在的价值，

2019年1月，时任香港将军澳香岛中学校领导考察凤中

又需要建立更高层面的规范。因此，学校制度的生成必须在实践中不断与时俱进，动态完善和适时提升。

根据以上现代学校制度内涵发展的思考和加强现代学校制度建设的三大原则，我们凤鸣山中学在加强现代学校建设上作出以下实践：

1.构建以全面目标系统为指导，以全面质量管理为保障的现代学校管理制度

我们认为，新时代的学校，要保持可持续的竞争力，必须站在历史的高度、时代的前沿，规划学校的长远发展，构建发展目标体系，确立每一步发展计划，并以此统一全校教职工的思想和行为，凝聚全体师生的智慧和力量。为此，我们把管理的切入点放在办学目标的设计上：一是学校长远办学奋斗目标。二是阶段发展目标，包括学校发展目标、教师发展目标与学生发展目标。学校发展包含办学规模、设施条件、管理水平、教育服务、校园安全、办学环境、社会形象、升学指标、办学效益。教师发展目标包括职级发展与职业声望发展两个方面。学生发展包括品德发展、身体发展、心理发展、能力发展、个性特长发展、学科水平发展等六个方面。三是学期工作目标，包括学科教学目标和班级发展目标。学科教学目标包括学生满意率、后进生进步转化率、零失败率、优生率、合格率。班级学生发展目标包括巩固率、满意率、行为规范合格率、学生个性发展率、零失败率、后进生转化率、优生率、合格率等。

为了保证学校目标体系的全面实施，必须有从宏观到微观、从战略到战术的全面推进措施。为此，我们着力建立全面、全程、全员质量管理系统。所谓全面管理就是对学校教育、教学、科研、师培、行政、后勤工作进行全面设计并全面进行质量控制。达到凡事有准则，凡事有负责，凡事有程序，凡事有监督，凡事有考评，开放、科学地管理学校。所谓全程管理，就是实施对教育教学的每一个环节、学生学习的每一个时段、管理流程的每一阶段的全面质量管理，包括对学生每天、每周、每月学习的全过程进行全程管理。达到胸有三年全局，管有阶段重点。对教育教学实施的每一个环节进行全程管理，充分发挥纠正与预防的功能，通过事前的预防、过程的核查诊断、事后的及时反思纠正，保障各项工作的有效落实，使学校管理持续提升。全员管理就是紧紧抓住教师、学生两支队伍实施全员优化。教师的全员管理要保证教师的整体优化，不出现弱师、弱班、弱科，并通过平衡搭配教师，教师帮带和集体备课、集体备题、课堂评价等措施来实现教师的全员优化。学生全员管理就是要实现"一个不丢下"的育人目标，主要通过任课教师对学生个体学科发展设计的实施，班主任对每个学生整体发展的设计和实施以及全员育人导师制、质量验收制、补偿教育制、教育会诊制等措施来保证每个学生实现最佳发展。

2. 构建以现代办学理念为指导，以现代育人模式为保障的现代学校教育制度

学校的教育制度是现代学校制度的核心，作为为学生终身发展奠基的基础教育必须设计面向未来的教学制度系统，从根本上改善和发展人类自身，才能培养出适应未来的学生。为此，我们对学校教育制度的办学理念进行了全新的系统设计。一是确立了"凤翔九天，志存高远"的凤中精神。凤中精神明确了学校教育的价值取向和教育的理想追求。二是确立了"丹心雅意，雏凤清声"的育人目标。育人目标明确了德育的模式思路和特色。三是确立了"群凤和鸣，声震九垓"的办学理念。力

图引导教师超越传统，实施科研兴教，科技兴教，用教学科研创造教学奇迹，用教学高科技创造教学高效益。四是确立了"天高地阔，凤举鸾翔"的学校文化。通过认识导向、情感陶冶、人文关怀，特别是行为规

2021年解放军陆军勤务学院领导参观凤中校史馆

范，给师生提供优质的文化心理氛围和正确的行为模式。

落实以上教育理念，必须实行与之匹配的现代教学模式。为此，必须实施"一体两翼"发展战略，坚持以教育教学质量提升为主线（视作凤身），大力发展体艺特色（为凤的两翼），实现"一体""两翼"和谐共生、相得益彰，共促学校全面发展。一是建立比较成熟的教育教学质量评价、监督和成果运用体系，并常态运用。二是继续狠抓体育团队建设，培养输送优秀体育人才；保证体育团队参加各级体育赛事斩获佳绩；进一步优化队伍，强化管理，形成更加鲜明的体育特色。三是艺术团队继续发展壮大，保证合唱团作为学校精品团队，为学校争得更多荣誉；管乐队能独立承担校内演奏任务；美术特色发展势头良好，更多优秀学子被输送到名校；学校艺术氛围日渐浓厚，艺术特色更加鲜明。

3. 构建以内涵发展思路为指导，以教育质量系统工程为保障的现代学校教育制度

我们按现代学校制度内涵发展的需要制定了以下发展思路：坚持以"立德树人"为根本宗旨，以学校提出的"1125"总体发展构想为统揽（即：明确一个指导思想，实施"一体两翼"发展战略，深化学校文化建设、课堂教学改革、课程体系建构、体艺特色打造、师资队伍提升五大工程建设），按照"一体化推进策略，双主体行动要求，三层次雅行教育，四环节慧学课堂"的整体设计，纵深推进课程改革，大力发展

2013年区政府督学督导凤中内涵发展工作

体艺特色，助推学校内涵发展，力争使学校成为管理更精细、德育更精致、教学更精心、课改更精彩、质量更精良的特色名校。

为了保证内涵发展目标的实现，必须实施提高教育教学质量的系统工程：

一抓凝聚力工程建设，促进校园和谐。建立符合校情、顺应发展的学校现代管理制度体系，在实际运行基础上修订完善，形成学校长效评价激励机制。经过多年的优化组合，初、高中各三套优秀教师队伍基本配齐，延续前面好的做法，扎实开展教工教育培训，基本实现队伍优化，心齐气顺干劲足。

二抓课改工程建设，优化教法与学法。收集课改实践中反馈的信息，不断丰富完善课改理念，形成易于推广的普适性和专门性的课改指导方案。让课改理念深入人心，让课改成为一种常态，基本达到教师人人推课改，课改使人人都受益。课改小组、班级、学科评价基本实现制度化、常态化，课改综合评价体系初步建立。

三抓管理质量工程建设，塑造学校品牌。通过完善学校管理制度、创新学校管理模式、强化管理队伍建设、提升管理质量与效能，初步实现学校管理的科学化、优质化；开展情趣高雅的心灵教育，使"雅行"深入人心，"雅行教育"持续深化；总结"雅行教育"阶段成果，开发校本德育教程，提升教育质量；提高教学实效，逐步构建我校教师学科教学资源库，教学质量稳步上升；继续大力优化生源质量，强化内部管理，延续发展优势。

四抓校园文化工程建设，提升学校品味。通过认识导向、情感陶冶、人文关怀，特别是行为规范，给师生提供优质的文化心理氛围；整合学校组

雅慧教育论

织体系,促进学校运转协调有序;传递学校文化信息,塑造学校个性形象。

五抓隐性课程工程建设,优化育人环境。在校园建设中,既把环境的教育功能凸现出来、强调出来,又把学校环境中的一切因素按照教育者的意志纳入学生的直觉和感兴趣的范围内,从而影响、催发、诱导、制约学生的学习和发展。心理和生理的成长,使教育阵地进一步扩展,教育内容进一步扩充,从而形成有利于控制情绪、约束行为、陶冶情操、美化心灵、启迪智慧、激发创造的良好环境,提高教育的整体性。

三、现代学习方式——合作学习

"创新教学模式和变革学习方式,是适应现代化教育要求和全面提升教育质量的关键。"[①]新课改开始后,教育部积极倡导"自主、合作、探究"的教学理念,在中共中央、国务院印发的《中国教育现代化 2035》中也明确提出,要推行启发式、探究式、参与式、合作式等教学方式。

合作学习最早于 20 世纪 70 年代兴起于美国。2001 年《国务院关于基础教育改革与发展的决定》中提出"鼓励合作学习,促进学生之间相互交流、共同发展、促进师生教学相长",合作学习才逐渐在我国广泛应用。合作学习理论代表人物罗伯特·斯莱文教授认为"合作学习是指使学生在小组中从事学习活动,并依据他们整个小组的成绩获取奖励或认可的课堂教学技术"。[②]我国学者王坦在其著作《合作学习——原理与策略》中认为"合作学习是以学习小组为基本组织形式,系统利用教学动态因素之间的互动来促进学习","以开发和利用课堂中人的关系为基点,以目标设计为先导,以团体成绩为评价标准,以全面提高学生的学业成绩和改善班级内的社会心理气氛、形成学生良好的心理品质和社会技能为根本目标的……一系列教学活动的统一。"[③]

① 朱益民,王瑞德.中国教育现代化 2035:从规划到实施 [M].上海:上海教育出版社,2023:157.
② 王鲁.异质小组合作学习在高中英语初始阶段的实证分析 [D].山东师范大学,2011.
③ 王坦.合作学习——原理与策略 [M].济南:学苑出版社,2001:12.

合作学习作为现代教育的新理念，是当今国内外积极倡导的主要学习理论之一。这主要在于合作学习强调多主体参与，既要相互配合、相互支持，又各自承担责任和义务，这不仅可以促进学生智力发展，而且能促进学生非智力因素方面的发展，如责任意识、社交能力等。

1. 合作学习的理论基础

王坦在《合作学习的理论基础简析》一文中，从社会学与心理学角度，提出合作学习的理论基础是：社会互赖理论、选择理论、教学工学理论、动机理论、凝聚力理论、发展理论、认知精制理论、接触理论。

社会互赖理论认为"第一，群体的本质就是导致群体成为一个'动力整体'的成员之间的互赖（这种互赖通常由共同目标而创设），在这个动力整体中，任何成员状态的变化都会引起其他成员状态的变化。第二，成员之间紧张的内在状态能激励群体达成共同的预期目的。"[①] 凝聚力理论则强调小组成员作为一个整体发挥整体功能。而接触理论主张通过多接触促进人际互动和工作互动。发展理论认为儿童在相互交流中可以促进认知发展和社会性发展。认知精制理论是通过对材料进行某种形式的认知重组或精制，从而加强记忆或认知，而精制的最有效方式之一是向他人解释，通过表达与倾听优化学习效果。社会互赖理论、凝聚力理论、发展理论、认知精制理论和接触理论都是从群体、整体的视角为合作学习提供理论支持。这种关系从哲学的角度看，是一种主体间性。

主体间性是指多个主体之间的交互关系。合作学习就是充分利用主体间性实现互助，完成学习目标。主体间性理论注重加强人的交往行为。人的交往行为是建立在两个或多个人之间的有意义的互动，以语言符号为中介，通过交流、合作形成合理的交往行为，从而构建合理的社会规范秩序。合作学习就是建立在小组成员之间的交往行为基础上的学习方式。因此，有学者认为"合作学习的本质是对话……合作学习在对话过

---

① 王坦. 合作学习的理论基础简析 [J]. 课程・教材・教法，2005（1）.

程中实现思想观点共享、解决方案共建、学习成果共有"。[①]

选择理论、动机理论是从个人角度来说的。选择理论认为"我们是被内在动力所推动的,是被我们的各种需要所驱使的。"[②]"各种需要"包括归属需要、力量需要、自由的需要和快乐的需要。动机理论又称动因理论,他们认为"合作性目标结构(与竞争性相反)创设了一种只有通过小组成功,小组成员才能达到个人目标情境。因此,要达到他们个人的目标,小组成员必须帮助他们的成员做任何有助于小组成功的事,而且,或许更为重要的就是要鼓励同伴们去尽最大的努力"[③]。简单地说,就是小组成员互帮互助是出于自身利益考虑。这一点与凝聚力理论相反,凝聚力理论家们认为小组成员帮助同伴是因为他们关心集体,为了集体的共同利益。

2. 合作学习的基本要素

合作学习与个人独立学习不同,合作学习中多个主体之间在个性、能力、文化背景等方面存在差异,不是简单地按学习任务将学生分成几个小组就是合作学习。构成合作学习需要满足异质分组、责任制、小组自评等基本要素,才能实现深度合作。

(1)异质分组

合作学习分组应遵循"组内异质、组间同质"的分组原则。组内异质的优势在于小组成员之间可以取长补短,充分发挥各自优势。由于小组成员之间存在差异,每个人都有缺点和弱项,通过组内异质、组间同质的分组法,使小组内性别、性格、学习能力、家庭背景、文化背景等不同的人进行合作,既能优势互补,也能相互学习,共同进步。这种分组法,确保每一个人都能在小组内发挥自己的特长和优势,有利于调动每一个学生的积极性。而班内每一个小组都是组内异质,那么小组与小

①　董庆华,郭广生.混合式学习环境下合作学习模型的建构及实证研究 [J].高等工程教育研究,2020(6).
②　王坦.合作学习的理论基础简析 [J].课程·教材·教法,2005(1).
③　王坦.合作学习的理论基础简析 [J].课程·教材·教法,2005(1).

组之间就是同质，这样能确保班内整体水平和学习进度一致，有利于学生之间开展公平竞争，也便于教师开展教学活动。

（2）个人责任

合作学习小组内的每个人都要承担相应的学习任务，为实现小组目标出一份力。合作学习小组的成功取决于所有成员，只有每位成员都尽心尽力、百分之百投入，才能发挥出团队最好的水平。因此，小组成员要以小组为中心，有强烈的责任感和使命感，积极参与分工合作，主动提高技能，并能虚心接纳和认可他人，懂分享，同进退。

（3）小组评估

为了保持小组活动的有效性和小组活动持续开展，要定期进行小组自评和小组互评。小组内各成员要客观公正地评价小组成员以及自我的活动情况，总结经验，分析存在的问题并提出改进意见，及时止损，为后期合作学习奠定基础，也给其他合作学习小组提供借鉴。

3. 合作学习实践

合作学习作为现代学习理念之一，被广泛运用于大中小学，如凤中推进的合作学习小组——"雏凤共同体"。"雏凤共同体"是慧学课堂的基本组织形式，它既是凤中学子课堂学习的共同体，更是凤中学子成长和发展的共同体。

"共同体"的概念是德国现代社会学校斐迪南·滕尼斯提出的，他在《共同体与社会》中对"共同体"进行了详细阐述，他认为共同体是自然发展起来的对内外同时发生作用的现实的有机联合体，是建立在传统习惯法和共同记忆之上的由各种相互关系组合而成的综合体。滕尼斯认为，共同体不是它们的各个组成部分加起来的总和，而是有机体浑然生长在一起的整体。[1]

共同体建制能充分发挥组织作用、氛围作用、激励作用和帮扶作用，

---

① 傅才武，余冬林.国家文化与国民文化的构造及其转换[M].武汉：武汉大学出版社，2021：310.

确保学生自主学习和合作学习的顺利实施，还有助于学生自治精神、团队精神和归属感的培养，促进学生健康而全面地发展。

"雏凤共同体"按"组间同质、组内异质"的原则，在广泛征求科任教师和学生的意见，充分考虑学生的成绩、性别、性格以及兴趣爱好等因素的基础上，将班级学生分成若干个共同体。每个共同体由4名学生组成，共同体内两两结对，互学互助，组间合作竞争。全班设置一个由班长牵头的行政管理团队和一个由学习委员牵头的学习管理团队。共同体内部要设置团队观念、组训、组规、发展目标，共同体成员依规遵守执行。

学校组织班主任、教务处老师等从"日常行为规范"和"学科学习"两部分对"雏凤共同体"实行捆绑式整体评价，并进行评优。

"雏凤共同体"是进行合作学习的主要形式。合作学习是一种协作性的活动，会存在不协作的冲突状态。造成不协作状态的原因既包含合作者本身的价值观、能力、知识、合作技能等主观原因，也包含合作环境、外部激励措施、规则与秩序制定与维系措施等客观原因。我和黄晓辉、熊元红两位教师针对小组合作学习中的这种情况做过相关研究，认为化解小组合作学习中的冲突问题，需要优化小组文化建设、培养学生合作学习习惯和完善小组评价方式。

对小组合作学习冲突的调试，要从宏观的文化建设入手，培养学生基本的合作学习习惯，完善小组合作学习的评价方式。建设小组文化，为学生认同并学习合作提供环境基础，培养学习习惯奠定小组合作学习的技术基础，完善评价方式为小组合作学习提供激励和导向。

4. 开展小组文化建设

文化的实质是认同，学校开展小组文化建设，使学生认同小组文化。小组文化分为有形和无形两种。有形的文化包括组名、口号、标识等，无形的文化包括组内的制度建设和班级活动。鼓励小组成员讨论决定小组的组名、口号等有形的文化符号，通过这一文化仪式，使小组成员形成共识，增强小组归属感和身份感。充分利用班级的成果展示区，将各小组的口号、目标、成果等以多样形式展示，以此激励小组成员形成团结一致的心态。班主任组织各小组开展组内制度建设，制定奖惩机制，制约或激励小组成员。开展活动提升小组文化，以小组为单位进行活动评比和成果展示。教师在小组建设过程中，要发挥统筹协调的作用，既不能让各小组之间势不两立或互不交往，也不能让小组内部过于松散。在小组集体进步和个人个性发展之间形成均衡点，不能让小组成为个人发展的枷锁，也不能形成一盘散沙。教师发挥主题班会活动的作用，对学生进行集体主义教育和心理辅导，使每一位学生在小组合作学习中恰如其分地扮演好角色，共同取得学习和交往上的进步。

5. 培养学生合作学习习惯

学生合作学习习惯是日积月累形成的，除了学生自身要修炼学习习惯、交往能力之外，教师应当有意识地加强合作学习习惯的培养。在作业与任务设置上，多布置需要小组协作才能完成的任务；在小组设立上，尊重学生的差异并加以利用，建立多元合作的小组，一般包括"协调员、活跃分子、实施者、资源开展者、引导者、监测/评估员、合作者、完成者和专家9类"，[①] 使每个人都能在合作学习中找到自己不可或缺的位置，为合作学习奠定组织基础；在制度建设上，引导小组制定适合各小组的规则，约束小组成员不良学习习惯，奖励优秀合作习惯者。

6. 完善小组评价方式

根据小组评价细则，制定小组评价体系，形成个人评价与小组集体评价相结合的方式。教师注重学习的过程性评价和结果性评价相结合，既要考虑到小组整体的成果，又要考虑到小组学习合作过程中的合作态度、方法、参与程度、协作、倾听、交流等合作技巧和合作精神的评价。教师注重奖励策略，有意识地采取多种奖励方式，采取合作鼓励结构，激发学生发掘潜能，培养合作意识，提高合作技能，促进共同学习。

① 陈向明. 小组合作学习的组织建设 [J]. 教育科学研究，2003（5）.

第二章　雅慧教师的育人价值

　　我记得网上盛传这样一个故事：一位"二战"期间在纳粹集中营饱受折磨的犹太幸存者，战后成为美国一所中学的校长，他每年都会给每一位新老师一封信，信中写道："亲爱的老师，我是一名纳粹集中营的幸存者，我亲眼看到了人类不应当见到的情境：毒气室由学有专长的工程师建造；儿童被学识渊博的医生毒死；幼儿被训练有素的护士杀害；妇女和婴儿被受过高中或大学教育的士兵枪杀。看到这一切，我疑惑了：教育究竟是为了什么？我的请求是：请你帮助学生成长为具有人性的人。你们的努力决不应当被用于创造学识渊博的怪物、多才多艺的变态狂、受过高等教育的屠夫。只有在使我们的孩子具有人性的情况下，读写算的能力才有其价值。"这位校长对老师的要求正是教师为人师的根本。教师的教学活动始终应以人性、人的价值、意义为核心。这样的教育才是真正意义上的教育。

　　我认为,这位校长对教师的期许正是教师育人价值的体现。一方面，教师应该把教育工作作为自身生命价值实现的重要平台，工作过程中呈现的应该是教师丰富的生命；[①]另一方面，教师应该通过教育提升学生的生命价值和生存意义。

　　近几年我们经常谈育人价值，讲合作教育的育人价值，讲红色文化

---

① 　朱永新.拓展生命长宽高 [M].北京：商务印书馆，2023：122.

2023年国家体育总局青少司领导考察凤中体教融合工作

的育人价值，或者讲某学科主题教学、学科思想、教学策略等的育人价值。一般而言，育人价值是指客体对主体的功用、意义、价值。

育人价值这个提法最早出现在 2002 年。育人价值是指教育在培养人的过程中所体现出的价值和意义。李政涛教授研究认为，育人价值的提出表示教育对价值与价值观的重视，并从价值和价值观的高度开展教学机制转化、学科类结构建构、新型教师培养等方面的研究和实践，还总结了育人价值试图针对和解决传统教学价值观中的三大缺失：一是"生命价值"的缺失。过分关注"死"的符号型结论性知识，缺少对学生作为活的生命体的多方面发展需要的关注，这是以往教学世界最根本的缺失，它导致课堂成为缺乏"人气"的课堂。二是"学科教学生命价值内涵"的缺失。缺少对各学科蕴含在课程、教材和具体教学内容中独特、不可替代的生命价值或育人价值的思考和探索，即便有些许探究，也往往呈现出空泛化、碎片化、表层化、短期化的特征。三是"学科教学价值转化"的缺失。缺少基于已有学科教学育人价值的认识，如何转化为日常教学生活中真实具体的相关行为、策略与方法，致使对育人价值的认识，停留在纸面上和黑板上。①

育人价值使教育从"知识传递"走向"生命价值的挖掘与提升"，实现从"知识"到"生命"的转化，是对育人内涵的一次提升与扩展。我认为在教育活动中，最能体现也最能发挥育人价值的是我们教师。习

① 李政涛."生命·实践"教育学研究：第三辑 [M].上海：上海教育出版社，2019：5.

近平总书记指出："广大教师要做学生锤炼品格的引路人，做学生学习知识的引路人，做学生创新思维的引路人，做学生奉献祖国的引路人。"

第一节　教师的育人价值

一、教师的育人价值释义

育人价值的核心词是价值。关于价值的定义，不同学科有不同定义，如《伦理学大辞典》中对价值的定义是："价值"原意是指事物的用途和积极作用。伦理学上讲的价值是指道德价值。而从哲学上来看，价值是"展现主客体需要和满足需要的关系的哲学范畴，揭示的是客体对于主体的意义的范畴。"[①] 价值学家佩里在《价值通论》中把价值定义为"与利益相关的对象"，认为"有利益即有价值"。

我们这里谈的价值，不同于经济学中以劳动多少为衡量标准的"价值"，也不同于伦理学中以"好"或"善良"为指标的价值，而是"价值可以界定为人的生活和它的客体之间的关系"，[②] 用德国价值哲学家李凯尔特的话说："价值绝不是现实，既不是物理的现实，也不是心理的现实。价值的实质在于它的有效性，而不在于它的实际的事实性。但是，价值是与现实联系着的，而我们在此之前已知道其中的两种联系。首先，价值能够附着于对象之上，并由此使对象变为财富；其次，价值能够与主体的活动相联系，并由此使主体的活动变成评价。"[③] 我们讲的育人价值是将对主体与客体关系的考量置入育人过程中，通过对这种关系的建构与重塑达到育人目的，简单地说就是客体满足主体需要的效用，即教

---

① 杨艳春.价值观教育的人学理论研究 [M].南京：江苏人民出版社，2023：14.
② 牧口常三郎.价值哲学 [M].马俊峰，江畅，译.北京：中国人民大学出版社，1989：60.
③ 李凯尔特.文化科学和自然科学 [M].涂纪亮，译.北京：商务印书馆，1986：78.

2019 年安排部署教师队伍建设工作

师满足学生自由而全面发展的效用。

李凯尔特认为"没有价值，我们便不复'生活'，这就是说，没有价值，我们便不复意欲和行动，因为它给我们的意欲和行动提供方向"。[①] 由此可见，育人价值是教师在教育教学活动中个人价值的体现，也是教师行动的方向。教师的育人价值主要通过发挥个体生命价值实现育人目的，前提是认可教师的生命价值的存在，也就是在教育教学活动中，不再将教师视为一种教学工具。这是教育从"知识"到"生命"的提升。

今天，我们谈教师的育人价值让我们重新从生命的高度理解和看待教育。由于受工具理性影响，我们的教育曾经变得很功利，追求高效率高产出，学校俨然成了"工厂"，培养满足工业生产发展需要的标准化的"工人"，而教师就成为灌输知识和技能的工具，忽视了教师作为生命个体的意义和价值。在这样的模式下，教育畸形发展，教师和学生都苦不堪言，完全违背了教育的初衷。因此，我们有必要突出教师在教育教学活动中的育人价值，从生命价值的高度认可教师的存在。

二、教师的育人价值溯源

教师作为教育的第一资源，其育人价值在远古时期就已凸显。远古时代的教师代表有传说中的"教民以猎""教民结绳"的伏羲氏，以及"教民稼穑"的神农氏。伏羲氏和神农氏不仅是传说中的圣贤之人，也是民众心目中理想的精神领袖。他们作为教师，不仅教人谋生，也从精神上

① 程金生. 价值哲学的视野转向：从知识逻辑到问题意识 [J]. 中国海洋大学学报：社会科学版，2003（3）：6-10.

教化人，是最初的教师雏形。

原始社会末期，随着脑力劳动与体力劳动逐渐区分，管理阶层开始安排公职人员承担教育任务。如《尚书·舜典》记载"夔，命汝典乐，教胄子。"《史记·五帝本纪》中也记载有"契，百姓不亲，五品不驯，汝作司徒，而敬敷五教，在宽。"这里"典乐"和"司徒"都是官职，"典乐"是祭祀庆典时掌管音乐歌舞的人；"司徒"在承担行政事务之外兼管教化人民。"典乐"和"司徒"作为官职，在本职工作之外兼任教师职责，开启了古代官师合一的先河。西周时期，社会生产力提高，农业繁盛，文化教育也得以快速发展，形成了政教一体、官师合一的局面。这一时期，统治阶层为培养治国人才，注重"尊教重道"。如《尚书》中记载"天降下民，作之君，作之师。"《礼记》中也载有"能为师，然后能为长；能为长，然后能为君。故师也者所以学为君也。"这一历史阶段，教师培养人才的育人价值得到进一步彰显。

相比于伏羲、神农时期，西周时期教师的育人功能更具体——培养治国人才，但其育人价值有所受限，仅仅局限于传授知识、才能，其精神影响力减弱。直至春秋战国时期，我国教育事业进入繁盛时期：官学与私学并存，思想、学术百家争鸣。

随着私学兴起，"士"开始作为一个相对独立的阶层出现。"士本是西周和春秋中期以前分封制中的一个等级，属贵族等级系列中的最末一等，居于卿大夫和平民众庶的结合部，具有较强的双向发展性，向上则有机会进入高层贵族集团，向下则步入平民社会。"[①] "士"阶层有一定的经济实力和独立性，在文化上有受教育的权利，能文能武。向上入仕为官是"士"阶层的政治追求，若未能如愿，他们能退而办"私学"，成为当时教师的主要来源。士阶层兴办私学，一方面进行学术研究，另一方面传授知识、思想，促进了学术下移和科学技术的发展，也使当时学

① 商国君. 先秦儒家仁学文化研究 [M]. 西安：陕西师范大学出版社，1998：25.

术界和思想界空前繁荣，形成战国时期"百家争鸣"的局面。"士阶层对学问的探究也具有了相对自由的立场，从而使得中国历史进入了伟人辈出的轴心时代，有了百家争鸣的时代图景，产生了孔孟等光耀千古的'至圣先师'。这是一个士大夫之族曰'师'曰'弟子'的时代，是一个'师道'大盛，'从师'成为社会风尚的时代。"①

"士的主要社会活动集中在学术研究和授徒讲学两个层面，他们的社会地位可以界定为'精神上的思想家'和'社会生活中的教育者'"，②这主要以孔孟为代表，他们兴建私学传承儒家思想与文化，培养了一大批出类拔萃的人才。孔子被尊为"至圣先师""万世师表"，不仅因其教育与教学思想深刻影响着我国教育发展，也因其为师之道为后人所敬仰。古人有立德、立功、立言三不朽之说，用其来评价孔子的为师之道是最合适的。作为教师，孔子以其自身完善的道德修养和精进的教育思想为后世教师树立了典范。虽然当时并无师德一词，但孔子非常注重伦理道德教育和自我修养，其一，孔子认为教师应以身作则，重言传更重身教，"其身正，不令而行；其身不正，虽令不从"，"不能正其身，如正人何"；其二，作为教师，要不断学习，并养成终身学习的习惯，"学而不厌，诲人不倦"，"我非生而知之者，好古敏以求之者也"，"其为人也，发愤忘食，乐以忘忧，不知老之将至云尔"，"温故而知新，可以为师矣"，对于好学，孔子的标准是"君子食无求饱，居无求安，敏于事而慎于言，有道而正焉，可谓好学也已"；其三，教师要热爱学生、关心学生，"爱之，能勿劳乎？忠焉，能勿诲乎？"正如孔子弟子所言"夫子循循然善诱人。博我以文，约我以礼，欲罢不能。"除此之外，教师还要相信学生、鼓励学生，"后生可畏，焉知来者不如今者"，"当仁不让于师"，等等。孔子为后世之师树立了典范，是师道表率，也是无数师者学者的精神领袖。

自孔孟开始，"儒家教育一直沿用着'内求'与'外铄'或者说'尊

① 杜思民，崔志勇.教师文化与高校教师专业发展研究[M].郑州：河南大学出版社，2021：16.
② 杜思民，崔志勇.教师文化与高校教师专业发展研究[M].郑州：河南大学出版社，2021：16.

雅慧教育论

德性'与'道学问'两条途径发展着。"① 这也正是彰显教师育人价值的两方面：一方面作为"圣贤文化"的代言人和传播者，传承着知识和文化，培养社会需要的人才，推动社会生产发展和科技进步；另一方面又自觉承担着伦理构建、教化民众的任务，以高尚的精神气质和人格修养砥砺学生的德性，为构建稳定、和谐的社会尽一己之力。可见"古代的教师并不仅仅是思想与知识的宣讲者，还是具有思想气质和社会责任意识的社会服务人员。"② 在这种价值取向影响下，我国教育大师辈出，从古代的荀子、董仲舒、韩愈、朱熹到近现代的蔡元培、梁启超、陶行知等，他们不仅博学多才，而且骨子里继承着中华民族传统的师德观，以教书育人为己任，学为人师，行为世范。

如董仲舒把好老师称为"明师"，并在《春秋繁露·玉杯》中阐明"明师"标准，"善为师者，既美其道，有慎其行，齐时蚤晚，任多少，适疾徐，造而勿趋，稽而勿苦，省其所为，而成其所湛，故力不劳而身大成。此之为圣人，吾取之。"他强调教师要注重自身的品行修养，要关爱学生，要从学生的实际出发开展教育，"故知其气矣，然后能食其志也；知其声矣，而后能扶其精也；知其行矣，而后能遂其行也；知其物矣，然后能别其情也。"

朱熹被认为是中国教育史上继孔子之后的第二位大教育家。他长期从事讲学活动，不仅编撰了《四书集注》等多种教材，培养了上千弟子，还专于教育研究。第一，他认为教师要敬业爱生，潜心培养人才，"敬则万理俱在""敬则天理常明""敬字功夫，乃圣门第一义，彻头彻尾，不可顷刻间断"。第二，他认为教师要潜心学术研究，要博学、勤学，"温故又要知新，唯温故而不知新，故不足以为人师""读书无疑者，须教有疑，有疑者，却要无疑，到这里方是长进"。

陶行知作为伟大的教育家，第一，他认为教师要有奉献精神和强烈

① 施克灿.中国教育思想史 [M].北京：高等教育出版社，2008：2.
② 杜思民，崔志勇.教师文化与高校教师专业发展研究 [M].郑州：河南大学出版社，2021：19.

2018年为青蓝结对帮扶师徒颁发聘书

的责任感，他曾说"我们从事乡村教育的同志，要把我们整个的心献给我们三万万四千万的农民"，"捧着一颗心来，不带半根草去"，他实践着"为中国教育寻觅曙光，为中国教育探获出路，为整个民族的利益造就人才"的宏愿。第二，教师要爱学生，他常说"在我的世界，小孩和青年最大"，也正如他为武训的办学精神所赋的诗"为了苦孩，甘为骆驼。于人有益，牛马也做"，[①] 他热爱学生，愿为他们付出一切。第三，教师要有好学精神，他用"活到老，学到老，教到老，做到老"自勉，并明确指出"我们做教师的人，必须天天学习，天天进行再教育，才能有教学之乐而无教学之苦"，"要想学生好学，必须先生学好，唯有学而不厌的先生才能教出学而不厌的学生"，并为教师指明了学习的方向，"民之所好好之，民之所恶恶之，教人民进步者，拜人民为师"。

当然，新时期也有这样令人肃然起敬的教师，如张桂梅老师。我相信张桂梅老师的事迹早已为人所熟知。她从黑龙江来云南支援边疆建设，扎根深山，在丽江华坪创办全国第一所免费女子高中，没有钱建校就在昆明街头"募捐"，没有学生就一家一家去找。十六年来，在校长张桂梅率领的教师团队的努力下，丽江边远山区的2000多名女孩从华坪县女子高中毕业，圆了大学梦，改变了她们的命运。从张桂梅教师身上，我们看到她所树立的高山一样的教师形象。第一，教师要有信仰，有奉献精神。她说："心有所信，方能行远，让有信仰的人讲信仰，培养的学生才能远方有灯，脚下有路，眼前有光，哪怕在山沟里也能看到外面

---

① 华中师范学院教育科学研究所 . 陶行知全集：第四卷 [M]. 长沙：湖南教育出版社，1985：616.

精彩的世界，看到美好的未来，这是我矢志不渝的追求！""我有一颗教育者的初心在跳动，只要我还有一口气，我就要站在讲台上，九死亦无悔，这是我对党和人民的庄严承诺！"第二，爱学生，关心学生，一切为了学生。她说："我现在的梦想，就是希望山里的孩子，不管是男孩女孩，想读什么书就能读什么书！希望山里孩子与城里孩子的教育同步！""培养一批又一批学生，我内心非常满足，她们将来都能拥有美好的人生。"尽管张桂梅老师身患心脏病、肺气肿等多种疾病，但她依旧拼命工作，每天早上五点起床，第一个出现在校园里，每天一个小喇叭不离手，督促学生起床、学习、睡觉，如此日复一日、年复一年地投入自己热爱的工作之中。

这一代代教育大家、名师是我国师道、师德的标杆，高度彰显了教师的育人价值，对新时期发挥教师的育人价值具有重要的现实价值和意义。从这些古代先贤、近现代教育名家的事迹来看，其育人价值主要体现在个人道德修养和文化学识两方面，这正是成为"雅正慧通"的雅慧教师的人生追求。

第二节　雅慧教师

一、雅慧教师标准

关于教师的标准，除了广为熟知的韩愈"闻道先后"和"术业专攻"之说，还有诸多古代教育家、思想家从不同角度提出的标准与要求。如，东汉思想家王充认为："通书千篇以上，万卷以下，弘畅雅言，审定文读，而以教授为人师者，通人也。""如与俗人相料，太山之巅嵲，长狄之项跖，不足以喻。""有根株于下，有荣叶于上；有实核于内，有皮壳于外。实诚在胸臆，文墨著竹帛，外内表里，自相副称。"宋代朱熹在

《白鹿洞书院学规》中也对教师提出了"为师者，能忠信笃敬，毫发无伪，训警恳至，语自肺腑流出，能致力于躬行实践，不专尚空谈，故人之感悟者亦倍深切"的要求，明末清初四大启蒙思想家之一的王船山则认为"君子必恒其教事。欲明人者先自明。故教者修焉，而使学者学焉，然非徒以其文具也。夫欲使人能悉知之，能决信之，能率行之，必昭昭然知其当然，知其所以然，由来不昧，而条理不迷。贤者于此，必先穷理格物以致其知，本末精粗，晓然具著于心目，然后垂之为教，随人之深浅而使之率喻于道。言必正言，行必正行，教必正教。立教之本，躬行为起化之原，谨教有术，正道为渐摩之益"；而作为近代中国"睁眼看世界"的首批知识分子的代表，魏源在其《魏源集》中提到教师应做到"教以言相感，化以神相感"，因为"有教而无化，无以格顽；有化而无教，无以格愚"；梁启超先生认为，教师应立圣人之志，以天下为己任，具有爱国心和公共心，具有独立能力和自治能力，要养成聪明博学的素质，要具备诲人不倦的精神。不同时代，教师标准的建立，反映的是不同时代对教师发展和教育的价值导向与目标追求。

今天的教师依然应以此为标准，即"有理想信念、有道德情操、有扎实学识、有仁爱之心"的"四有好老师"。教师作为雅慧教育的核心要素，是实施和推进雅慧教育思想、雅慧课程建设与高质量的学校的主要力量，因此，培养一批尚雅尚慧的雅慧教师是学校走内涵发展、高质量发展的必要条件。

教师是教育工作的中坚力量。有高质量的教师队伍，才会有高质量的教育。学校致力于引导教师把教书育人与自我修养结合起来，以德立身，以德立学，以德施教，让追求高雅智慧成为教师队伍的一种职业习惯、一种行为风尚、一种成长氛围、一种文化生态。正如明代大儒王阳明言："严师维何？庄敬自持，外内若一，匪徒威仪。施教之道，在胜己私，孰义孰利，辨析毫厘。源之弗洁，厥流孔而。毋忽其细，慎独谨微。毋事于言，以身先之。教不由诚，曰惟自欺。施不以序，孰云非愚。庶予知新，患在好焉。凡我师士，宜鉴于兹。"作为新时代的"凤鸣"教师，既应深具人文精神，又当充满理性光辉。德才兼备，笃实光辉，表里一体；主动修为，潜心问道，精心育人。视教育为己任，视事业为生命，待学生如子女，待家长如亲朋。

四川省巴中市通江县第六小学以"雅慧教育"为理念，致力于培养一支言行雅正、知识丰富、技能卓著的雅慧教师队伍。学校主要从思想问题和专业化问题两方面建设教师队伍。在思想问题上，学校通过营造良好的文化氛围、用评优奖优激励先进等方式积极引导教师树立职业理想、热爱教育事业；在解决教师专业化的问题上，学校通过走出去、引进来的方式，使教师接受先进教学理念和教学方法，并加强课题研究和校本研修，培养科研型教师，而且还开展"12345"教师专业发展工程，即一赛二帮三研四课五星，"一赛"是每学期开展一次课堂教学竞赛，"二帮"是骨干教师与青年教师结对帮扶，"三研"是每周固定三个半天开展学校校本教研，"四课"是指新进教师的见面课、青年教师的合格课、中年教师的研讨课、校级班子和骨干教师的示范课，"五星"是指学校为期五年的"五星级教师专业化发展培养"工程，以此激发教师专业发展的动力，提升教师专业能力。[①]

通江县第六小学作为2014年新建学校，建校之初面临地域劣势、师资薄弱等诸多困难，但结合学校自身实际情况，以"养高雅之气，育聪慧之人"为教育追求，坚持以"雅慧教育"为核心理念，通

2021年谋划新学年凤中发展工作

① 高怀阳.养高雅之气，育聪慧之人 [J].四川教育，2020（11）.

2020年作师德师风专题发言交流

过建雅慧校园、塑雅慧教师、修雅慧课程的办学思路提升学校品质，办让人民满意的教育。

通江县第六小学从思想和教师专业两方面发展雅慧教师，重庆市璧山区丹凤九年制学校则从教师职业精神和素质修养等方面着力，培养造就"雅慧名师"。学校"围绕《中小学教师职业道德规范》的学习与实践活动，强化责任，规范品行，钻研业务，认真教书，静心育人，用充满爱的笑容，给学生充满正能量的教育。全体教师通过集体学习和自学等形式，不仅深入认真地学习了'教师十条禁令'学习材料，同时全体教师以新的目标、新的要求重新审视自身的职业精神和素质修养，坚持恪守职业道德，以自己的职业操守塑造教师'雅慧之身'。"①

雅慧教育虽然具有一定的普适性，但教育是育人的工作，不管是学生还是教师都是个性化的。因此，雅慧教育一定是建立在学校具体实情的基础上，雅慧教师的培养路径和培养模式也会因学校的不同而有所差异。

凤鸣山中学为了学生成长为"尚雅尚慧"的人，教师首先需努力使自己成为"雅正慧通"的人，保持学习进取的状态和学生一起面对成长，要能以自身的专业发展促进学生的成长。"雅"是内外兼修的气质，"慧"是聪明、才智的代名词。"雅慧教育"贯彻落实"以人为本"的教育思想，坚持以"雅慧师资为学校生存发展之本"为指导，优化队伍结构、加强队伍建设，"内"修专业技能、"外"树品牌形象、注重知行合一，努力建设一支素质高、业务精、能力强的，既有内在修为又具外在形象的优

---

① 严振. 走内涵发展之路 彰显"雅慧教育"特色——重庆市璧山区丹凤九年制学校校园文化建设之路 [R]. 国家教师科研专项基金科研成果：十三，2017.9.

良师资队伍。

学校引导教师把教书育人与自我修养结合起来，让追求高雅智慧成为教师队伍的一种职业习惯、一种行为风尚、一种文化生态。学校提倡教师主动修为、潜心问道、精心育人；视教育为己任，视事业为生命；待学生如子女，待家长如亲朋。风中雅慧教师标准首先是儒雅的素质形象要求，包括大方的装扮谈吐，娴雅的容态举止。其次是高雅的志趣追求，包括坚定的理想信念和博大仁爱的情怀。全校教师在共同的教育生涯和教学实践中共同约定：坚持"三要"职业标准，即坚持内心要坚定，甘为人师；教学要先进，善为能师；目光要高远，愿为良师的职业标准。崇尚"八为"职业操守，即崇尚以德为先、以业为重、以容为大、以和为贵、以诚为恒、以勤为尚、以爱为基，以人为本的职业操守。职业标准与职业操守是一体两面，是教师成为人师、能师、良师的基本要素。

二、雅慧良师

习近平总书记说："教师不能只做传授书本知识的教书匠，而要成为塑造学生品格、品性、品味的'大先生'。"

2017年6月，时任教育部教师工作司司长王定华在《中小学管理》上发表的《涵育大国良师：我国教师队伍建设之进展与走向》中提出"大国良师"；2018年4月，教育部党组在《求是》上发表《努力培养造就堪当民族复兴大任的大国良师》，至此，"大国良师"成为我国教师发展的关键词。

雅慧教育不只是要培养"学高为正，身正为范"的雅慧教师，还要培养有教育家精神的雅慧良师。

1. 何为良师

我们常说"良师益友"，良师是指使人得到教益和帮助的好老师、好朋友。"良是为人之根本，亦是为师之根本。良，可以理解为好，好之原因所在：有良心、有良知、追求良质。"①良师，可以理解为良心之师、良知之师、良质之师，从人的德性、能力、追求三个维度来理解。

教师的德性，即师德师风。2018 年 1 月，中共中央、国务院颁布的《关于全面深化新时代教师队伍建设改革的意见》指出："把提高教师思想政治素质和职业道德水平摆在首要位置，把社会主义核心价值观贯穿教书育人全过程，突出全员全方位全过程师德养成，推动教师成为先进思想文化的传播者、党执政的坚定支持者、学生健康成长的指导者。"我们教师都应该"以德立身、以德立学、以德施教、以德育德"。②做一个有理想信念、有道德情操、有扎实学识、有仁爱之心的老师。

党和国家一再强调注重师德师风建设，并将师德师风建设放在教师队伍建设的重要位置。教师的师德师风建设有这样几个层次：第一，教师要有坚定的政治立场，有较强的政治意识与政治素养。教师"要始终同党和人民站在一起，自觉做中国特色社会主义的坚定信仰者和忠实实践者，忠于党和人民的教育事业"。第二，教师要树立教师的正面形象，自觉遵守社会道德，树立正确的道德价值观念，有高尚的道德情操和职业道德。第三，教师要具有实现中华民族伟大复兴的历史使命感和责任感，要有"躬耕教坛，强国有我"的信念，要做民族进步的推动者。

教师的能力是指教师的专业知识与工作能力。教师要具备良好的专业基础和教育教学能力，包括管理能力、教育研究能力，以及培养创新人才的能力等。管理能力和教育研究能力是教师从事教学工作的基本能力，无须赘言，这里只谈教师培养创新人才的能力。

当今世界，经济全球化和科学技术迅猛发展，各国之间的竞争越来越体现在创新人才培养的竞争上。学校能否培养出创新型人才，教师是关键。教师要具备培养创新人才的能力，首先要学习并接受新知识、新

---

① 黄俊，乔虹."大国良师"集体人格及其培育 [J].当代教育科学，2023（1）.
② 朱益明，王瑞德等.中国教育现代化 2035：从规划到实践 [M] 上海：上海教育出版社，2023：136.

技术，并成为新知识、新技术的传播者和创造者，要掌握信息技术并将其运用于教学之中，通过信息技术与教学的深度结合改进教学方式，提高教学质量。

"良师之根本还在于对良质的追求。"[1]良质的意思，一是指质地优良的器物，指琴；二是指优秀的作品。在这里，良质是指对好与美的追求。良师要有崇高的追求，如追求至善的人格，追求终极精神和生命意义，像北宋思想家、教育家张载说的"为天地立心，为生民立命，为往圣继绝学，为万世开太平"。

《教育家》杂志社在 2017 年举办了首届"寻找大国良师"大型公益活动，2021 年 11 月举办了第二届"寻找大国良师"公益活动，这两届公益活动涌现出一批有大视野、大格局、大情怀、大境界的时代之师。

2. 良师之"良"

良师之"良"，指良师要有崇高的追求，追求至善的人格和精神意义，这便是雅慧教师"雅正"的内涵。

学高为正，身正为范，是中华优秀教育传统之一。在我国传统文化中记载有"师也者，教之以事而喻诸德也"（《礼记》），也有"师者，所以传道、授业、解惑也"（韩愈《师说》），还有"经师易得，人师难求"。这些名言警句蕴含着教师这一职业的内涵，教师不仅传授知识、答疑解惑，更要以自身的道德品质和言行举止影响学生，注重师道传承。因而有"师，范也，教人以道者之称也"。孔子能"以身载道""人能弘道"，所以孔子被尊为"至圣先师"，成为人师之道的典范。

"师道"用我们现在的话说就是指"教育家精神"，是习近平总书记说的"心有大我、至诚报国的理想信念，言为士则、行为世范的道德情操，启智润心、因材施教的育人智慧，勤学笃行、求是创新的躬耕态度，乐教爱生、甘于奉献的仁爱之心，胸怀天下、以文化人的弘道追求"。我

① 黄俊，乔虹. "大国良师"集体人格及其培育 [J]. 当代教育科学，2023（1）.

2023 年北京师范大学教授毛振明考察凤中体育工作

们每一位教师都应该以"教育家精神"为追求，在日常工作中自发自觉地以"师道"育人。因此，我们教师"一方面要谨记所教知识本身的道德价值，另一方面要注意个人道德风貌对学生的道德影响，注重个人的言传身教。如此，方可担得起为师之名。"①

我国历代教育家的师道主要表现为有崇高的理想信念、至善的道德品质、精进的育人智慧等。这些特质经过一代代教师传承与发展，早已沉淀为我国教师的集体人格。"集体人格"衍生自瑞士心理学家卡尔•荣格所提出的"集体无意识"的概念。荣格研究宗教和神话学时发现，世界上不同文化、不同地区的神话传说都会有一些相似的图案和象征，从而认为它们有着相似的心理基础和共同的精神结构。

在同样的价值观、相通的生活经验和共同的情感作用下，我国教师这一群体在不断地发展中积淀出相似的性格、气质、道德品质等精神内核，这就是我国教师的集体人格，也是良师的基本品质。"教师集体人格……深埋在教师的意识深处，存在于教师集体无意识沉淀之中的集体经验、情感与品质。……集体人格是人类精神的深层领域，也是人类心理的共同基因，它应在过去、当下和未来都能说得通，得到大家的共识；而'大国良师'，即具有大格局和大境界的良师，便是中国教师集体人格的最好诠释。"②纵观古今历代良师，其至善人格品质的核心是仁爱之心、敬业之心。

---

① 朱益明，王瑞德，等.中国教育现代化 2035：从规划到实践 [M].上海：上海教育出版社，2020：137.
② 黄俊，乔虹."大国良师"集体人格及其培育 [J].当代教育科学.2023（1）.

（1）仁爱之心

夏丏尊先生曾说"教育没有情感，没有爱，如同池塘没有水一样。没有水，就不能称其为池塘。没有情感，没有爱，也就没有教育。"[1]

中华民族优良传统道德推崇"仁爱"原则，强调厚德载物和人际关系和谐。儒家伦理思想创始人孔子提倡"仁"与"礼"，把"仁"联系起来，并把"仁"解释为"爱人"。"仁"既作为一种最高的道德原则，又作为一种崇高的道德品质，在人和人的关系中，只有从"爱人"出发，才能达到"人恒爱着"的彼此相爱的和谐关系。"仁者爱人"，对学生的思想教育，"爱心"只能由"爱心"来培养，"道德"只能由"道德"来教育。

教师对学生的"爱"在于"严里有爱，爱中求严"两个方面。只有热爱学生，从严治教，才能达到"以爱动其心，以严导其行"的教育效果。严与爱是辩证统一的，爱是教育的出发点，严是实施教育目标的必经之路。没有爱就谈不上教育，少了严就达不到教育的目的。严格要求，爱在其中。

严里有爱。其核心在于尊重学生人格，调动学生接受教育的内在动力。尊重人格是社会公德，教师作为人类灵魂的工程师、历史文化的传播者、人际关系的艺术家、学生心灵的保健医生、未来事业的引路人，面对的教育对象是天真活泼、思维敏捷的青少年学生，他们既易于接受新生事物，又因年轻幼稚，缺乏经验，容易受到各种错误思潮和不健康生活方式的影响。因此，教育效果取决于学生接受教育的程度，只有被学生接受的教育，才是有实效的教育。"感情不动，理难喻"。教育的关键又在于触及学生内心最敏感之处，使其产生正确的内心反应，从而形成某方面的意志力。这种内心敏感处的感应，一方面靠教师对学生真诚的"爱心"才能触动；另一方面则需要教师把握学生心理的最佳时机，例如：当学生对某种需求有强烈愿望时，当他们在物质或精神方面得到

---

① 朱永新.新教育之梦：我的教育理想 [M].北京：人民教育出版社，2023：123.

某种程度的满足时，当他们处于某种心理或生理的困境时，或者当他们对自己的过错有悔改之意、迫切需要理解、信任和帮助的时刻，这些时机都蕴含着强烈的感染力。

爱中求严。即宽容中有严格。宽与严虽相悖，但并不矛盾。宽容是基于对学生的全面认识和了解。学生在成长的道路上难免会跌倒、犯错，甚至受到不良影响，但只要他们本质不坏，我们就应该给予宽容。所谓"宽容"，并不是放弃不管，"严格"也不是抓住缺点不放，而是宽而有节，严而有格，目标是长善救失。

对学生的教育如果只爱不严，纯属溺爱，容易产生负效应，容易使学生养成娇、骄、孤独离群的性格，甚至形成对别人漠不关心、自私自利的不良品质；如果只严不爱就是苛求，往往会造成学生心理上的逆反，进而对教师正面、善意的劝导从反面去理解，事与愿违。

（2）以德示范

教师需做到行为人师，言为人范，德为人表，这对学生思想道德教育培养至关重要。教师的思想品德、意志、举止风度等常常在不知不觉中被学生观察、琢磨和效仿。所谓"人行有效仿，择善而从之"，即是此理。

孔子强调"其身正，不令而行；其身不正，虽令不从"。董仲舒在《春秋繁露·玉杯》中提出"善为师者，既美其道，有慎其行"，强调教师要注重自身品性修养。《韩诗外传》卷五曰"智如泉涌，行可以为表仪者，人师也"。人师是既有智又有德，可为表率。我国教师形象从孔子时期开始就树立了"德性"形象，以立德修身示为垂范。

与中华民族历史共光辉的炎黄子孙，几千年来在实践中留下的道德风范之所以能够代代相传，其中一个重要原因，莫过于耳濡目染，潜移默化，教育培养了一代又一代。岳飞精忠报国，文天祥留取丹心，李时珍尝尽百草……至今仍被传颂和学习；我国近代史中的革命领袖、革命先烈和现代化建设中涌现出来的英雄模范、先进工作者，无一不是学生学习的道德范例。作为天天与学生打交道的教育工作者，坚定正确的政治方向、扎实的专业知识、高尚的道德情操、兢兢业业的工作态度、精益求精的教学方法、严谨认真的教学风格和内在气度，以及仪表端庄大方、精神饱满热情、性格开朗豪放、语言文明诙谐的外在气质，无一不是学生形成良好道德品质的榜样。

教师要以德示范、以身作则，建立一种良好的师生关系。同时要经常注意发扬学生之间团结、互助、友爱的精神，引导学生中非正式群体向积极向上、健康的方向发展，使班级的人际关系健康和谐，保证学生在轻松愉快的心理环境中学习和成长。

（3）敬业之心

朱永新教授在《教育：一起向未来》中写道："良好的职业道德，是做好教育工作的重要保障……教师的职业道德精神主要包括以下几种：服务精神、敬业精神、仁爱精神……教师的教育对象是还未完全成熟的学生，这就需要教师有高度的敬业精神，做到言传身教、认真负责、恪尽职守。"[1]

爱岗敬业是教师的基本职业道德。作为一名教师，要"心无旁骛，甘守三尺讲台"，要"春蚕到死丝方尽，蜡炬成灰泪始干"。教师的工作是育人，若不尽职尽责，玩忽职守，往小了说是误人子弟，往大了说会误国殃民。正如《中华人民共和国教师法》所指出的"教师是履行教育教学职责的专业人员，承担教书育人，培养社会主义事业建设者和接班人，提高民族素质的使命。教师应当忠诚于人民的教育事业"。具体来说，教师的敬业精神主要体现在以下几个方面：

以教师为终生之职。作为教师，不仅要把教师工作视为一份职业，更应该视为终生追求的事业来做，要认可教育职业，从心里认为教育事业是神圣高尚的，认可教书育人的价值，愿意把自己的时间和精力花在工作上。只有这样，才会全身心投入到人民的教育事业中去。

① 朱永新．教育：一起向未来 [M]．青岛：青岛出版社，2022：204-205．

树立"学生的事无小事"的意识。教师要对学生有足够的爱心、耐心，能尊重、理解学生，能包容接纳每一个学生，与学生共情，和他们共同成长，能不厌其烦地为其解决学习和生活中的难题，真正做到一切为了学生、为了一切学生。

勤于学习。教师要勤于学习，充实自我。教师要学习新的教育理念、教育方法，完善自己的知识结构，与时俱进，才能培养出时代新人。朱永新教授认为一个理想的教师"应该是一个勤于学习，不断充实自我的教师"。他强调教师要读名著、教育类书籍，还要读人文、自然、社科类书籍拓宽视野，"一个知识面不广的教师，很难真正给学生以人格上的感召力。"[①] 在终身学习社会体系中，教师更应保持学习热情和终身学习的意志。

关于敬业，我在这里想分享一个生活中的小例子，一位教师家访一个学生达 30 次的故事。我们学校初三（4）班班主任李琼，为了打开一个学生的心扉，帮助学生成长，去一个学生家家访多达 30 次，为此还重新去学习了沟通艺术，甚至还找了心理老师帮忙，总之是想尽一切办法。在帮助那位学生成功升入高中后，李老师持续对其资助和关注，该生最终考上重点大学。她总结道："用真爱去感化、影响一个学生，把她想象为我们的孩子，就会想尽一切办法，绝不放弃。"

第三节　雅慧教师培养路径

习近平总书记指出"教师是立教之本、兴教之源，承担着让每个孩子健康成长、办好人民满意教育的重任"。

2018 年 1 月，中共中央、国务院颁布的《关于全面深化新时代教

---

① 朱永新."新教育之梦"我的教育理想 [M]. 北京：人民教育出版社，2023：128-129.

师队伍建设改革的意见》指出："教师承担着传播知识、传播思想、传播真理的历史使命，肩负着塑造灵魂、塑造生命、塑造人的时代重任"。

于漪教授说："我一辈子做老师，一辈子学做老师。"是的，教师要"进行终身自我教育，这对教师来说是一种义不容辞的神圣职责。"[①]世界经济全球化和科学技术迅猛发展，正深刻地改变着人们的生产和生活，社会信息化、人工智能化的程度越来越高，对教师也提出了更高的要求。教师的工作极具创造性和挑战性，只有教师与时俱进，才能创造性地促进学生发展，才能做到为未来而教，学生才能为未来而学。因此，如何促进教师专业发展，建设高质量的教师队伍成为学校发展的重中之重。

雅慧教育展开"师资建设行动计划"，开发了完善雅慧教师成长机制和评价机制，即加强名师培养力度、深化校本研修培训、发挥骨干教师引领示范作用、重视正高级特级教师培养四大行动计划，持续推进独具风中特色、蕴藏丰富内涵的凤鸣教学改革与跨越式发展。

一、雅慧教师专业发展理论

教师专业发展是一个长期过程，且其发展空间是无限的，发展内涵是多层面、多领域的。雅慧教师专业发展的理论主要基于马斯洛的需求层次理论、专业发展阶段理论和合作理论设计教师发展路径。

1. 需求层次理论

美国心理学家马斯洛在《人类动机的理论》中提出人性需求层次理论，由低到高分别是生理需求、安全需求、社交需求、尊重需求和自我实现需求。这五个层次需求体现出人的需求发展顺序，也是人的行为动机。

美国行为科学家奥尔德弗在需求层次理论的基础上提出了"ERG"理论，他认为人有三种核心需求，即生存需求（Existence Needs）、关系需求（Relatedness Needs）和发展需求（Growth Needs）。生存需求是

① 第斯多惠.德国教师培养指南 [M].袁一安，译.北京：人民教育出版社，2001：25.

2020年部署教师专业发展工作

基础，人只有在衣食住行得到满足的基础上才能进行其他活动，才会产生安全感；关系需求是条件，与他人建立良好的人际关系有助于产生归属感和爱；发展需求是追求，人在个人成长和事业发展上有提升自我、实现自我价值的追求。

教师作为"人类灵魂的塑造者"，享有一定的社会声誉，有不错的职业前景，有实现自我价值的需求。因此，学校在充分考虑和满足教师发展需求的基础上，通过适当的激励方式，合理且充分满足教师发展需求，激发教师发展动机、调动教师自我发展的积极性。

2.教师专业发展阶段理论

20世纪60年代末、70年代初，美国学者福勒在其1969年编制的《教师关注问卷》中从教师在不同发展阶段关注的内容出发，将教师专业发展阶段分为四个阶段，即任教前关注阶段、早期生存关注阶段、教学情境关注阶段、关注学生阶段，从前期关注自己发展到初期关注班级管理、教学内容，再到早期关注教学情境、教学要求，最后可以克服繁重的教学工作关注学生，关注他们的学习、生活和情感需要，这四个阶段完成了从学生到教师的角色转换，再从新教师发展为骨干教师、名师。

关注学生是教师专业成长成熟的标志。当教师不再只关注教学工作和班级管理，而是将关注的重点聚焦在学生身上，开始真正考虑学生的个性特征、差异化问题时，他们已经完全能胜任工作，不仅拥有了很好的自觉判断能力，而且其教学技巧和处理问题的能力已经达到了自动化的程度，因此能将更多的时间和精力花在学生身上。

2001年，叶澜教授等人以自我专业发展意识为标准，将教师专业发展分为五个阶段，即"非关注"阶段、"虚拟关注"阶段、"生存关注"阶段、"任务关注"阶段、"自我更新关注"阶段。[①]

根据教师专业发展阶段理论，可以将教师发展过程划分为新手教师、熟练教师、胜任型教师、精干型教师和专家型教师五个阶段。学校根据不同阶段的教师的教学能力、专业素养，采取不同的培养举措，从而实现教师专业化的持续提升。

3. 合作理论

早在 2012 年教育部出台的《中学教师专业标准（试行）》中就指出，教师需要具有团队合作精神。教师合作无疑是教师发展的一个重要路径。

"教师合作，从广义上讲，是指教师主体之间发生的多种形式、内容及程度的积极互依、互动互促，以实现教师共同发展的协调沟通活动。从狭义上讲，教师合作仅指教师与教师之间为了实现共同的目标，通过多种方式进行教学上的相互交流和理论上的探讨，以实现团体和个人共同获得最大化专业发展的方式与过程。"[②]虽然教师这一职业有较强的独立性、个体性和自主性，但也同样具有互依性、合作性。教师可以通过与他人的合作互动了解他人对自己工作的评价、期望，同时也能通过"理念更新、知识共享、智慧互惠以及能力提升等不断整合，向着相互期待的方向发展"[③]。

教师合作的理论基础是戴维·约翰逊的社会互依性理论。约翰逊认为，在特定的社会环境下，人们会根据自身所追求的目标结构来决定与他人的交互方式。这种交互方式又可分为积极互依和消极互依。积极互依是指个体为了共享的目标更愿意与人分享信息资源，倾向于与他人积极合作来达成共同的目标。而消极互依生成的则是相互竞争。在学校范围内，教师与教师之间存在互依性关系，有竞争也有合作，学校鼓励教

① 叶澜，白益民，王栅，等.教师角色与教师发展新探 [M].北京：教育科学出版社，2001：278-302.

② 张敏.教师合作学习 [M].杭州：浙江大学出版社，2013：8-9.

③ 张敏.教师合作学习 [M].杭州：浙江大学出版社，2013：8-9.

师积极与他人合作，采取老带新、统一备课组、名师工作室等形式实现合作。

二、雅慧教师培养路径

高境界的教育思想传播、高水准的课程建设与高质量的学校发展，必须有一支高品位、高层次、高能力的教师队伍来实施和推进。因此，雅慧教育坚持以教师专业化发展促进学生创造性发展。学校不仅为教师发展营造良好环境，还打造专业发展平台，制定激励教师自主发展的制度，为教师专业发展注入活力。以凤鸣山中学为例，在雅慧教育思想的引领下，凤鸣山中学多管齐下，多措并举，多维关注，让教师与时代发展为伍，与学生成长同行，立足高远，瞄准前沿，追求卓越。

学校根据教师工作时间和专业发展水平的不同，制定支持教师专业发展的方案和优秀师资培养项目，形成成长有序的教师发展梯队：新进教师——合格教师——骨干教师——名师——良师；拟定严格的教师专业发展和教学能力提升计划目标，对标对表，动态调整，严格实施，压茬推进,促使教师在专业发展上实现一年迅速"入门"，两年及时"上路"，三年以内快速"合格"，五年左右高速"成才"，十年左右"成名成家"。

1.搭建雅慧教师成长平台

为实现资源共享、经验分享、共同成长，学校搭建了教师成长平台，强化团队间的合作互助。学校组织教师以老带新结对培养，沟通教学技能培训，鼓励教师攻读教育硕士，规范科学研究，丰富知识结构，冲破经验惯性带来的成长阻滞，突破瓶颈成就骨干教师团队。学校采取了三种措施：一是创办"凤鸣大讲坛"，邀请全国各地的课改专家对广大教师实施高端的课改引领，提升教师的专业素养，转变教师的教育观念；二是组织沙区一中学区共同体思辩型主题班会优质课竞赛复赛、组织沙区心理健康优质课比赛、协助高中语文教研组完成沙坪坝区语文优质课大赛，让老师们在赛课中快速成长起来；三是协助老师们申报名师工作室，参加国培等活动，让一批优秀教师在更高的平台上成长为骨干教师。

（1）创办"凤鸣大讲坛"

学校创办了以"冲击高端·走向卓越"为主题的"凤鸣大讲坛"，对广大教师实施高端引领。从 2011 年至今，学校共举办了三十三期"凤鸣大讲坛"，先后邀请了《中国教师报》全国教师培训基地培训教师张海晨老师，"三段教学法"创始者、四川棠湖中学校长熊伟老师，华南师大博士生导师、生本教育创始人郭思乐教授，全国著名生本教育实践教师荆志强老师，教育部新课程专家组核心成员、全国著名物理特级教师黄恕伯老师，重庆大学贸易与管理学院院长曾国平教授，重庆师范大学教育科学学院郝明君教授，沙坪坝区教师进修学院龚雄飞院长，渝中区教师进修学院知名教研员曾庆宇老师等一大批卓越的教育专家和学者亲临我校，做客"凤鸣大讲坛"。"凤鸣大讲坛"的专家讲座对教师来说是一场又一场的饕餮盛宴，不但开阔了教师视野，解放了教师思想，提高了教师的理论水平，更坚定了我们的课改信心和理念，为学校的课改理论研究和课堂教学实践打下了坚实的思想认识基础和理论基础。

（2）搭建交流平台

学校先后主办、承办"第三十届全国普通高中新课程研讨会""全国中小学名校内涵发展与生本教育现场会""中国基础教育魅力班主任成长论坛"等国家、省（市）级大型学术交流活动 20 余场；开展全国"绿色课堂杯"优质课大赛、重庆市高中语文优质课大赛等全国、省（市）级现场教学活动 24 场，为学校带来教育教学前沿资讯，也为教师搭建了学术、教研交流平台。

通过组织新教师亮相课、骨干教师示范课，承办市区级教研活动等形式搭建教师展示、交流平台，助力教师专业成长。学校举行了重庆市高考语文 2017 年试题分析暨 2018 年迎考专家研讨活动；承办了沙坪坝区"学本式"卓越课堂教研员研修转型活动七个学科的展示活动；承办了鄂尔多斯中小学教研员"学本研修"能力提升高级研修培训（第一期）学员、内蒙古兴安盟骨干教师培训班学员跟岗交流活动，承办了沙坪坝区第六届"导师制"学员"学本教学"高中组的展示活动；承办了沙坪坝区第二届"学本式"卓越课堂（初中数学）展评课活动；承办了"沙坪坝区高三复习研讨会"，承办了重庆市第三届初中群文阅读现场赛课活动；组织了年度骨干教师的示范课活动，以不同形式助推教师专业发展，2019—2020 学年，学校共组织市区、共同体、展示课活动 12 次，配合组织区级学科教研活动 9 次。

2. 开展教学研究

为反思教学行为、提炼实施成果、深化改革探索，我们以课题为牵引，在实证研究中深化"慧学课堂"改革。2011 年独立承担了重庆市教育科学"十二五"规划课改专项重点课题"慧学课堂理论与实践研究"，以优秀等级结题；2012 年承接了重庆市教育学会基础教育规划课题"小组合作与探究学习有效性的实证研究"，以优秀等级结题；2015 年承接了重庆市教育学会基础教育规划课题"整体构建校园'凤文化'价值理念的实践研究"，以优秀等级结题。另外，2012—2019 年我校共承接了64 项沙区"教师成长专项课题"，目前已结题 51 项。

（1）强化课题研究，创新科研发展

一是重点课题带动创新。我校课题研究全面开花，现有市级课题13 项，区级课题 12 项。在 2021—2022 学年度区级教师成长科研课题成果评选中，我校获一等奖 1 项、二等奖 3 项、三等奖 3 项（位列各校前茅）。2022—2023 学年拟申报市级课题 2 项、区级成长课题 7 项，课题研究早已成为我校的一张名片。学校现有凤鸣教育实践研究——邓仕民团队、凤中慧学课堂深化研究与实践——龚胜龙团队、大单元教学改革与实践——杨春芳团队、群文阅读研究与实践——蒲俊和李雪莉团队、项目式学习研究与实践——陈馨团队、中学物理教学渗透物理学史教育的实践研究——周燕团队、新高考背景下基于生涯规划的选课走班教学实践研究——熊远红团队等市级重点课题，以课题带动学校课程建设与课堂教学改革工作走深走实。

二是教育科研全面突破。大力推进市新课程新教材示范校、校本教研基地建设项目，教学成果奖孵化项目、沙区"智慧型单元化学本教学改革"等项目，促进我校教育科研质量整体提升。在沙坪坝区创建"国家级信息化教学示范区"评选活动中，我校被评为2021—2022学年先进学校。

三是三类课程建设强势推进。学校积极申报市级普通高中新课程新教材示范校、市级普通高中校本教研基地、区级校本教研基地；积极申报市级美术课程创新基地、区级凤骞剪纸创新基地（美术组田红梅领衔）、区级普通高中史政融合课程创新基地（历史、政治组黄安东、李红领衔）、区级化学学科核心素养课程创新基地（化学组谭冬梅领衔）；积极申报市区级精品课程《诗意人生》（语文组杨春芳领衔）、《心灵成长体验营》（心理组谭媛芳领衔）、《大世界微模拟》（政治组李红领衔）、《气象与物理》（物理组郑月刚领衔）4门。最近，又成功申报了《英语话中国》精品课程，凤翔健美操、啦啦操、凤笙合唱团（3个），在同类学校中最多。通过三类课程建设推动教育教学改革创新，营造校本教研新文化，打造校本教研新样态，为学校发展、教师发展争取更高平台，获取更多资源。

（2）项目驱动，助力校本教研稳步推进

第一，"命题研讨与试题分析"主题研修活动。

前半期，为进一步把握中、高考命题导向，大力提升教师命题、分析能力，深入探索"双减"背景下的考试新方向，教务处和课程中心联合组织了"命题研讨与试题分析"主题研修活动。本次主题研修活动从开学前教务处就开始布置，为实现以研促教、以考促学的目的，本次研修活动经历命题——审题——磨题——考试——阅卷——分析全过程，历时月余，各备课组都拿出了堪称完美的半期试卷。在历时3天4场次

2018 年教师成长课题现场结题评审会

的现场展示活动中，高、初三毕业年级所有考试学科，共 16 位各学科教师代表参与交流展示，有 38 位学术督导委员参加点评总结，各学科教师提前做试卷、评试卷，深度参与、观摩学习，这是学校精心筹备开展的又一次全方位、多维度、深层次主题研修活动。本次活动还得到了沙区教师进修学院的高度认可与支持，在全区范围内进行了视频直播展示，受到兄弟学校同仁们的广泛关注。本次主题研修活动，主题鲜明，不仅展示了凤中教师沉心静气、锐意进取的教研态度，更彰显了凤中人对教育教学事业的真抓实干、守正创新。活动结束后，我们的命题研讨工作要持续深入下去，平时注意积累，苦练内功，命制出更多高质量高水平的试题。

值得一提的是，各学科试题选材丰富，各具特色，融入了时代热点、学科前沿、地方特色、本校元素，涌现出大量的原创题。这些试题既遵循教学大纲标准，又注重创新。试题从情景设置、内容形式、方法思维等方面进行了新的探索，体现了老师的智慧和用心。本次初三语文月考题以"磁器口、嘉陵江、三峡广场、歌乐山"为语段素材，以"艾凤、艾鸣、艾山"为人设，寓意"爱凤鸣山中学"，引导学生了解家乡、热爱凤中，也实现了试题"以文化人、以文育人"的教育功能。

第二，半期试卷评讲公开课。

命题后的试卷评价课是教学中的一个重要环节，其根本目的是分析得失，纠正错误，巩固提高。在新课程背景下，教师的试卷评讲，不仅要让学生对学习状况有理性的自我认识，而且要以学生为本，渗透情感、态度和价值观的培养，促进学生从做题者到命题者思维角度的转化。我们教师要开拓进取，不断尝试，在试卷评讲中渗入新理念，采取新方法，以发挥试卷评讲的最佳功能。

半期考试之后，由教务处牵头组织各教研组开展试卷评讲课研讨活动。很多科目都是备课组长亲自上阵，史向红主任、高二年级的梁东主任也承担了上课任务，推动组内形成良好的教研氛围。绝大多数课堂能从学生的学情、考情出发，对试卷的考点进行归纳、提炼，讲解具有针对性，能在试卷评讲中发现学生的闪光点，给予积极的正向评价，鼓励先进，激发学困。能让学生在每一次考试中自我成长，自我反思。开学初和半期考试后，各年级也及时召开了成绩分析反馈会，对成绩进行总结反思，对下一步工作的开展指明努力的方向。

第三，西北狼教育联盟高三二轮复习线上研讨会。

作为西北狼联盟轮值主席校，凤中教育集团在疫情期间，克服校际间常态化线下互动交流受阻的困难，采取云端方式成功举办了以"聚众力、创辉煌"为主题的重庆市西北狼教育联盟高三二轮复习线上研讨会。本次线上研讨活动分为物理、化学和生物三个会场同步进行，我校高三年级刘波涛主任，高三化学贺中玲老师，高三生物孙霞老师，代表理、化、生三门学科呈现了三堂精彩的高三复习课。教务处周矗主任也在化学学科会场上做了发言。各会场研讨活动精彩纷呈、扎实有效，帮助老师们更准确地把握高考命题改革趋势，搭建教师专业发展平台，也促进了校际间交流互助合作。在高三二诊考试中，高三年级较一诊考试有了明显进步。前10名中，我们有6人，这与高三年级全体老师的辛勤付出分不开。

（3）信息技术与学科融合说课

为打造"技术创新课堂"，促进教学提质增效，通过以赛代培，我校组织了第一届信息技术与学科融合说课比赛。本次说课比赛按学科分四场进行，各教研组、备课组精心打磨，各参赛选手精心准备，在历时两天的比赛中，26位选手激烈角逐，尽显风采。参与其中的老师对希沃白板、现代信息技术与学科的深度融合都有了新的认识，在后续教学督导中，我欣慰地看到已经有部分老师在尝试将人机互动的活动在常态课堂中使用。

为积极响应国家教育信息化战略、推动教育创新发展，学校自2023年9月起认真扎实地开展了教师数字素养提升示范学校培育项目。学校通过线上与线下、理论与实践、通识性与差异性、引进来与走出去双结合等方式开展培训，组织读书分享会、示范课、教研组研讨、专家讲座等研修活动，提高加送数字意识和数字能力。学校高中化学教师朱云杰向大家展示了 AI 创作微课视频、AR 技术在课堂建模和数字化手持技术在学科融合的应用策略。

3. 以赛促教

学校以教研组、备课组为依托，充分发挥重庆一中共同体管理学校和凤中教育集团总校职能，组织开展系列优质课大赛、学校骨干教师示范课、新教师亮相课，以及"党员骨干教师展示赛"和"青年教师汇报赛"，还成功举办了我校第十二届、十三届"慧学课堂"优质课大赛，为本校和共同体学校教师广泛搭建教学展示、交流学习平台，助推教师教学能力提高。学校组织教师参加沙坪坝区第三届"卓越杯"优质课大赛，9 名教师荣获一等奖，7 名教师荣获二等奖；在"一师一优课"展评活动中，获得部级优课 2 人次，市级优课 3 人次；在国家和市级赛课中表现突出，获得国家级特等奖 1 个，一等奖 4 个，市级一等奖 6 个；文靓老师荣获沙坪坝区第九届班主任基本功竞赛 3 个单项一等奖和综合一等奖。各种市区级论文获奖 40 余篇，一等奖 12 篇，教师发表论文 22 篇，参编专著 3 部；组织了学校第三届"慧学课堂"论文大赛，收集老师们在网课阶段的经验与成果，最终评出 76 个一等奖。

4. 夯实教师培训

（1）分类针对性培养

学校根据教师工作时间和专业发展水平的不同，拟定严格的教

雅慧教育论

师专业发展和教学能力提升计划目标，制定支持教师专业发展的方案和优秀师资培养项目。

2023 年沈阳市政协领导考察凤中体育工作

首先，学校以"青年教师岗位培训班""党员人才成长计划"为载体开展青年教师培训，提升青年教师能力素质。学校以"青年教师岗位培训班"为载体开展青年教师岗前培训工作，通过一系列专题讲座、学术交流、座谈会等活动，指导和实施青年教师的培养工作，提高广大青年教师的业务能力和专业素质。为帮助青年教师了解学校的慧学课堂改革，并顺利融入改革，自觉用课改的理念建构自己的课堂，青年教师岗培班以"雅行慧学"为主题展开系列青年教师培训，熊元红、邓少婷、杨春芳、龚圣龙等四位老师从通识培训到管理者培训，再到常规课堂培训，最后落实到赛课活动中如何体现"雅慧教育"的理念等方面进行了系列培训，增强青年教师的学校认同感和自豪感。

其次，学校继续抓好郑桂华教授名师工作室青年教师培养工作，鼓励龚圣龙、代小波、李雪丽、杨勤心、薛静等 13 名年轻教师成为名师工作室和导师制学员；充分发挥市区级骨干教师的示范和辐射作用，继续发挥 60 余位市、区级骨干教师的引领示范作用，通过"一帮一"青蓝工程将骨干教师和青年教师捆绑发展。做好做细做实职初教师的帮带工作，鼓励青年教师按照"一年入门、两年上路、三年成熟、五年成才、十年成名"的进阶发展目标，完成专业成长修炼，快速成为学校教育教学质量建设的中流砥柱。

再次，加大骨干名师培养力度。骨干教师是教师队伍中德才兼备的优秀人才，是学校教育教学及管理工作中起骨干带头作用的教师，是学校各项工作开展的中坚力量。龚圣龙、刘波涛成为重庆市骨干教师，周艳、程岚评为市级学科名师，我和石飞被评为首届沙磁名师。同时，做好学校市区级骨干教师的管理工作。搭台子，压担子，给荣誉，提要求，充分发挥市区级骨干教师的示范和辐射作用，根据新教师的需求，给相关学科骨干教师安排了帮扶培养任务。

最后，学校鼓励教师积极申报国培、市培项目，参加专题式、项目式全员培训、集中短期培训、周期性培训。课程中心专题研究教师发展问题，把满足教师终身学习和全面发展的需要作为教师培养的出发点和落脚点，制定培训计划，优化培训内容，创新培养模式，为学校发展提供有力的人才支撑。

（2）培养教师生涯规划的能力

新高考对教师的专业知识和能力提出了更高的要求，尤其是教师指导学生进行职业生涯规划的能力。为此，学校一方面成立生涯教研组，由心理教师谭媛芳担任专职教师，各班主任和学科教师兼职教师，定期开展教研活动；另一方面鼓励教师积极主动参加培训和相关生涯规划比赛课。学校充分利用校内外平台，加强对教师特别是班主任在学生职业生涯规划与指导意识、方法和能力等方面的培训，提升教师指导学生选择的专业能力。

生涯规划教育不仅仅是为学生选择什么学科、选择什么职业而开设，而是帮助学生正确认识自我、了解自我，从而激发学生的动力潜能，寻找自主发展的途径，让更多的学生有目标有追求，能够做出一份适合自己的人生规划。班主任和学科老师加强对学生的个性特征、学科成绩、学习兴趣、认知水平、学习潜力等方面的跟踪，指导学生选择与其性向、志趣一致的课程，做到思想上引导、学业上辅导、心理上疏导和生活上指导。

实施走班教学的组织能力。"走班制"在一定程度上造成了"教"

与"育"的分离，班级管理难以再采用传统的管理模式。在这样一个开放的教育环境下，班主任教师需通过引领学生参与班规修订，增强学生主体意识，从实际出发，积极探索适合学生个性化发展的空间，突破传统管理模式，关注班级网络平台建设，可结合网络平台建立一整套科学、合理、完备的考核、评价制度，实现教师实时追踪，通过线上与线下互动，增加与学生的相处时间和了解机会。

帮助差异学习的指导能力。在上述走班教学中，分层不再像以往一样优差生集中，根据学生选科不同，分层组班差异化更大。教师要从学生的实际情况，在教学中根据不同学生的认知水平、学习能力以及自身素质，选择适合每个学生特点的学习方法来有针对性地教学，发挥学生的长处，弥补学生的不足，激发学生学习的兴趣，树立学生学习的信心，从而促进学生全面发展。

教师调试学生心理的疏导能力。中学阶段是学生心理发育的一个重要时期，是一个人由幼稚走向成熟的重要转折点。中学生的心理疏导是一项艰巨而细致的系统工程，它需要各个方面协同作战，共同努力。教师要注意跟学生坦诚交流，沟通心灵，用积极情感点燃智慧火花，促进学生的发展。对学生的心理疏导，一是要在学生心理障碍出现之前进行及时疏导；二是不仅要消除外部诱因，更重要的是控制内部的、促使潜在的心理障碍变为现实的积极转变因素；三是要经常不断地进行心理疏导，对那些极端的表现形式、不易觉察的心理障碍要消除在萌芽状态。

教师凝聚家校合力的沟通能力。教师与家长的沟通、联动是高考改革成功的必要保证，家庭和社会要共同关心学生的精神世界和人格成长。新高考把高考学科的选择权赋予学生，但学生并不完全具备选择高考科目的能力，更不一定明晰后续与高考学科相关的专业选择，教师需要为家长们提供平台和机会，邀请家长尽可能多地参与学生选择过程和学习过程。

（3）加强班主任岗位培训

班主任作为班级的组织者与管理者，全面负责学生的思想、学习、健康和生活等各方面事物，需要具备更高的职业素养和能力，才能胜任班主任工作。因此，学校开展"班主任岗培班"、成立凤馨班主任工作室，加强班主任职业素养培训。学校不仅组织班主任参加"心理健康教育教师专题培训"，还邀请凤馨班主任工作室成员和资深班主任老师进行专题讲座，提高班主任队伍的整体素养。

5. 丰富教师业余生活

（1）引领集体读书修炼

"腹有诗书气自华"，学校坚持开展集体读书活动，引领并鼓励教师读书，撰写读书笔记，保持教师阅读的积极性。学校为每位教师配备了《给教师的建议》《人性的弱点》《学习的革命》《与一线教师谈科研》《好老师的十堂必修课》《中层干部的十项修炼》等图书，开展读书笔记评比，并在学校微信公众号推送优秀作品，营造读书氛围，培育教师职业的高雅情趣和教书育人的专业智慧。

启动骨干教师、优秀教师好书推荐计划，以推荐一本好书给学生为主题，组织我校各学科的 10 名优秀教师制作好书推荐微视频进行推广。

教师个体专业发展得到了极大提升，反思性专业探究、信任协作的教师文化形成。近年来，教师参加全国性的现场赛课活动，取得了 3 个特等奖、15 个一等奖的骄人成绩。学校新增正高级教师 2 人、特级教师 2 人，重庆市学科教学名师 2 人，市、区级骨干教师 20 人，学科带头人 6 人。一支以正高、特级、名师为引领，市区级骨干教师为中坚、青年教师为主体的师德高尚、业务过硬、善于学习、大胆创新的教师队伍已经形成，为学校优质教育提供了队伍保障。

（2）开展丰富的教师活动

学校配合工会开展丰富多彩的教职工活动，有效缓解教师压力，愉悦工间生活。开展教师节庆祝表彰活动、教职工羽毛球比赛、教职工足球比赛、西北狼第四届篮球比赛、羽毛球比赛、片区教职工合唱比赛、元旦师生联欢会、多次区内学校（单位）篮球友谊赛、"三八节"登山活动、教职工趣味运动会、片区教职工舞蹈比赛等系列文体活动，丰富教师的业余生活，促进教师的身心健康。

三、校际联动教研，助推雅慧教师专业发展

自 2005 年 9 月起，沙坪坝区的八所中学打破校际界线，整合优势资源，谋求优势互补，追求共同发展，成立了"八校联动教研体"，找到了一条以校际联动教研为载体，助推教师专业发展和学校办学品质提升的好途径。

1. "八一四一"的校际联动教研体运行机制

（1）八所参与学校。由区内师资力量相对较弱、办学规模较小、生源结构相近、办学水平都处于区内中等水平的（沙坪坝实验中学、市28 中、双碑中学、市 64 中、重庆西藏中学、汇育中学、重大附中、重庆大学城一中）八所普通中学组成"八校联动教研体"。

（2）一个工作机构。成立"八校联动教研体"工作协调小组。组长由实验中学校长担任，副组长为其他七所成员学校的校长，成员为八所成员学校的教学校长和教务主任。

（3）四次工作例会。每学期召开四次工作例会推进本学期校际联动教研的工作（一次教研活动内容研讨确定、两次八校联考及考务工作布置、一次全学期联动教研工作的评比总结）。

（4）一个运作模式。以学期为周期，由八所成员学校轮流承办或主持一个学期的教学教研、考务阅卷、总结评比等联动教研的所有活动。

2. "四四三二"的校际教研活动要求

（1）"四联"活动方式

联合问题探究探讨，助推教师研究能力提高。各成员学校因学科优势不同，为了达到学校及教师自身取长补短，优势互补，集中力量办大

事解难事，既合作竞争又提升发展的目的，"八校联动教研体"每学期举办一至两次大型活动，各成员校教师分学科聚在一起就教学中出现的共同性问题进行梳理、甄别、讨论和研究。一时难以解决的，就将这些问题上升为课题，开展后续性课题研究。通过这种来源于教学研讨与教师运用于教学的实用性校际联动教研方式，一方面，增强了各校教师的教学问题探究意识和教学研究能力；另一方面，通过大家的合作互动、研究研讨、智慧分享，也使许多教学问题的解决办法和途径更具有针对性、实效性和推广性。

联合教学观摩观赏，助推教师教学水平提升。一般发展中学校进行校际联动的教学观摩观赏活动，参与的人多，高素质教师就越多，教研氛围就越浓，效果也就越好。在教学观摩观赏中，作为执教教师，听课的人越多，上课的人信心越高，自豪感就越强。而听课的教师由于来自不同学校，其教学思想也不一样，评价的内容、方式都不一样，容易就教学问题形成争论。争论越多，探究越深，研讨越细，思想的火花就越亮，听课老师们获得的收益也就越丰富。仁者见仁，智者见智，这样的现场教学研讨方式往往能击中问题要害，能有效提升教师的课堂教学水平和能力。

联合成效测评测试，助推教师专业发展的动力。教学评比往往能给教师提供前进的动力，也给教师提供成长的机会。关于联合成效测评测试，目前"八校联动教研体"主要开展的是学科教学质量的统一测评测试，各成员校用此来作为对教师专业发展水平增长效果的评价。我们已经发现这种评价有很大的片面性和局限性，下一步我们将逐步改变这种单一的测评方式，拟增加校际联动说课上课评比、教学设计评比、课题方案设计评比等内容。通过以比带练、以练促比的联动方式，最大化追求教师专业发展水平和学校教学质量的增长效果。

联合师资对接对扶，助推校际师资协调发展。每个学校都有自己的强势学科和薄弱学科，这样校际间师资都有互补的条件。如果把这个应

用起来，对学校的发
展会有很大的用处。
若成员学校薄弱学科
中存在具有巨大潜力
的年轻教师或新教
师，却缺乏丰富经验
的指导教师，那么可

2020 年为凤中学术督导组专家颁发聘书

以聘请成员学校对应的强势学科的骨干教师为指导教师，并签订协议进行帮扶，确保帮扶的时间和质量。这样的互补结对帮扶形式对于各成员学校教师队伍的专业发展起到非常显著的作用，也能有效地使各校的师资水平得到均衡发展。

（2）"四多"活动要求

多角度安排。要从学校发展的角度、从学生成绩提升的角度、从教师专业发展的角度来进行科学合理的规划设计，每学期校际联动体的所有教学教研活动，从实计议，从长计议，不做面子，不打幌子，不走过场。

多主体互动。参与联合教研的人员，不仅有学科的任科教师、课题研究人员，也有学校中层干部和校领导。

多主题研讨。学科教师围绕课堂教学及学科内的小课题等诸多真实的教学问题进行研讨；课题人员围绕教科研课题进行探究；中层干部围绕教学管理进行讨论；校长围绕治校策略进行交流。

多层面对接。根据研究问题（主题）和内容的需要，开展不同层面的教学联动活动。做到校际对接、年级对接、学科对接、主题对接、联动体之间的对接、联动体与进修学院的对接。

（3）"三合"活动安排

校际联动体的教研活动要与全区教研的统一活动安排相融合。活动计划拟订前，主动与区进修学院中学教研评价指导中心接洽，根据全区活动计划安排联动体的学期教研活动，进行实时调整与有机融合，力争让所有活动不落空。

校际联动的教研活动要与各成员校内部的教学活动安排相结合。活动计划拟订前，要全面征求各成员学校的建议和意见。根据各校的校情实际、学期工作重点和学校教学工作需要安排联动体的工作内容，力争让活动有效落实，不流于形式。

校际联动的教研活动要与市、区教委的整体教学管理需要和工作安排相契合。活动计划拟订前，要确保与市、区教委关于本学年及本学期全市全区教育教学工作的方向和重点相一致，以保证联动体活动方向性正确，力争少走弯路。

（4）"两发展"成果追求

教师专业发展。校际联动教研活动让广大教师在更大的区域内学习、研讨、合作、交流。多种有效的教研活动实现了教育资源的共有共享；多次有效的交流互动活动推动了教育智慧的共生共进。老师们在交流中激发了教学反思，在反思中改善了教学实践，在实践中促进了专业发展。

教学质量发展。校际联动教研活动促进了校际互动，加强了校际交流，实现了各成员学校的互惠共赢，有效地促进了各校教育教学质量的发展和提高。

3.校际联动教研的收效

（1）校际联动教研为教师搭建了互相学习、互动研讨、互利合作的共同发展平台

三年来，老师们围绕最感兴趣的教育现象，课堂教学、教学实践以及学生发展等方面的诸多问题，充分发挥联动教研体的作用，合作攻关，互动交流。通过"三课评比""同课异构""校际会课""交叉送课"等课例研讨活动；通过教学疑难解析、课程标准解读、教学方法剖析等专题研讨活动；通过教学沙龙、教研论坛、问题会诊等特色研究活动，让各校教师们在联动中交流，在学习中共享，在研究中提高，在互动中共进。在丰富多彩的联动教研活动中，教师们收获了知识，掌握了技能，发展

了自己，促进了他人，品尝了成功的喜悦，促进了专业的发展。

（2）校际联动教研让学校更加关注课堂、关注教师的专业发展，关注校本教研的模式与内涵

实行校本教研基础上的校际联动，让活动紧贴学校发展的实际，紧扣学校关注的问题。各校通过校际联动的优势互补和校本发展的个性结合，使联动既富有较好的针对性，又具有较强的实效性，教师的专业水平有了很大提高，教师的教育理念、教学艺术、教学模式有了较大更新，学校日常的课堂教学中出现了更多成熟元素和新兴亮色，这种变化令学校看到了发展变化的希望，从而更加关注这种联动教研模式带来的生机与活力，更加关注课堂、关注教师专业发展。

（3）校际联动教研为教师的自主发展、快速成长提供了内在动力

校际联动教研构建了我区教师自主发展的新模式，为教师的专业发展创设了良好的平台，由于其既有联动性的外来理念融合，又有校本性的内涵技能提高；既有广度的拓展性听课评课，又有深度的专业性传授点评，因而特别能使广大教师自觉地从他人身上的长处感悟到自身的不足，自然地产生自主发展、自我向上的迫切意愿，产生自我反思、自我激励的改革与探索的动力。

4. 校际联动教研的展望

通过三年的实践，我们的联动教研体形成了"各校自主实践＋校际交流互动＋区进修学院教研员指导"的活动范式。在不断完善这种教研活动模式的同时，如何谋求更好的活动发展质量是我们应该思考的问题。

联动教研的形式和内容还可以更多样化。为了提高教师在师德建设、教育理念、教学基本功等方面的综合素质，要在设计与安排活动中就教师的师德、科研、教学、人际关系等加以关注、考虑和考核，追求活动的综合质量和效益。

教学质量是联动教研活动关注的主题和核心。在区教师进修学院的指导下，各成员学校的教学质量发展及相关问题都应列入活动的中心内

容，如学生的学业成绩、课业负担及身体素质、心理健康，以及学生个体、家庭、学校和社会各个层面影响教育质量状况的原因，都应成为校际联动教研体活动研究的主题和内容，不断探索提升薄弱学校教育质量的科学路径。

专家指导异常关键。教育的发展与时俱进，特别是新课程改革以来，新的教育教学思想不断出现，校际联动体的教研活动必须追随时代强音，教师必须吸收新的教育教学理念才能更好地实践新课程，闭门造车的结果是产销不对路。所以，联动体的活动要增加专家专业引领的频度和力度。

校际联动教研是一般发展中学校助推教师专业发展、助推学校办学品质提升的重要途径。这种有活力的教研模式使我们有信心抓住机遇、开拓创新。坚持走教师专业发展、学校品质发展之路，将是我们不懈的追求。

第四节　雅慧教师管理机制

学校要充分发挥教师的育人价值，就要重视教师管理，通过提高教师队伍管理效能来激发教师队伍活力，提升教师职业认同感，使每个教师都能实现个人价值。雅慧教育积极创新考评机制，引导教师自觉主动地提升专业技能、综合素养，实现自我价值。

一、建立雅慧教师三级督导机制

为使教师队伍建设有章可循、有法可依，教师发展形成序列、组成梯队、走向高阶，学校先后出台《推进"雅慧"教师队伍建设与发展的五年行动方案》《推进"雅慧课堂"改革的指导意见》《实施"雅慧课堂"学习小组评价与管理的指导意见》《"雅慧课堂"常态推进工作方案》

等 13 个课改文件，以课堂为教师成长的主阵地和主渠道，探索建立了行政督导、专家督导、教研组督导的"三级督导"机制。学校狠抓教学常规的规范落实，推行各年级教学开放周活动，发动全体干部、教

2018 年区委高层次人才领导小组领导慰问

师常态推门听评课，创新开发钉钉番茄菜单，及时收集反馈听评课情况，促进教师提升课堂质效；强化对初三、高三毕业年级的常态督导，帮助毕业年级教师诊断课堂，为教学质量持续高速高位发展保驾护航。

1. 课堂教学督导

学校要求每位督导委员都深入一线，不仅是"督"，更多的是"导"，督导委员们积极认真，他们每听一节课，都进行如实的记录，同时也真诚地与被听课教师交流，真正意义上促进教学相长。有的督导半期内已经督导教学 18 次，与上期对比，大多数老师的课堂较上期有了明显的进步，这与督导委员们扎实有效的工作是分不开的。针对他们提出的对初、高中老师的对点帮扶，部分教室的白板触控不灵敏问题，相关部门都及时解决跟进。

2. 作业督导

开学初，各年级举办了学科特色作业展评活动。如生物组模型制作大赛，各年级小报评比。特别值得表扬的是，我校在"重庆市义务教育阶段学校作业设计评选活动"中取得了优异成绩，共 9 项作业设计喜获重庆市"精品作业"，获奖人数名列沙坪坝区第二，仅次于南渝中学。

前半期学校督导还开展了全校 6 个年级的作业检查，加大作业管理力度。在检查中发现，大多数老师批改作业认真仔细，有评语，有登记，

有反馈，学生也做笔记，认真改错。但也发现个别老师比较敷衍，有的作业很明显是由学生自己批改的。对于这种情况，再次强调，作业有布置，就有批改！批阅作业完成后老师才会发现学生问题所在，及时查漏补缺，评讲起来才能更有的放矢，提升作业的实效性。

3. 试题督导

各位督导针对本学期半期考试试题进行了督导，从规定性、合理性、创新性、综合性、难度、区分度六个方面给出了合理的评价，并提出了中肯的意见和建议。

督导委员除了对课堂的督导外，还加强对教研活动的督导。打造学习型教研组，带领组内老师抱团进步。

二、建立雅慧教师考核制度

为适时监测教学情况，诊断问题反馈，把握教学进程，学校对师生课堂教与学的有效性进行量化考核。实施整体性评价、落实过程性评价、改革总结性评价。借助"慧学课堂"小组学习过程评价表、学生评教表，强化教师的课堂教学有效性，激励教师有效教学。每学期对教师分项评价，分类表彰，如，十佳序列（课改精英、教坛新秀、说课好手、上课能手、评课妙手、全能高手等），让老师们在课堂教学业务能力提升过程中找到成长的职业体验和成功的幸福快乐。

1. 建立雅慧教师荣誉制度

每年"七一"，学校党委评选表彰"优秀党员""优秀党务工作者""先进支部"；每年教师节颁发"从事教育工作三十年荣誉证书"，评选表彰"五个十佳"（教师、班主任、课改精英、教坛新秀、教育工作者）；每学期评选表彰"优秀教师""优秀教师团员""优秀工会会员"；对达到全国市区级名师、骨干教师、专家型教师等荣誉的教师，将其事迹收藏于学校校史馆中的凤中名教师荣誉墙，真正让教师充分感受到从事教育事业的崇高和作为教师的职业荣耀。

2. 班主任激励措施

班主任队伍建设的 6 项激励措施招招有效。班主任工作量不低于教师工作量的 50%；家访、家校日常沟通，家长会有明确的补贴标准；实行"班龄"津贴制度，每 3 年增 50 元／月；学期有班主任工作考核奖；学校每期评"优秀班主任"，每年评"育人奖"，每 2 年评"先进德育工作者"（待遇与"园丁奖"相同）；在职称评选、岗位等级认定、年终考评、评先推优等工作中，班主任工作都列入加分项。同时还创建了班主任名师工作室，助推班主任队伍快速成长。

三、优化教师评价体系

教师评价是指对教师素质及其在教育教学工作中的行为表现进行价值判断，评判教师的素质水平和教育教学能力，为促进教师专业发展提供切实可行的建议。科学、合理的教师评价机制可以有效促进教师专业发展，发挥"以评促改"的功用，帮助教师更好地胜任教育教学工作。

以往教师评价通常在评价标准、评价内容、评价方法等方面存在单一化的问题，往往只以学生考试成绩作为教师评价标准，仅关注教师的教学能力，这种评价过于片面和固化，无法充分发挥"以评促改"的功用，因而需要优化教师评价体系。

评价的目的是有效调动教师工作的积极性，最大限度发挥教师潜能，促进教师个人素养与专业技能发展。由于教师个体差异较大，学校应采取多种评价模式，如激励性教师评价、发展性教师评价、多元化教师评价等，全面调动教师的工作积极性，引导教师不断提高自身素质和专业技能。

1. 激励性教师评价

激励性教师评价是学校的常规评价方式，主要以奖励和惩罚作为手段，奖励以物质奖励与精神激励相结合，既能满足教师的物质需求，又能从精神上给予支持和激励。在激励性教师评价中，奖励是一种正向性评价，能产生正面效应，是对教师教学行为与结果的认可，肯定了教师的价值，能有效激发教师专业热情，坚定教师职业信念，同时也会产生竞争，激发更多教师的工作积极性。而在激励性教师评价中，惩罚是一种负向性评价，应注意分寸，并适时给予教师人文关怀，以免产生消极影响。

激励性教师评价是一种结果性评价，要坚持客观、公开、公正，只能作为手段。奖励和惩罚不是目的，评价的目的是使教师保持不断上进的精神状态，积极投身于工作，努力提高专业水平和个人素质。

2. 发展性教师评价

"发展性评价是一种形成发展性评价，强调教师的主体地位，以教师的发展为本，关注个体差异性。评价内容综合化，方式多样化，目标未来化。它是一种通过评价促进评价对象自主自觉发展，从而实现其主体价值的评价。"[①] 发展性教师评价改变了以往的结果式评价，更重视对过程的评价，将教师专业成长的整个过程纳入评价体系，是一种纵向式评价、可持续性评价。

发展性教师评价以促进教师专业发展为目的，与以往由学校管理者或上级教育部门单方面开展的教师评价不一样，其重点不是监测与评判，而是以发展为导向，以激发教师内在的发展欲望和潜力为主，促进教师自觉、主动发展，从而实现个体发展和自身价值。同时，发展性教师评价也重视教师个体差异，将定量评价与定性评价相结合，以发展的眼光看待成长中的教师个体。学校采取发展性评价，可以将教师个人发展与学校的未来发展相融合，探索出以教师个人发展促进学校发展的双赢发展模式。

3. 多元化教师评价

学校要建立多元化教师评价机制，全面、客观、准确地评价教师。

首先是评价主体的多元化，以教师自评为主，学生、教师同行、学

① 文开艳. 发展性教师评价探析 [J]. 内蒙古电大学刊, 2019（6）.

校管理者、学生家长和社会共同参与的多主体评价。多元化的评价主体，为教师评价提供了不同视角、不同层面的价值判断，使评价更科学和客观。而且，学生、同行、家长等多方面的评价也是一种信息反馈方式，能使

2017 年为青岛教育考察团讲解凤中发展布局

"评价成为管理者、教师、学生和家长共同积极参与的交互活动"。[1]

其次是评价内容的多元化。以往以教学成绩为标准的评价具有一定的局限性，不能准确、全面地评价教师。而多元化教师评价是从教师的教学态度、教学行为、专业技能到综合素养进行全面评价。这种评价方式能够引导教师主动对自身教学行为进行反思和总结，及时改进。

教师评价一方面是对教师工作的价值做出判断，另一方面也是对教师进行科学化管理。学校构建多元化教师评价体系，有助于更好地发挥教师评价的改进功能，促进教师专业化发展。

四、扩大雅慧教师影响力

每个时代都有每个时代的精神，每个时代都有每个时代的价值观念。国有四维，礼义廉耻，"四维不张，国乃灭亡"。这是中国先人对当时核心价值观的认识。这不仅是古代君子追求的最高境界，在今天，我们的教育，我们的社会风气依然呼唤着这样一种具有良好品德修养的君子。习近平总书记曾经说，一个人只有明大德、守公德、严私德，其才方能用得其所。

"平凡铸就伟大，英雄来自人民，每个人都了不起。"在新时代里，

---

[1] 池春刚.新课程标准下的高中地理教学及评价研究 [M].青岛：中国海洋大学出版社，2021：142.

每一个人的岗位都有自己的价值，每一个人都可以在自己的岗位上创造价值，每一个人都有人生出彩的机会。学校通过微信公众号、抖音公众号、学校官方网站、新华网、华龙网等，以"雅慧"精神为核心，不定期地讲述学校教师身体力行践行凤鸣教育的真实故事，深入挖掘其间的核心价值观，通过一个又一个鲜活动人的事例，坚定教师队伍的理想信念，让"脚踏实地，志存高远"成为"雅慧教师"应有的志向和格局。同时，多渠道提升学校影响力，充分利用重庆电视台教育频道、重庆电视台足球频道、重庆日报、学校官网、学校微信公众号围绕学校教育教学进行深度宣传报道，宣传"四有好教师""诗意教师""最美教师"，宣传雅慧教师故事，深植雅慧精神。仅 2018-2019 学年度，信息简讯、微信平台发送 500 余篇，网评上报 60 篇，"七一"网党建信息平台发布党务信息 90 篇。

例如，"华龙网"曾报道过我校方予老师。在方予老师看来，教育最接地气的诗意和远方就是上好每一堂课，育好每一个人。方老师的课堂与其他老师有很大的不同，她的课堂不是围绕一篇课文或者一个单元的展开，而是一个专题接一个专题的讲授。上山水专题类课程时，她将中学阶段的所有包含描写山水的诗歌、散文、文言文等归纳、整合，让学生认识到作者通过山水寄情，并通过学习达到以文化人的目的。

从教期间，方予很少参加名师、骨干教师之类的评选，甚至放弃了去全国名校、委属重点学校从教的机会。她说，一名好老师不只是教最好的学生，而是通过自身的教育智慧让最普通的学生在原有的基础上得到提升和成长。语文教师最大的成就就是在孩子心中播下精神文化的种子，她有一句被已经毕业多年的学生念念不忘的金句："成功的教育看的是 25 岁后自我提升的意识和能力。"

第三章　以雅慧为主线的特色育人

雅慧教育是一种高效可行的教育理念，这是在凤鸣山中学构建的雅慧课程和慧学课堂的教育实践上提出的。也正是雅慧教育使凤鸣山中学走出教学困境，声名鹊起。

凤鸣山中学曾经是"重庆市教育战线百面红旗""重庆市首批重点中学""全国教育系统先进集体"，是重庆市教育文化大区——沙坪坝区的佼佼者。但 2009 年，学校却跌入低谷，教学质量严重下滑，学校声誉受损，人心涣散，发展前景堪忧！面对困境，我们没有消沉，而是进行了全方位审视和多方考察，最终发现问题主要出在课堂。这是由于我校以往采取以知识为本位、以考试为轴心的教学理念，追求所谓的"高效课堂"：教师"满堂灌"，对学生"全时空占领，全方位轰炸"。这种只重视教师教、忽视学生学的过程的课堂，违背了教育法则，不仅教师教得辛苦，学生学得也苦，还容易使学生对教师的依赖性大，导致学习效率低下，教师也容易因教学效果不好而产生职业倦怠，造成"两败俱伤"的局面。面对这样的现实，我们深刻认识到我们的课堂非改不可。

第一节　雅慧教育课程改革的基础

"课程是学校建设的核心点，是学校品质的生命线。现代学校教育是超越传统学校、课程、教材、课堂、教室与专任教师等既有框架的教育，课程是其中的关键之一。"①现代学校教育要突破课程既有框架进行改革，首先应该解决的是改革的思路、方向的问题。这一点我们可以从我国教育改革历程中寻找突破口。

回顾我国教育发展历程，自改革开放以来，我国教育教学持续深化改革，从传统教学向现代教学转变，从注重传统学科教育到重视核心素养培育，我国教育一直在探索符合中国教育现代化发展的道路。教育改革中最关键的一环是深化课程与教学方法改革。课程是实现教育目标、完成教育教学活动的重要载体，也是人才培养的重要方式。我国从2001年开始实施基础教育课程改革，有意突破传统重视基础知识与基本技能的课程体系，开始关注学生学习过程、学习方法、学习体验以及情感、态度和价值观，从课程功能、课程结构、课程内容、课程实施、课程评价和课程管理六个方面做出改革。但随着经济社会的发展，人们的生活、学习、工作方式不断发生变化，对人才培养也提出了新挑战。为应对新形势与新挑战，2022年4月教育部正式发布《义务教育课程方案和课程标准（2022年版）》，聚焦发展学生的核心素养，通过优化课程设置、课程内容结构，强化课程综合性和实践性，提升课程科学性和系统性，从而培养学生适应未来发展的正确价值观、必备品格和关键能力。

我国教育从落实"双基"（基础知识、基本技能）为课程目标的时代，经历2001年的"三维目标"（知识与技能、过程与方法、情感态度与价值观）时代，再到2014年教育部发布的《关于全面深化课程改革落实立德树人根本任务的意见》中把"核心素养"置于课程改革的首要位置，以及2022年教育部发布《义务教育课程方案和课程标准（2022年版）》聚焦发展学生的核心素养的时代，从我国教育改革历程中可以看出课程改革主要是基于人的发展，从满足人生存需要的发展（基础知识和基本技能）到促进人的全面发展（核心素养）。甚至有学者认为，人的发展

① 朱益明，王瑞德，等.中国教育现代化2035：从规划到实践[M].上海：上海教育出版社，2020：250.

是教育的"原点"，是教育学的生命之所在。"促进人的全面、自由发展"成为教育，尤其是学校教育的终极诉求。①

2019 年郑州市政协领导考察凤中

一、改革策略

学校教育的主阵地在课堂。学校教育质量的提高和发展，只要掌握住了这个牛鼻子，也就抓住了核心和根本。一般认为，优化课堂结构和教学模式，加强校本教材的研发，并以培养学生的创新精神和实践能力为核心的素质教育的方针做指导，进行课程改革，学校就不难实现质的发展。但理论上是这样，实践中往往会遇到各种各样的问题，造成改革效果不佳的结果。因此，我觉得有必要走出去，去其他学校、地区进行实地考察，学习人家的经验和成功之处。

早在 2002 年，我曾随团去成都的龙泉驿区教委教研室、中教科、龙泉中学、龙泉实验小学，武侯区的棕北联中、四川大学附属实验小学东山学校和成都南洋学校进行了实地考察。这些学校的课程改革经验有很多值得我们借鉴和学习的地方。

龙泉驿区从学习目标教学管理模式入手，在十年间成功地走出了一条借鉴、发展、创特色的模式；根据素质教育的精神，大力推行领导校长讲评课制度，改革课程结构，在总课时不变的情况下，缩短每节课时间，课时由每节课 45 分钟缩短成每节课 40 分钟，增加选修课、活动课，开设思维活动训练和科创课。全区统一步调，上下齐心，左右合力，统一执行，严禁周六、日补课。邀请媒体监督，全区把创造性教育作为该

---

① 王国超.民族村落社区教育发展机制研究：一项家乡人类学考察 [M].北京：光明日报出版社，2022：44.

区教育的新的增长点。

棕北中学采取差异教学法，建立现代课堂教学模式：目标多元化、学生主体化、交流情感化、气氛民主化。课堂教学模式实现"四大改变"：第一，变教学目标"单一型"为"多元型"；第二，变教师的自我表演为学生的"主体再现"；第三，变单向的"知识交流"为知识情态交流并重；第四，变"控制性"为"民主性学习情境"，逐步形成教学新思路。在"精"字上下功夫，精心备课、精讲精练、精选例题、精留作业；在"点"字上做文章，抓住难点、突出重点、落实知识点；在"能力"上找出路，培养学生自学能力、动手能力、逻辑思维能力、创造能力。

2015年，我在区政府和教委的带领下去上海、杭州考察。新高考改革方案出台后，这些学校采取了一系列高效的改革措施，产生了积极、广泛的影响。杭州拱墅区早在2006年就启动了新一轮高中新课程改革。2012年深化力度加大，开设了兴趣类、活动类、学科拓展类选修课程，并从必修课周课时中削减20%来保障选修课教学的有效落实。上海二中的合唱、室内乐、影视、科技车模、文学社、摄影、DV制作、心理、飞镖、环保、辩论、男排、女篮等社团活动课程的开展，成就了学校"和谐教育、适性发展"的办学理念。杭州师大附中任宝校长针对本校的校情实际，从"新高考背景如何落实学生的选择权"入手，从三个层面对该校的新高考改革工作做了成熟的理念阐述和高端的顶层设计，首先是理念层面，即如何确立学校办学核心理念与育人目标；其次是路径层面，涉及如何构建学生核心素养体系；最后是策略层面，包括如何进行育人机制、学科方案建设、课堂转型的变革。在具体操作层面，学校采取了基础学科（语文、数学、英语）分层、选择学科（政治、历史、地理、物理、化学、生物、技术）分类、体艺学科分项的办法进行科学的走班教学。从时间安排上，采取高一年级分层、高二高三分层＋分类的方式全面推行走班教学。

在借鉴其他学校课程改革经验基础上，再结合我校教育教学现状，以中共中央、国务院《国家中长期教育改革和发展规划纲要（2010—2020年）》为指引，顺应时代潮流，我校从2011年开始大刀阔斧地进行课程改革，以全面推进素质教育，提高教育质量。

1. 课程改革背景和方向

中国人民大学俞国良教授说："人类社会的进步和希望必须倚赖于社会的法治以及个人的道德，而个人的道德是我们整个世界永远的良知。因此，'立德'必然成为教育永恒的主题。"[①] 如果说立德树人是教育永恒的主题，那么构建核心素养体系则是课程改革的当务之急。

（1）落实立德树人

2017年党的十九大报告提出了"落实立德树人根本任务"的具体要求；2012年党的十八大报告提出"把立德树人作为教育的根本任务"；《国家中长期教育改革和发展规划纲要（2010—2020年）》把"立德树人"作为教育改革和发展战略主题的首要内涵。在这样的背景下，深化教育领域综合改革，必然要落实立德树人的根本任务，把社会主义核心价值体系融入教育全过程。

"立德树人"是坚持德育为先、以人为本的教育思想，培养德智体美劳全面发展的社会主义建设者和接班人。学校落实立德树人根本任务的关键课程是思政课。习近平总书记强调"要用好课堂教学这个主渠道，思想政治理论课要坚持在改进中加强"。一方面，是由于思政课存在课堂教学效果不明显、教学方式单调、教学内容脱离生活等情况；另一方面，也是为了适应新时代发展，提高人民思想政治素质，因此思政课要守正创新，"要放在世界百年未有之大变局、党和国家事业发展全局中来看待，要从坚持和发展中国特色社会主义、建设社会主义现代化强国、实现中华民族伟大复兴的高度来对待。"[②] 在这种背景下，"大思政课"的理念应运而生。2021年3月6日，习近平总书记提出"'大思政

---

① 俞国良.学校精神与学校文化力[J].教书育人（校长参考），2011（9）.
② 习近平.思政课是落实立德树人根本任务的关键课程[J].实践（党的教育版），2020（9）.

课'我们要善用之，一定要跟现实结合起来"。①2022年，教育部等十部门联合印发了《全面推进"大思政课"建设的工作方案》，强调要以"大思政课"建设工程为重点，持续推动思政课、课程思政和思想政治教育高质量发展。②"大思政课"是近几年学界的研究热点。研究者大多从"大""思政""课"三重视角解析其内涵，有强调思政课教育要有"大格局""大视野"；有强调把立德树人的理念落实到各个教学活动中去，营造出全方位、多层次的思政教育；有强调应该在"课"的形态上下功夫，等等。总而言之，"大思政课"是对思政课理论的一大创新，不仅将思政课"跟现实结合起来"，与实践经验关联，实现了从课堂到社会不同领域的有效衔接，而且突破了思政课仅限于思政课堂的局限，将思政课的德育教育与其他学科联系起来，实现了横向平台拓展、纵向学段衔接。

贯彻"大思政课"善用之的要求，其中一点是"要致力于推动各门课程与思政课相互配合、同向同行"。③我认为，思政课与各门课程、其他学科教育相互配合、同向同行的关键是要抓住学科特点进行德育教育。文科学科教育本身固有的一项基本任务就是传播社会主义意识形态。因此，在这些学科的教育活动中，要更加注重和德育教育的相互渗透。这不仅表现在学习目的、学习态度上，而且还表现在教学内容本身坚持社会主义方向和爱国主义主旋律。文科学科根据各学科的特点又可分为三类，即：政治理论学科类、历史学科类和文学艺术学科类。

政治理论学科类的特点是以论为主、以理服人。结合这一特点，对学生进行德育教育时应注意三点：首先，要用生动丰富的具体材料和学生能理解、接受的理论分析，充分阐明观点的正确性、科学性，增强理

---

① "大思政课"我们要善用之（微镜头·习近平总书记两会"下团组"·两会现场观察）[N]. 人民日报，2021-03-07（1）.

② 教育部等十部门关于印发《全面推进"大思政课"建设的工作方案》的通知 [EB/OL].（2022-08-10）. http://www.moe.gov.cn/srcsite/A13/moe_772/202208/t20220818_653672.html.

③ 仲计水，玛依娜·阿得力别克. 善用"大思政课"推动新时代思政在守正创新中铸魂育人 [J]. 北京教育（高教）. 2024（6）.

论教育的说服力。其次，要言必由衷，知情结合。用真挚的情感，鲜明的立场、观点和态度影响学生，增强理论教育的感染力。再次，联系改革开放和祖国现代化建设的实际，结合学生的实际情况，指导学生应用所学的理论知识去观察、分析、解决现实生活中的实际问题，增强理论教育的应用力。

历史学科类的特点是以史实为主，评论为辅。结合这一特点对学生进行德育渗透时，一要注意史实的准确性；二要注意评价的公正性；三要注意古为今用、洋为中用的选择性；四要注意维护历史科学的严肃性。总之，要引导学生客观地评价过去、正确地认识现在、科学地展望未来。

文学艺术学科类的特点是以文绘形、以形传情，即用文学艺术语言、描绘文学艺术形象，表达鲜明的思想情感。结合这一特点对学生进行德育渗透时，一要引导学生学会和掌握文学艺术语言；二要通过体会文学艺术作品表达的思想情感来启迪学生的心灵，陶冶学生的思想情操；三要培养学生健康的审美情趣，激发学生的民族自豪感和爱国热情。总之，这类学科中的德育渗透切忌脱离文学艺术作品的内容，单纯分析文学艺术语言和文学艺术形象，失掉文学艺术学科的感染、陶冶和教育作用。

理科学科知识很少涉及社会政治、思想道德问题。因此，学科教师在传授知识的过程中渗透德育教育时，必须充分考虑这个特点，切不可牵强附会，硬给自然科学知识注入德育教育内容。但是，理科学科知识是通过提示自然界发展的客观规律而形成和发展起来的。学生在学习、掌握、应用这些知识、技能的同时，还要受个人思想情感的支配。所以，理科学科知识教育里同样包含着深刻的德育教育内容。其一是，学生用什么样的世界观和方法论作为学习的指导；其二是，学生掌握知识、技能后将来为谁服务。所以学科教师进行德育教育渗透时应侧重这样几方面：一要培养学生树立为祖国的社会主义现代化建设事业而学习、研究、应用科学知识、技术和技能的学习目的。二要通过提示自然界发展的客观规律，培养学生运用辩证唯物主义的立场、观点和方法去观察问题、分析问题和解决问题。三要通过人类认识和改造客观世界的大量感人事迹，培养学生艰苦奋斗、勇于探索的学习精神和实事求是、独立思考、勇于创新的科学态度。四要通过我国科学技术的飞跃发展，对学生进行爱国主义教育，使他们懂得：社会主义需要科学，科学需要社会主义，实现祖国的现代化，科学技术起着至关重要的作用。

总之，学科教育与德育教育的结合要自然，即传授知识与育人要有机结合，水乳交融，既不要生拉活扯，牵强附会，又不要油水分离，毫不相干。只有这样，才能有效地进行学科教育和德育教育的相互渗透，达到全面育人的教育目的。

（2）构建核心素养

课程改革的时代背景除了要落实"立德树人"这一根本任务以外，教育部还提出了将研究和构建"核心素养体系"作为课程改革的基本点。

2014年3月，"核心素养"首次出现在教育部《关于全面深化课程改革 落实立德树人根本任务的意见》中，"各学段学生发展核心素养体系"，并被置于首要位置。2016年9月，我国正式公布的《中国学生发展核心素养》中将核心素养界定为"适应终身发展和社会发展需要的必备品格和关键能力，其框架包括三个维度和六个方面：一是文化基础（人文底蕴、科学精神），二是自主发展（学会学习、健康生活），三是社会参与（责任担当、实践创新）"。核心素养是学生应对未知挑战、实现自身发展和推动社会发展的必备品格和关键能力。如何把核心素养落实到学校的教育教学中去，这是当前教育教学改革的核心任务。

课程是核心素养培养的主要载体，教学是核心素养培养的重要途径。核心素养必须从课程建设和教学改革两个方面去落实，二者相辅相成，缺一不可。从某种程度上说，学习方式的创新和教学模式的变革远比教学内容的选择和变革更重要。在当下的教学中，知识灌输和技能训练仍是教学的基本方式，过度关注固定解题过程和标准答案的现象仍然非常普遍，这既违背了知识内在的逻辑规律，又违背了学生的认知规律，无法真正培养出学生的核心素养，所以，要把"知识为本"的教学转变为"核心素养为本"的教学，必须大力推进教与学方式的变革。

一是教师必须从知识传授者向素养培养者转变。时代进步、科技发展，获取知

2021 年西安铁一中领导考察凤中

识的途径平等开放，使得教师与学生第一次以相同的"学习者"的身份出现，教师不再拥有"知识霸权"，不再是知识的传授者，转而成了学习活动的设计者、引导者和参与者。所以教师必须打破传统"怎么考怎么教"的技术化、线性思维模式，帮助学生高效学习、深度思维和有效解决问题。

二是学生必须从被动接受者向自主学习者转变。学生必须改变"考什么学什么"的被动学习形式，重新建构学习流程，要从死记硬背走向自省反思；从孤军奋战走向主动合作；从埋头苦读走向实践中学；从反复操练走向活学活用。总之，学生要在自主学习过程中优化学习流程，培养学会学习的核心素养。

三是课堂必须从知识灌输型向素养建构型转变。课堂的意义，一是完成人与世界的对话，要学会选择与尝试；二是完成人与人的对话，要学会交流与分享；三是完成人与自我的对话，要学会体验与反思。三重意义都达到了，指向核心素养的课堂教学就落实了。

核心素养同学科课程教学的关系是密不可分的。一方面，核心素养指导、引领、辐射学科课程教学，彰显学科教学的育人价值，使之自觉为人的终身发展服务，将"教学"升华为"教育"。另一方面，核心素养的达成也依赖各个学科独特的育人功能的发挥，学科本质魅力的发掘，只有乘上富有活力的学科教育之筏，才能顺利抵达核心素养的彼岸。

我校的课程改革在落实立德树人和构建核心素养体系的背景下，遵循人的发展规律，基于人在学习中的主动和自由的发展规律，以提高课堂学力、激发学习活力、增强教学魅力为改革的基本方向，以推动从知识传授型课堂向问题探究型课堂转变为改革的基本思路，以课堂教学为学校整体改革的突破口，按照"系统设计、分步实施、整体优化"的原则，在优质的基础上更上一层楼，迈向卓越。

　　2.课改目标

　　课程改革是新时代全面推进素质教育的必然结果，最终要体现"以人为本""以学生发展为本"的教育理念。具体说来，学校进行课程改革的目标主要有以下几点：

　　第一，解放学生，改变学生的学习状态。

　　学校进行课程改革，一是把课堂真正还给学生，改变学生"被动消极、死水微澜"的学习状态，激发学生学习兴趣，让学生"学会、会学、乐学、创学"，倡导自主、合作、探究的学习方式，培养学生主动意识、协作意识和创新精神；二是积极开发校本课程，以核心素养为导向，增强课程的独特性、优质性、多样性、选择性、整体性、创新性，让学生走出"考什么学什么"的怪圈，尽可能满足学生的天性和个性化发展需求，同时，增加实践体验机会，从课堂上解放学生，让学生多参与社会实践、生活体验，拓宽视野，提升实践能力，培养社会责任感和主体意识，充分发挥学生的主动性和能动性，促进学生全面而有个性的发展。

　　第二，解放教师，提高教师的生活质量。

　　课程改革，以教学研讨、课题研究促进教师更新观念，树立新的教学观，改变传统的教学方式，将教师从满堂灌的传统教学模式中解脱出来，脱离苦教、累教的"泥潭"。教师不再是课堂的主讲者，而是成为课程的设计者和创造者，充分运用自身能力为学生营造平等、宽松的学习氛围，用激励式、启发式、探究式、活动式等教学方法引导学生主动学习。同时，课程改革使教学效果更明显，教师也能真正体验职业的内在欢乐与尊严，获得职业认同感，不仅人生价值得到体现，生命质量也得到明显提升。

第三，提升学校，改变学校的发展模式。

传统的学校教育在考试的重轭下已严重变形：学校为了追求高分、升学率，采取应试教育，教师全天候、全方位灌输知识，对学生采取死记硬背、反复训练、机械学习的方式。学校只看中分数，以分数定优劣。正如李镇西老师所说："应试教育，就是以追求考试分数为唯一目的的教育——考什么，教什么，什么不考，就什么不教，分数是其唯一的目标和评价标准。"学校俨然成了没有硝烟的战场，教师也和学生一样成了参与战争的"敢死队"。日本佐藤学教授在《静悄悄的革命——课堂改变，学校就会改变》一书中说"课堂改变，学校就会改变，学校改变，教育才会改变"。[1]课程是学校教育思想和教育制度的具体表现，是实现学校教育目标的基本途径，也是从传统教学向现代教学转变的关键一环，直接影响着学校教育的现代化进程。改变陈旧迂腐的教学方式、一成不变的教育目标、死气沉沉的课堂，开启课程改革，实现有效教学，才能改变学校发展模式，走内涵发展、特色兴校。

第四，改变教育，引领教育的发展方向。

在应试教育的大环境下，学校发展历程中留下来的往往只有一年又一年的高升学率，缺乏教育"高品味""高境界"的发展轨迹，这完全偏离了教育的本质。首都师范大学专家劳凯声先生认为："严格的等级制度、机械的记诵之学、压抑人性的教学方法导致种种极其荒谬的结果。""种种极其荒谬的结果"包括但不限于使教育越来越功利，教育乱象层出不穷，严重违背了教育育人的初衷，最终结果就是教育在反教育的路上越走越远。

学校课程是教育思想和教育制度的具体表现，是实现教育目标的基

---

① 佐藤学.静悄悄的革命——课堂改变，学校就会改变 [M].李季湄，译.北京：教育科学出版社，2014.

本途径。学校课程改革，落实立德树人的根本任务和构建核心素养体系，改变教育过于重视智育发展而忽略德育、美育、体育、劳育发展的弊病，改变只重分数不重德性、重知识不重思考的偏见，让教育回归正轨。

二、课改理论基础

1. 生本教育理论

生本教育是由华南师范大学郭思乐教授提出的一种教育思想。生本教育思想的核心价值观是对生命本能的认可和尊重，其教育宗旨是"一切为了学生，高度尊重学生，全面依靠学生"。郭思乐教授认为："我们的学生，是人类亿万年发展的成果，承接了人类生命的全部精彩。而人格和智慧的提升都是生命自身的生长过程，绝对需要而且可能通过人的自身活动而实现。"在郭思乐教授看来，儿童是天生的学习者，他们"承接了人类生命的全部精彩"，即拥有语言的、思维的、创造的本能、天性，教育就是唤醒和激发这种生命的本能，"教育如果违背甚至不自觉地扼制人的这种本性，当然会处处受阻、步履艰难"。正如《中庸》所载："天命之谓性，率性之谓道，修道之谓教。"其意为：人性其实是天赋而就，顺乎人性发展，人类表现出来的素质就是合乎大道的，所以让人类自己去发展自己，这就是"教"的本义。

生本教育思想是对以教师为中心的教育体系的反思，也是对传统的一切围绕教师的教而设计的教育教学模式的反思。这种以教师为中心的教育被郭思乐教授称为"师本教育"，是一种机械的、单向式的知识传输与传授，一切以教师为主导，为教师的教而服务。这种教育体系下生成的课堂是一种讲授型课堂。教师满堂灌，学生被动学，以知识为本位，以考试为轴心，培养出的往往是高分低能的人。而生本教育思想则是一切以学生为本，重视学生的需求、兴趣、能力，充分调动学生的主观能动性。生本教育思想主要有以下几个特征：

以学生为本，以生命为本。生本教育强调以学生为本，一方面是把"一切为了学生的全面发展"作为教育教学活动的出发点和归宿，让教育为学生的好学而设计。另一方面，是以学生为主体，学生是天生的学习者，学习是学生的本能。因此，学校要鼓励学生主动思考，积极探索，激发学生天生的学习本能完成自我学习、自我教育。

生本教育以学生为本，更以生命为本。郭思乐教授认为："教育不仅仅是文化启蒙，更重要的，或更经常的，是要进行精神生命的启蒙。让儿童知道，在人类社会文化环境之中，他是有所作为的，而且不因为别的，只是因为生命的赋予。"[①]生命作为人存在的根本，人的一切发展都以生命为根基、以生命的本能为基础。教育不能离开生命的自然的、本能的发展内核谋求人的发展，因而教育"依靠学生其实就是依靠学生自身的生命能量。"[②]"教育的目的就是最大限度地开发人的生命潜能……生命承载了教育的全部目的：生命是教育永恒的和基本的工作场；生命中发生了教育的最终动力；生命作为亿万年发展的成果，拥有教育最宝贵和巨大的资源。"[③]

生本教育的教学观：先学后教。生本教育在教学过程中坚持"先学后做、先学后教、少教多学、以学定教"的方法论，改变了以往以教为主的教学观。教师在教学中的地位和作用也发生了变化，不再处于教学的核心地位，而是作为学生的引导者，对学生进行指导、规划、评价，在教育教学中起辅助作用。先学后教，一方面将课堂还给学生，以学生讲为主，可以充分激发学生学习的积极性、主动性，有利于活跃课堂气氛，营造良好的学习氛围，激发学生的学习兴趣；另一方面，学生成为教学的主体，既要学会自主学习，优化认知结构，又要懂得自我管理，提高学习效率。先学后教，有助于学生形成高效的学习方法，养成良好的学习态度，发展学生的思维能力，培养正确的价值观。

生本教育的评价观：从控制生命到激扬生命。我们的传统教育习惯采用教育内部量化评价的方式。这种评价方式主要是"实现教育活动主体之外的人对学习者学习情况的把握和监控"，[①] 这种外部评价忽略了教育主体自主性，不利于调动学习者自身的动力与资源争取教育绩效。生本教育认为要将评价权交还给学生，让评价的主体与教育的主体一致，这才有利于学生自主学习状态的形成和发展。郭思乐教授在生本教育研究中把评价改为"评研"，削弱了评价中的比较功能，保留了诊断和练习的功能，便于激起、优化和强化学生的自主学习。评研是学生在小组内先互评，评完后再讨论，然后再由学生自己出题进行测试，再"评研"一次，通过"两评两研"，学生基本可以了解自己对知识的掌握程度了。把评价改为评研，"评价的主体变了，不是外部而是内部了；评价的方式变了，不是可比的而是可研究的了；评价的功能变了，不是控制，而是激励他们更多的创造。"[②] 评研的结果是柔性的，既尊重了学生的人格，也不会产生控制效应，便于他们接受和认可，更能激发他们的学习兴趣，积极自主地学习。

2. 建构主义学习理论

建构主义学习理论作为一种新的认知理论，是在皮亚杰的发生认知理论、维果茨基的文化历史理论、奥苏贝尔的有意义学习理论、布鲁纳的认知发现理论以及杜威的经验自然主义等理论的基础上发展起来的。

一般认为，皮亚杰的建构主义认知理论是建构主义学习理论的哲学基础。皮亚杰认为"知识由建构而来"，"认识既不是起因于一个有自我意识的主体，也不是起因于业已形成的（从主体的角度来看）、会把自己烙印在主体之上的客体；认识起因于主客体之间的相互作用，这种作用发生在主体和客体之间的中途……"，[③] 皮亚杰用同化和顺化两种方式表

① 郭思乐．教育激扬生命——再论教育走向生本 [M]．北京：人民教育出版社，2018：302．
② 郭思乐．教育激扬生命——再论教育走向生本 [M]．北京：人民教育出版社，2018：318．
③ 皮亚杰．发生认识论远离 [M]．王宪钿，译．北京：商务印书馆，1981：21．

示主客体相互作用的结果。学习者以自己原有的经验为基础，吸收和接受新知识、新信息，并结合到自己的认知结构中，这就是同化。顺化是指由于外部环境变化，原有的旧知识和经验无法同化新知识，反而因为新知识发生改变、重组。"新旧知识经验的相互作用正是知识建构的机制"[①]。

维果茨基的文化历史理论强调认知过程中学习者所处的社会文化历史背景的作用。维果茨基将人的心理机能分为低级心理机能和高级心理机能。低级心理机能包括感觉、知觉、形象思维、情绪、冲动性意志等，是人和动物共有的心理机能，随着神经系统的发育而发展。高级心理机能则指观察、意志、高级情感、创造想象、抽象思维等，是人特有的心理机能。高级心理机能是由人的外部活动内化而成的，是社会文化的产物。维果茨基强调"人的高级心理机能亦即随意的心理过程，并不是人自身所固有的，而是在与周围人的交往过程中产生与发展起来的，是受人类的文化历史所制约的。强调学习是一种'社会建构'，强调认知过程中学生所处的社会文化历史背景的作用，重视'活动'和'社会交往'在人的高级心理机能发展中的作用。"[②]

维果茨基还提出"最近发展区"，他认为儿童智力发展有两种发展水平：一种是儿童现有的发展水平，另一种是潜在的发展水平。这两者之间的区域就是"最近发展区"。教育应该把潜在的发展水平变成现实的发展水平，并创造出新的"最近发展区"。

奥苏贝尔的有意义学习理论是指把新知识与学习者知识结构中原有的知识建立起一种实质性的联系，新知识与原有的知识结构发生关系，同化或改组，然后产生新的意义。奥苏贝尔的有意义学习理论将学习分为有意义学习和机械学习。有意义学习是一种发现学习和接受学习。要进行有意义学习必须满足两个条件：第一，学习者必须有主动将新知识与原有知识结构进行实质性联系的倾向；第二，新知识必须对学习者有

① 汪凤炎，燕良轼，郑红 . 教育心理学新编 [M]. 广州：暨南大学出版社，2016：310.
② 李国强，罗求实，赵艳红 . 教育心理学 [M]. 湘潭：湘潭大学出版社，2017：248.

潜在的意义，这样才能使旧知识得到同化或改造，产生实际意义。"机械学习是指符号所代表的新知识与学习者认知结构中已有的知识建立非实质性的和人为的联系，即对任意的和字面的联系获得的过程。导致机械学习的原因有两种：一种是所学材料本身是有意义的，但学生头脑中缺乏能与之发生联系的知识，无法理解所学内容，导致机械学习；第二种是新知识本身没有任何意义，只能进行机械学习。"[①] 机械学习的典型特征是死记硬背。

布鲁纳的认知发现理论主要表现在三个方面：首先，认知结构是指一种反映事物之间稳定联系或关系的内部认识系统，或者说，是某一学习者的观念的全部内容与组织……人是主动参加获得知识的过程的，是主动对进入感官的信息进行选择、转换、存储和应用的。其次，所有的知识都是一种具有层次的结构，这种具有层次结构性的知识可以通过一个人发展的编码体系或结构体系（认知结构）而表现出来。再次，要通过主动发现形成认知结构。他认为，学习的最好动机是对所学材料的兴趣……他提倡发现学习法，以便使学生更有兴趣、更自信地主动学习。[②]

杜威的经验自然主义理论认为："教育必须建立在经验的基础上，教育就是经验的生成和经验的改造，学生从经验中产生问题，而问题又可以激发他们运用探索的知识产生新概念。"[③] 杜威说的"经验"并非已死的过去知识，而是生活、社会活动，是人与环境的交互行为。在杜威看来，课程和教学应该具备三个特征：第一，它必须根源于受教育者个人特定的固有活动需要；第二，它必须能转化为与受教育者的活动进行合作的方法；第三，教育者必须警惕所谓一般的或终极的目的。[④] 课程和教学要建立在学生的经验和需求上，才能产生最好的效果。

① 苏文玲. 深度学习理念下大单元教学 [M]. 北京／西安：世界图书出版公司，2022：1.
② 艾兴. 建构主义课程研究 [D]. 西南大学，2007.
③ 温彭年，贾国英. 建构主义理论与教学改革——建构主义学习理论综述 [J]. 教育理论与实践，2002，22（5）.
④ 杜威. 民主主义与教育 [M]. 王承绪，译. 北京：人民教育出版社，1990：114-117.

建构主义学习理论对教育的主要影响有以下两点：

（1）学习观。建构主义学习观认为知识是学习者基于自身经验对现实世界建构的结果。首先，学习是建立在学习者原有的经验和认知结构上，是学习者根据自己的知识经验通过对新知识进行同化或顺化，构建新的认知体系的过程。其次，学习是学习者主动将新知识与原有知识进行联系，主动对新知识进行选择、转换、建构和应用的创造性的活动。

（2）课程观。建构主义学习理论认为课程不是封闭的系统，而是动态的，是不断变化和生成的。其动态性首先表现在课程具有情境性和适应性。知识是基于真实世界、现实生活的情境发生的。学习者要通过真实情境才能理解事物的关系、本质、规律。因此，课程的设置也要根据情境的变化和学生的实际情况而变化。其次，课程要以学习者为中心，根据学习者的经验和认知结构采取灵活多样的形式进行研究性学习或合作学习，充分发挥学习者的积极性和主动性。

3. 主体间性理论

主体间性又称"交互主体性"，指多个主体之间的交互关系。它改变了传统的主体性思维的框架，从孤立的主体转向了双重或多重主体。主体间性理论的提出促使西方哲学"由主客对立的主体性哲学向关注主客关系依存的交互主体哲学迈进"。[①]主体间性理论以哈贝马斯和霍耐特为代表人物。

哈贝马斯从社会现实和历史问题角度反思与批判因"主体性"的不完备而造成的现代性割裂的问题，主张从主体与主体之间的关联性和相关性的维度摆脱主体性哲学的困境，重建现代性。他从社会交往行为的角度界定主体间性。他认为现实社会中人的行为主要分为工具行为和交往行为。工具行为又叫目的——策略行为，是指人对客观世界改造和交流互动的行为，是有目的性的。而交往行为是建立在两个或多个人之

① 周家荣，廉永杰．主体间性哲学思想的人本特征 [J]．北方文丛，2007（6）．

2017 年凤中新课改课堂教学改革现场

间的有意义的互动，以语言符号为中介，通过交流、合作形成合理的交往行为，从而构建合理的社会规范秩序。

霍耐特则是"以发展个体诉求为出发点，建立在主体间相互要求承认的基础之上。这个主体既可以作为个人的自我，也可以作为组织化的社会群体"。[1]他认为主体间承认关系主要有三种形式：第一种形式是个人与个人之间的关系；第二种是个体与普遍化他者之间的关系；第三种是主体与共同体之间的关系。霍耐特所说的共同体是在"尊重主体价值和特殊性基础上构建的共同体"。[2]主体通过与共同体之间建立交互关系获得身份认同和价值认可，从而构建规范的价值体系。而霍耐特说的关系，除了互相承认、顺从，还有斗争。"因为主体间承认的达成并不总是一帆风顺和顺理成章的，当无法预期的'否定式'发生时，它会造成对主体自由的制约和自我肯定的无法实现。"[3]而正是这种斗争使主体获得了新的肯定和认可。双重或多重主体之间的这种承认或否定的关系，反映出不同主体的利益诉求和价值观念，有利于建立认可多重主体自由属性和意义的多元价值体系。

"主体间性"对教育的影响主要表现在以下两个方面：

第一，重构师生关系。长久以来，教师都是处于教育教学绝对权威的地位，是教育教学活动的中心，与学生是"主—客"关系。这种"主—客"二元对立的教育关系使教育偏离了正轨，不利于学生的主体性和创造性

---

① 赵琰. 霍耐特"承认理论"探究 [M]. 厦门：厦门大学出版社，2022：66.
② 贾志雄. 从承认到自由 霍耐特承认理论研究 [M]. 北京：中国财富出版社有限公司，2022：81.
③ 贾志雄. 从承认到自由 霍耐特承认理论研究 [M]. 北京：中国财富出版社有限公司，2022：82.

的发挥，已不适应当前我国教育的发展。主体间性理论视域下的教师与学生的关系是一种交互主体性关系，双方地位平等，互相促进、共同发展。教师作为双重主体之一，是教学资源的主动建构者，利用自身的专业技能和职业道德为学生提供帮助，激发学生的学习兴趣，启发学生思考，促进学生全面而自由地发展。学生成为教育主体之一，要充分发挥主体性和创造性，保持高度的学习热情，主动参与教育教学活动，成为学习的主人。

第二，课堂观。师生关系的重构势必会引起课程观念的改变。师生的交互主体性关系要求课堂教学方式是对话与合作。课堂上，教师与学生是合作关系。因此，课堂不再是教师"一言堂"，而是师生共同探讨、互相启发，通过对话、共情等方式实现师生情感、思想的交流与融合。

第二节　雅慧教育的多维课程体系

《中国教育现代化 2035》明确提出：加强课程教材体系建设，科学规划大中小学课程，分类制定课程标准，充分利用现代信息技术，丰富并创新课程形式。健全国家教材制度，统筹为主、统分结合、分类指导，增强教材的思想性、科学性、民族性、时代性、系统性，完善教材编写、修订、审查、选用、退出机制。[①] 雅慧课程立足于体现风中的办学特色、推进风中现代化发展的战略举措认识，在课程建设思想及其理论指导下，经过课题组多年探索、指导以及广大一线教师总结、提炼，依据课程结构、课程目标，按照课程的学习内容，遵循学生在中学教育阶段的普遍认知特点和实际需求，形成了五维度三层级（面向全体学生的基础类国家课程；面向群体学生的拓展类校本课程；面向个体学生的探究类创新

① 新华网．中共中央、国务院印发《中国教育现代化 2035》[EB/OL].（2019-02-23）[2025-03-18].http://www.xinhuanet.com/politics/2019-02/23/c_1124154392.htm.

课程）雅慧课程体系。

课程改革深化的走向是：注重学生素质教育、创新能力、个性发展培养；注重学生文化素质、教师文化素养、学校文化品位培育；注重教师素养与学生素质、思想政治工作与素质教育工作、人文教育与科学教育结合。在围绕学生核心素养培养、符合国家课程方案、切合凤中校情实际、符合学生成长需求的基础上，构建适宜每个学生发展需要的雅慧课程体系及实践路径，整体推进雅慧校本课程与国家课程、地方课程有效融合，系统构建初中课程改革的实施系统、管理系统、评价系统、力量支持系统。

一、五维度雅慧校本课程

凤中雅慧课程建设开始于 2011 年，经过不断地开发建设和修改完善，现在已基本形成了比较完整的"五维度三层级递进式"校本课程体系。目前学校共编辑整理出 29 门（套、册）校本课程教材读本，构建起较为丰富且完善的"雅慧课程"校本课程体系。该课程体系以"国家课程校本化 + 义务教育辅助活动 + 高中选修课程"为主要内容，划分为"基础型课程""拓展型课程""探究型课程"三个层级。同时，学校设置"雅慧课程"建设领导小组、开发小组、管理小组和评估小组，负责"雅慧课程"的规划、开发、实施、管理和评价，出台《凤鸣山中学"雅慧课程"建设方案》《凤鸣山中学"慧学课堂"教学标准》《凤鸣山中学"雅慧课程"开发指导意见》《凤鸣山中学"雅慧课程"实施指导意见》《凤鸣山中学"雅慧课程"管理与评价指导意见》，以及《凤鸣山中学学分认定细则》等规章制度，建立起较为完备的"雅慧课程"评价与管理机制。

1. 课程建设理念与目标

"再好的教育理念，如果体现不到课程上、渗透不到课堂中，将很难真正发挥作用"。课程建设应该是基于对课程的系统认识，根据对课程要素功能和结构功能的要求进行的目标课程模式的系统设计，并按此目标模式对课程进行创新性的系统改造。^①课程建设是一项系统工程，首先要确立以先进的教育理念、教育思想为指导。课程建设理念是对课程建设的总体设想，如以学生为中心的课程建设理念、以合作教育为课程建设的理念等等。确立课程建设理念也就确定了课程目标、教学内容、教学手段等课程实施、课程管理一系列问题。

以凤中为例，凤中课程建设坚持从学校实际、学生需要出发，以课程体系建构为切入点，在落实国家课程计划和对现有资源进行高效整合的基础上，构建体现学校特色的雅慧校本课程体系。其建设理念是：以传统文化为根，以素养积淀为要，以拓展知识为径，以发展能力为本，通过丰富多彩的教学活动，奠定学生高雅智慧的品格基调，塑造学生健康阳光的人格基础和积极进取的人生态度。

凤中确立了课程建设理念，结合国家育人目标与学校育人目标，比较中国学生 21 世纪核心素养研究的相关文献，提炼出适合凤中师生发展的关键要素：责任担当、人文素养、科学精神、艺术素养、体育素养、健康素养、社会交往、职业能力、认知能力、实践能力、创新能力等。学校再根据育人目标的关键要素和核心素养的校本理解，确定雅慧课程目标的内涵为：培养高雅品味，学会语言交流、积累人文底蕴、培育科学精神和审美情趣等文化内涵；提高健康生活、认知能力等；在社会参与中，培育责任担当、合作能力、职业体验、创新精神和实践能力。

2. 课程结构改革与建设

课程结构是指课程体系的构成要素、构成部分之间的内在联系，它体现为一定的课程组织形式。^②课程结构表现为各种课程类型的有机组合，如必修课与选修课、基础课程与拓展型课程、学科课程与活动课程等的组合关系，以及具体课程之间的关系等。课程结构的主要功用是落

---

① 王根顺，刘亚军. 高等学校课程建设与评估的理论与实践 [J]. 兰州大学学报（社会科学版），2003（4）.

② 董国良. 教育理论 [M]. 北京：首都师范大学出版社，2020：168.

实人才培养目标，因此课程结构要实现德、智、体、美、劳五育协同发展，要注重课程整体功能和课程多样化，充分发挥课程育人功能。

目前，学校课程结构主要由国家课程、地方课程和校本课程三部分组成。在此基础上，学校结合自身办学理念和发展目标，整合学校资源，对国家课程、地方课程、校本课程进行整体规划，构成有机体系。如天津市第二十一中学，根据《天津市中小学课程计划安排意见》和《2017年天津市普通高中课程安排指导意见》，再结合学校具体情况和资源优势，确定了"选择性教育思维多元课程体系"，包括基础型课程、研究型课程、拓展型课程和体验型课程。这种"选择性教育思维多元课程体系"的优势在于有助于培养学生自主选择、自主发展、实践探索、开拓创新的特点。

学校通过设计课程结构落实立德树人的根本任务和培养学生的核心素养，通过"构建学校课程结构，即从横向联结、纵向衔接、意义关联、进程安排四个维度，建立育人目标素养要求、水平与课程之间的关系，形成分层、分类、分项的，面向学生必修、选择性必修和自主选择的课程体系，呈现学校点（课程门类）、线（课程进阶）、面（课程群）、体（整体课程体系）的不同样态，推动学校课程体系的规范化、结构化和特色建设。"①

在课程结构改革上，深圳明德实验学校进行的课程结构改革实践值得借鉴。明德实验学校通过实现学校课程教学整体结构性的变革实现国家课程校本化。按照学校既定的课程改革路线图，全方位开展课程改革，重点实施"课程内容重构""学科重新组合""课堂模型重建"项目。

明德实验学校课程结构改革的思想之一是："由'体系课程'转变为'谱系课程'，其核心要义是由静态课程转向动态课程，让课程适应社会变化而变化，适应学生发展而变化。明德课程谱系包括三个层面：

---

① 中国高考报告学术委员会.高考蓝皮书 中国高考报告2023[M].北京：新华出版社，2023：313.

国家课程，必修课程，其改革方向是校本化实施；学校课程，选修课程，其改革方向是生本化建设；特色课程，自修课程，其改革方向是个别化服务。"[①] 这种转变，其一体现国家意志，开齐开足国家课程，培育学生核心素养，落实立德树人；其二，推行大单元教学和项目制学习，尝试跨学科融合，针对学科之间壁垒森严、各自为阵的现状，学校跨学科重新组合，实施整合式教学。

明德实验学校课程结构改革的思想之二是："由'统一课程'转变为'差异课程'，其核心要义是由群体课程逐渐走向个体课程。让课程从适应工业化时代的需要，逐渐走向适应信息化时代需求，适应每个学生个体的需求。学校全面实施走班制、选修制、个性化，以满足不同学生的不同发展状况、不同学生的不同学习兴趣，不同学生的不同发展方向。"[②]

明德实验学校课程结构改革的思想之三是："由'单维课改'转变为'立体课改'，其核心要义是由机械的跟风式课改，逐渐走向充满活力的自觉课改；由那种'国家改教材，学习改课堂'的单一维度的课程改革，走向整体的全方位的系统结构改革。"[③] 学校基于学本立场，在课堂上践行慧学课堂（知识情境化、情境问题化、问题思维化、思维层次化、层次梯度化、梯度渐进化），实施全课程走班教学，根据需要实行分层走班、自由选课走班，适应新高考。

凤鸣山中学也注意课程结构建设，围绕核心素养，通过对课程结构主要是通过国家课程校本化、校本课程特色化，研制形成了凤中"54321"雅慧课程结构体系。

"5"即确立课程内容五大领域：人文素养、科学精神、体艺健康、社会生活（含国际理解）、实践创新。

---

① 程红兵.围绕核心素养，探究面向未来的课程结构变革 [J].课程·教材·教法，2017（1）.
② 程红兵.围绕核心素养，探究面向未来的课程结构变革 [J].课程·教材·教法，2017（1）.
③ 程红兵.围绕核心素养，探究面向未来的课程结构变革 [J].课程·教材·教法，2017（1）.

表 3-1 雅慧课程结构

	人文素养	体艺健康	科学精神	国际理解	实践创新
基础类国家课程（面向全体）	政治、语文、历史	音乐、美术、体育与健康	数学、物理、化学、生物、地理	英语、生涯规划	信息技术、综合实践
拓展类校本课程（面向群体）（95）	1.语文：名著欣赏、文化解读、作文赏析、演讲与口才、走进重图、《论语》赏析（6） 2.政治：政党制度、政治与生活的关联（2） 3.历史：宋代服饰、上下五千年、经典历史剧欣赏、红岩文化、战地文化、沙磁文化（6） 3.社团课程：凤鸣之声、话剧社、模联、凤鸣文学社、社区实践活动（5）—19	1.体育：田径、乒乓球、篮球、足球、羽毛球、射击、武术、健美操（8） 2.演艺：合唱、民乐、钢琴、古典乐欣赏、恰恰舞、拉丁舞、笛子演奏、民族歌舞、街舞、架子鼓、西洋乐欣赏、舞台艺术与语言魅力（13） 3.棋牌：桥牌、围棋、象棋、国际象棋、国际跳棋（5） 4.书画：素描、色彩、速写、国画、版画、剪纸、篆刻、泥塑、工艺制作、服装设计、书法、插花艺术（12） 5.影像：摄影摄像、音响的制作、影像制作（3） 6.心理健康：健康心理、美丽花季、快乐心理学（3）—44	1.数学：魔术数学、玩转数学（2） 2.物理：气象与物理、魔术物理（2） 3.化学：生活中的化学、医学中的化学（2） 4.生物：创伤与救治、泡菜制作、面点烘焙、植物标本制作、生态种植、豆腐乳制作、厨艺、植物探秘（8） 5.地理：田园农村、美丽中国、精彩世界（3）—17	1.英语：英语故事阅读、英美概况、英美名著赏析、英文歌、语趣配音、英文经典曲赏析、欧美经典电影欣赏（6）—6	1.信息技术：动画设计、网页制作、仿人型机器人、创客一3D打印（4） 2.劳技：小制作与小药门、木制技术、装材工艺、刺绣之路（5）—9
探究类创新课程（面向个体）（14）	生涯教育、志愿者课程（2）	体育创新基地建设、高水平体艺人才培养（2）	雏鹰计划、领航工程项目、强基计划、奥赛课程（4）	暑期社会实践、境外研学旅行（2）	职业技能、综合实践、创意空间、植物栽培与养殖（4）
开设年级	高一、二年级；初一、二年级。				
时间安排	学校统一安排；年级组织实施；学生报名选择；固定时间、地点上课；考核测评结业。				

"4"即关注四个思想要素：高雅、智慧、善良、本真。

"3"突出三类课程功能：基础型、拓展型和探究型课程。其中，①基础型课程注重学生作为一个公民所必须的基础能力培养，是中学生课程的主要组成部分，面向全体学生，主要指国家课程。②拓展型课程重点在于拓展学生的知识与能力，开阔学生视野，发展学生的特殊能力，并迁移到其他方面的学习，面向学有余力、学有特长的群体学生，主要指地方课程和学校课程。③探究型课程注重培养学生的探究精神、态度和能力，是根据每个学生的情况为他们搭建更高的发展平台，面向先天禀赋迥异、能力发展卓越、个性鲜明突出的少数个体精英学生。

"2"呈现两种课程形态：分科课程和综合课程。

"1"即围绕一个育人目标：培养德智体美劳全面发展，有适应终身发展和社会发展的必备品格和关键能力，有国际视野，有民族情怀，有凤中基因的时代新人。

3.课程管理与课程实施

（1）课程管理

我国学校课程采取三级课程结构，同样也实行国家、地方和学校三级课程管理制度。教育部《基础教育课程改革纲要（试行）》（教基〔2001〕17号）明确规定"改变课程管理过于集中的状况，实行国家、地方、学校三级课程管理，增强课程对地方、学校及学生的适应性"，具体管理方式为："国家层面整体出台课程方案、课程标准，统筹教材编写和审订；省级教育行政部门依据教育部课程方案制定符合本省实际的课程实施指导意见；市县级教育行政部门指导学校做好课程实施规划并作为开展学校教育督导的重要依据；学校作为课程实施的主体整体规划课程、完善实施方案并创新实施。"[①]

这是中小学校校本课程建设和管理的重要政策依据。但第三层级的

---

① 中国高考报告学术委员会.高考蓝皮书　中国高考报告2023[M].北京：新华出版社，2023：314.

学校课程（即校本课程）并未纳入国家的相应考试机制当中。由此引发"校本课程的开发作用与考核评价"问题，甚至部分家长提出"开发、使用校本课程而中考、高考又不考，会影响到孩子的正常发展"，言下之意就是会影响孩子们的升学。对此问题，我们的做法是：一是国家课程的校本化，即将国家课程的二次开发（教案、学案的设计、导学单的开发等）纳入校本课程的建设与评价当中；二是在开齐、开足国家课程的前提下，利用课辅、延时服务等时间开设；三是以选修、兴趣特长班等方式，引导学生学习地方课程和校本课程。

为了规范课程管理和实施，凤鸣山中学以教育部《关于全面深化课程改革　落实立德树人根本任务的意见》（教基二〔2014〕4号）为指导，结合学校校本课程建设实际，制定、出台了《重庆市凤鸣山中学"雅慧课程"建设方案》《重庆市凤鸣山中学"慧学课堂"管理评价方案》《重庆市凤鸣山中学"雅慧"选修课程实施方案》《重庆市凤鸣山中学"雅慧选修课程"管理评价方案》以及《重庆市凤鸣山中学市区级精品课程建设项目资金管理办法（试行）》《重庆市凤鸣山中学市区级课程创新基地资金管理办法（试行）》等，包含必修、选修课辅助课程等内容的较为完备的校本课程建设规章制度，并拟定了《重庆市凤鸣山中学校本教研基地项目执行计划》《重庆市凤鸣山中学"双新"示范校建设工作计划》。

除此之外，凤鸣山中学还针对雅慧选修课程进行三级管理，即组织管理、制度管理、过程管理。组织管理是以校长领衔的领导小组、课程中心规划组织、年级组课程实施组成三级管理。制度管理包括制定精品选修课实施方案、精品选修课管理办法、精品选修课教学评价方案。而精品选修课教学评价方案又包括课程学习评价、课程实施评价（课程方案评价、过程性评价、终结性评价）。过程管理包括推进会、课程研讨会、优秀课程评比、成果展示周、专项督查等。

（2）课程实施

课程实施，"狭义是指文本课程在学校和课堂层面付诸实践的过程，更多的是指作为实践层面的理解与行动；广义是指由国家统一以政策的形式推行课程，这也是课程实施的一种方式"。[①] 狭义的课程实施是教师根据教学内容和目标，通过课程设计、教材选择，采用最合适的教学方法、教学手段、教学策略完成教学内容的过程。我们这里谈的课程实施，主要是指学校为落实课程计划和课程目标、实现学校育人目的而采取的一系列方式。如凤鸣山中学的雅慧课程实施主要包括课程申报、课程审议、选课指导、网上选课、走班上课。其特征是：国家课程校本化实施、拓展性课程全域化实施、探究性课程个性化实施。探究性课程个性化实施是指：采用学校规定和老师自主开发相结合的模式，丰富课程资源。在初一、初二、高一、高二四个起始年级开设校本选修课程，按项目选课，"走班"教学。课程开设时间：初中周四下午延时服务两课时；高中周三下午第三节课，一个课时。

　　随着课程改革进程的深化，课程实施也需要创新。创新课程实施方式将会直接影响课程改革成效。因此，学校应该积极创新课程实施方式，创新应"基于学生发展核心素养的形成机制，从符号学习、观察学习、操作学习、交往学习、自主反思等学习方式角度，以及各学科典型的学与教方式的梳理，遵循课程、教材、考试、评价的内在一致性，突出学与教互动促进关系的典型行动范式"。[②] 如巴蜀小学采取以"学科＋"为特征的课程综合化实施模式，形成了"项目确立——项目设计——项目探究——项目发布"项目式学习校本操作流程，以"桥"项目学习为例，一年级把英语的英文歌《伦敦桥》与语文课文《兰兰过桥》融合，体育游戏"过大桥"与音乐歌曲《数大桥》融合，生成"发现之桥"项目主题。[③]

① 　马云鹏，金轩竹，白颖颖．新中国课程实施 70 年回顾与展望 [J]．课程·教材·教法，2019（10）．
② 　中国高考报告学术委员会．高考蓝皮书　中国高考报告 2023[M]．北京：新华出版社，2023：313．
③ 　马宏，吴倩，李永强，潘南，李杰．巴蜀小学校：基于学科育人功能的课程综合化实施与评价 [J]．人民教育，2019（3）．

4. 课程开发与课程评价

（1）课程开发

关于课程开发的定义，崔允漷教授在《校本课程开发：理论与实践》一书中是这样定义的：课程开发"可能指准备一项可操作的计划，以便去运用现有的教学大纲，包括教科书和教学材料的选择，或者也可以指编制出一套教学大纲及其配套资料，以供班级教学使用，特别是指教科书、教参的编写以及教具的配备等。有时还包括课程目标的评价手段。这样，所有保证某项计划及其配套资料的有效性和充分性的活动都可以称之为课程开发活动"。[①] 由此可见，课程开发是根据课程计划或者教学目标编制出教学大纲以及配套材料进行一系列教学活动。一般而言，课程开发主要由教学目标、课程教学内容、课程实施和课程评价四个环节构成。课程开发有不同层级，如国家级、地方级、学校级，学校级是基础。我们这里探讨的课程开发主要是指校本课程开发。

校本课程开发是 20 世纪 70 年代在英美等发达国家中开始受到广泛重视的一种课程开发策略。[②] 美国的约瑟夫·施瓦布建立的"实践的课程模式"和英国的劳伦斯·斯腾豪斯确立的"过程模式"的课程模式为当代校本课程开发奠定了思想基础。而我国校本课程大概是从 2001 年国家正式实行三级课程管理政策起开发的。崔允漷认为校本课程开发"是一个以学校为基地进行课程开发的民主开放的决策过程，即校长、教师、课程专家、学生以及家长和社区人士共同参与学校课程计划的制定、实施和评价活动"。[③] 校本课程主要是以第一线的教师为开发主体，从学生兴趣和发展需要出发，结合学校的办学理念、育人目标，进行课程设计、制定、实施和评价。相对于国家课程和地方课程而言，校本课程开发更能发挥学校教育教学资源优势，形式更为灵活多样，也更能适应学生个

① 崔允漷.校本课程开发：理论与实践 [M].北京：教育科学出版社，2000：53-54.
② 崔允漷.校本课程开发：理论与实践 [M].北京：教育科学出版社，2000：49.
③ 崔允漷.校本课程开发：理论与实践 [M].北京：教育科学出版社，2000：49.

性化学习需求。

《义务教育课程方案和课程标准（2022年版）》提出义务教育课程应遵循"加强课程内容与学生经验、社会生活的联系，强化学科内知识整合，统筹设计综合课程和跨学科主题学习。

2020年介绍凤中体艺特色课程建设

加强综合课程建设，完善综合课程科目设置，注重培养学生在真实情境中综合运用知识解决问题的能力。开展跨学科主题教学，强化课程协同育人功能"。在"统筹设计综合课程和跨学科主题学习"课程方面，校本课程开发更具优势，如大同中学打破学科界限实现学科间课程资源整合的"室内设计与三维制作"，整合了立体几何、工业制图、材料学、美术设计等方面的知识。

凤鸣山中学从2012年开始雅慧校本课程孵化，根据党的教育方针，依据课程论的基本原理，结合凤中"尚雅尚慧，至善至真"的办学思路，积极探索了"雅慧"课程体系，以文化浸润为根、能力发展为本、素养积淀为要，采取分项实施、逐年推进、涵盖每个领域的策略，目前已经构建了一系列精品校本课程，主要分为雅行课程和慧学课程。

雅行课程涉及公民道德、健康生涯、多元艺体三个领域，包括"心灵成长体验营""生涯教育""志愿者课程"等。

慧学课程包括信息技术类课程、人文修养类课程、科学素养类课程等。信息技术类课程有2015年孵化的摄影摄像课程、2018年开设的音响的原理与制作；多元艺体类课程有2016年孵化的高中田径选修课、2019年开设的剪纸及2021年开设的健美操、啦啦操；人文修养类课程有2016年的高中语文"凤文化"美育课程、2021年的"诗意人生"、2022年的"英语话中国"；科学素养类课程有2016年的初中"生物综合实践课程"和高中"生物技术与生活实践"、2021年的"气象与物理"，等等。以"生物技术与生活实践"课程为例，其综合了多学科知识，涉及微生物学（微生物的实验室培养、细菌与真菌发酵技术）、植物学（校园植物分类与鉴赏、植物栽培技术）、生态学（环境保护、生物安全）、医学（涉及疾病拓展、常用急救技术）。

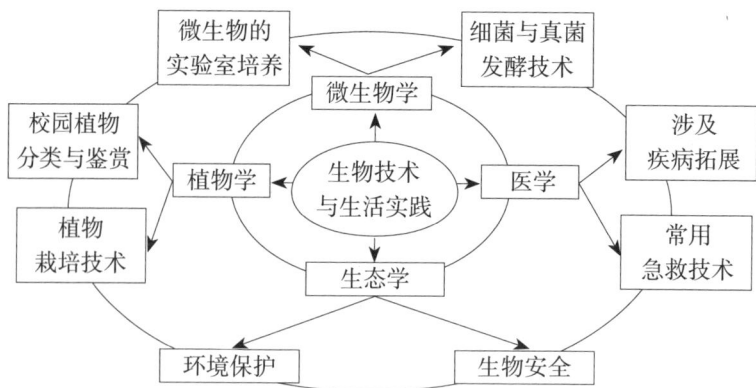

图3-2 "生物技术与生活实践"课程体系

雅慧课程系列校本课程目前已建设有100门（其中雅行课程25门，慧学课程75门），成功创建市级课程创新基地2个、精品课程8门，区级精品课程22门。

（2）课程评价

课程评价是指"研究课程价值的过程，是由判断课程在改进学生学习方面的价值的那些活动构成的"。[1]课程评价既包括对课程设计、实施的评价，又包括对教师教学以及学生学习的表现的评价，是衡量和判断课程价值的依据。完善课程评价体系，有助于"发现学校课程建设的优势和成果，激发教师课程建设的积极性；诊断课程建设中的问题，为学校课程建设调整改进提供依据；衡量课程建设质量与成本

---

① 施良方.课程理论：课程的基础、原理与问题（第2版）[M].北京：教育科学出版社，2020：138.

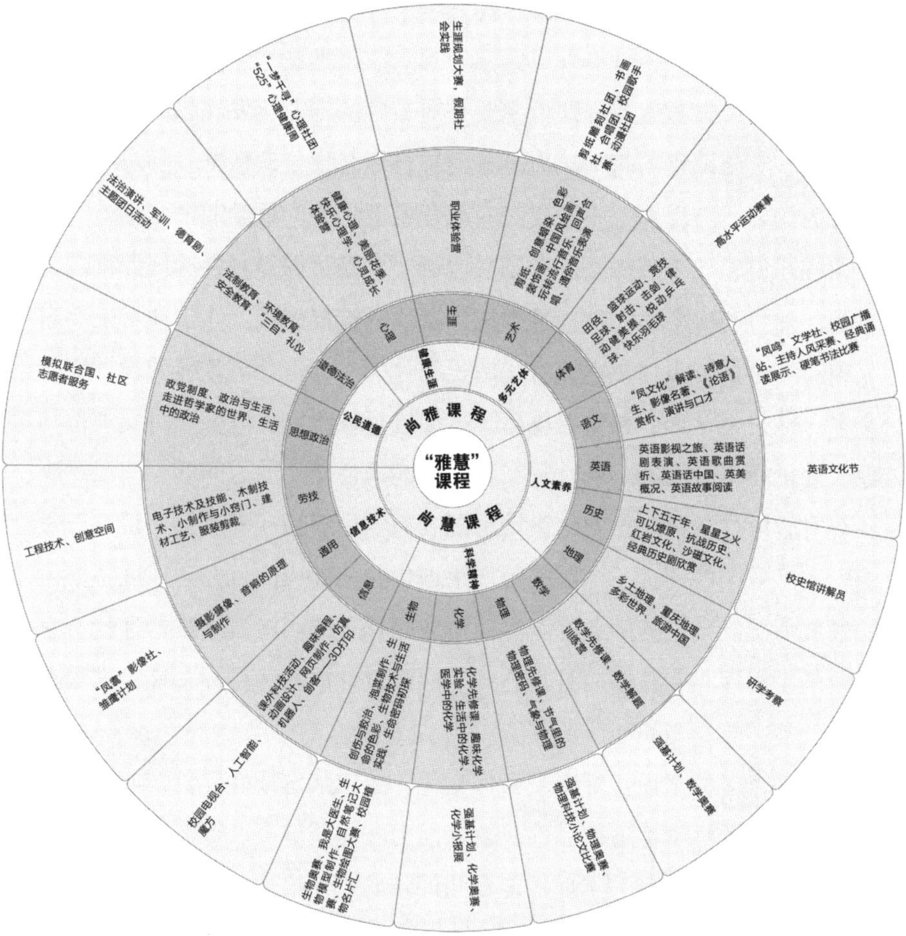

图 3-3 "雅慧"课程

负担，为课程建设的'停开保改'提供决策支持"。①

如何完善课程评价体系？中共中央、国务院发布的《深化新时代教育评价改革总体方案》指出"要充分发挥教育评价的指挥棒作用，改进结果评价，强化过程评价，探索增值评价，健全综合评价"，教育部颁布的《义务教育课程方案和课程标准（2022 年版）》中强调要更新教育

---

① 玄兆丹，王嘉悦，李凌艳 . 指向学校课程建设的评价：特征、挑战与优化 [J]. 中国考试，2023（2）.

评价观念、创新评价方式方法、提升考试评价质量，为课程评价改革指明了方向。

凤鸣山中学开展课程评价主要是对教师的专业化发展趋向、课堂教学成效、实施课程的基本能力等方面进行综合评价，强调教师对自己教学行为的分析与反思，不断提高专业化发展水平。每学期末"雅慧"选修课程建设领导小组将通过考勤、调研、观摩听课等对各选修课程进行过程性评价与成果性评价，并组织评选优秀选修课程。评价项目主要有三项：一是课程设计文本评价。课程设计文本评价是对教师的设计实施文本，从是否合理、科学、规范等方面进行评价。可以采用自我评价与他人评价相结合的方式进行。二是课程实施评价。通过问卷、访谈、观察等对教学准备情况、教学设计情况、教学组织情况等进行评价。三是课程实施效果的评价。课程实施效果评价是就课程的目标达成度、学生的发展情况、学生的满意度等方面对教师课程的实施效果进行评价，它主要是了解课程实施以后是否达到了原来设计的教育目标，还存在哪些偏差，下一轮应当如何改革等。

新高考对校本评价带来革命性变化，要求从选拔性评价转向合格性评价，充分关注学生道德品性、智慧能力、体质健康、审美情趣、劳动情操等公民素质培养，实现从定量测评转向定性描述、从关注结果转向过程监控、从单一评价转向开放评价，形成了多元化的课程评价机制，制定了"凤鸣山中学校本课程评价方案"。这种改变有利于初中教育放开手脚，科学实施素质教育，真正把学生培养成德智体美劳全面发展的社会主义建设者和接班人。

二、三层次德育课程

凤鸣山中学进行的课程改革在德育课程上取得了较好的成效。凤鸣山中学通过精选德育主题、涉及系列德育课程（劳动系列、节日系列、体艺系列），形成了三层次四维度德育课程体系。

1.三层次德育课程建构

凤中始终坚持德智体美劳五育并举全面发展的教育方针。以"丹心雅意，雏凤清声"育人目标为引领，全面推行教育教学综合改革，着力构建彰显凤中特色的"基础通修课程＋自主选修课程＋专业精修课程"三层次雅慧德育课程体系。

"基础通修课程"旨在夯实行为规范、思想基础，课程面向全体，完成举止文雅的行为养成和坚定执着的理想信念的"底色填充"，主要涵盖班会课程、志愿服务、主题教育、专题教育四个模块，包括国旗下演讲、开学第一课、入学教育、国防教育、法治教育、青春期教育等内容。

"自主选修课程"旨在激发内在潜能，发展兴趣特长，提升儒雅气质。开设多门选修课程供学生自主选择，包含社团活动、课外活动、兴趣活动和传统文化四个模块，涉及艺术、体育、科技、劳动等多个领域。

"专业精修课程"关注积淀成才品质，培养高雅情趣。主要包含专业社团、生涯规划、名师讲堂、形体课程、健康微课、社会实践、通识技术课程、职业体验、生活技能和创客教育等内容，注重增强道德体验，让学生由校园走向社会，培育勇于探索和团队合作精神，提升解决问题和创新实践能力。

2.四维度德育教育载体

在德育课程体系建设过程中，学校始终坚持不断更新教育理念、丰富活动载体、打造办学特色，全面提升学生的思想道德素质。

一是充分发挥教师的主导作用，坚持课程育人。我们组织教师团队对德育课程进行了整体设计，研发并编制出一系列课程手册，教师据此指导学生有效开展各项活动。学校制定了《凤中学生雅行公约》《凤中学生文明交往指导》《凤中学生成长手册》《凤中学生一日常规》等规章制度，指导行为规范，引领文明养成。

二是着力凸显学生的主体地位，注重活动育人。依托学校凤鸣书画院、合唱团、民乐团、舞蹈团，凤凌体育中心、艺术中心、凤翥影像中心、科创中心等平台优势，学生能够在品牌活动中展现并提升自我。每年开展"不学礼，无以立"的礼仪教育；"触摸成长感觉"的心理健康教育；"欣赏世界从欣赏自己开始"的赏识教育；"人最宝贵的是生命"的生命教育；"献上一束康乃馨"的亲情教育；"铸民族魂，树中国心"的爱国主义教育；"文明修身，诚信立德"的主题班会活动，落实核心价值观教育；举办宣传日、节庆纪念日学生道德实践系列活动，培养学生的爱国情怀、感恩意识；增强学生遵纪守法的观念；养成学生热爱劳动的好习惯和珍惜他人劳动成果的情感体验；考试纪律教育，培养学生诚实守信的美好品德；学生假期职业体验、爱心公益和志愿者服务等社会调查实践活动，培养学生关注自然、了解社会的意识，增强社会实践和社会服务能力。二十余项精品主题教育活动，彰显了学校丹心雅意的德育目标，引领每一位凤中师生怡情修为，润养高雅，走向高远。

三是注重保持活动的持续性，实现文化育人。学校持续开展系列化德育课程，达到对学生思想品德教育内化于心、外化于行的目的。例如我们已坚持开展了"三自教育"实践活动 36 年，"2+2"体艺活动 33 年，"群凤和鸣"主题师生文艺汇演 20 年，"凤之韵"音乐汇演 6 年、"凤中好声音"8 年、社会名家进校园"凤鸣大讲坛"系列讲座 11 年、"开学第一课"9 年等。

四是不断增强内容的综合性，推进实践育人。我校的特色校本课程"领略凤文化，历练凤中人"，已逐步实现了主题系列化、课程常态化、指导专业化、学生自主化，形成了成熟的课程操作规范及效果评价体系。组织学生开展形式多样的主题实践活动和课程学习，不断提升人文素养。如开展思辨型班会，通过沉浸式体验、独立分析、多向思考、理性讨论等方式，聚焦培养学生主动用手机整理材料的能力，质疑与追问的能力，辨别是非能力和语言表达能力等。

为了保障各项德育工作的顺利有效实施，学校抢抓新高考改革机遇，大力推进管理方式、育人方式的变革，构建了学部学长制、分层走班制和固定班级制相结合、"双导师制"并行的三维立体管理机制。具体来说，学校按学段分高、初中学部，各学部学长通过组建学长团，对低年级学生进行心理疏导、学业示范、课程指引、生涯导航等方面的辅导；保留固定班级制使学生得到及时关注，并拥有集体归属感；分层走班教学充分尊重学生的个性差异，为每个学生提供适宜的课程；在"双导师制"育人模式中，班主任作为班级的组织者与管理者，侧重开展班级教育管理工作，生涯规划导师作为学生的个体指导者，从激发学生的内动力入手，对学生进行有针对性的生涯规划细致指导。

3. 激励型德育效果评价

有效的德育实践活动是落实凤中德育理念的重要载体。及时的德育评价激励是落实凤中德育理念的重要保障。为了实现德育的有效性，学校对教育实施进行激励性评价，采用日记载、周汇总、月评价、期表彰的形式，每学期开学典礼，学校隆重表彰上一学期全校各年级、班级在雅慧德育实践活动中的优秀者，表彰类别较多（文明礼仪之星、纪律规范之星、智慧领学之星、学习进步之星、体艺特长之星、三好学生、优秀学生干部、书香少年），人数多达全校学生总数的四分之一，激励效果显著，学生变化明显，雅慧时尚风行校园。

第三节 "四环节"慧学课堂

课堂教学改革是教育改革的核心。法国教育家卢梭说过："教育的艺术是使学生喜欢你所教的东西"。所以，"找出一种教育方法，使教师因此可以少教，但是学生可以多学；使学校可以因此少些喧嚣、厌恶和无益的劳苦，独具闲暇、快乐及坚实的进步。"教育家夸美纽斯的描述给予我们美好的课堂建构愿景。

课堂是教育最初的出发地和最终的归途。我们思考：老师优雅的内在修养以何种方式浸润给学生呢？"对话交流"与"合作分享"是教师们找到的最佳途径。"对话交流"是心与心的互动、智慧与智慧的碰撞。"合作分享"是情与情的共鸣、精神与精神的融合。通过"对话交流"与"合作分享"，老师把知识、方法和技能传授给学生，学生与老师平等对话、共同分享对知识、对人生的领悟，教学相长，共同成长为知书达礼的风中师生。建立在这种"对话交流"与"合作分享"基础上的慧学课堂，从学生角度出发，让学生在自主、合作、探究的学习过程中擦出智慧的火花，尊重学生美好天性，激发学生精神动力，不把知识高效获取作为唯一目标，重在让学生感知快乐的巅峰体验，从而推动学生自主学习与创新创造潜能发展。这也正是以追求教学的高质量、课堂的高效益、学校的高品质为根本，构建和创新慧学课堂的愿望与初衷。

一、慧学课堂主体性建设

课堂上发挥学生的主体性，最终目的应该是培养学生的独立学习能力。为在课堂教学中发挥学生的主体性，我作为英语老师曾有意地在英语课堂教学中进行一些尝试，以英语课程为例。

1.发挥学生的主体作用，教师应更新思想观念

学生在英语课堂教学中的定位是一个根本性的认识问题。学生是课堂上学习的主体，英语是学生认识、学习及掌握的对象，是客体，但在实际教学中，教师没有能够真正做到把学生当成学习的主体，主要表现如下：

学生被当成语言知识的被动接受者，而不是积极创造性语言的使用者。最能反映教师这种观点的一句话是："我讲过多少遍，你怎么还是不会？"我们暂且不谈"你怎么还是不会？"指的是背不出规则还是做不出练习或别的什么，也不讨论"懂了的东西是不是就一定是掌握了的东西"这个问题，只分析一下"我讲过多少遍"所包含的意思。"讲"就是把语言知识讲清楚，那么，"讲过多少遍"指的是教师一遍又一遍地讲过，似乎任务已经完成。那么，"你怎么还是不会呢？"这是把学生当成语言知识被动接受者的典型表现。"讲过多少遍"并不表示教师的课堂教学任务已经完成，只是做了第一步。更重要的是，教师应该帮助学生运用学到的知识为表达意义服务，做到语言形式和语言意义的结合。只有在这种服务和结合中，才能使 learning 和 doing 互相促进和融合，才能使学生在长期的课堂实践中逐步学会做一个积极的创造性语言的使用者。我想举一例说明我对帮助学生学会积极地、创造性地使用语言的看法和做法。

我在"归纳动词不定式"的一节课的后面部分，要求学生结对子活动，尽量用动词不定式讨论对英语学习的看法，然后进行全班讨论。有一位学生在班上交流的原话为：

English is not easy to learn, but it is important to do so. In order to study it well, we get up early to read English in the morning. In class we listen to the teacher carefully and do what she wants us to do it.（这里有语法错误）It is useful to remember words and phrases, and it is necessary to speak English as much as possible. We like to sing English songs very much, and we like to listen to them, too. Do you want me to tell you my purpose of learning English? Well, it is to become an English teacher just as Mr. Deng.

这一段话，虽有错误，但它包含了 11 个动词不定式短语，是通过讨论后形成的，该学生创造性地使用语言，在一定程度上体现了主体性。

课堂上，学生被当成单独的学习个体，没有被当成共同管理学习过程（co-managing the learning process）的参与者。受传统教育观念的影响，教师往往居高临下地看待学生，很少甚至从没考虑过培养学生对学习过程的共同管理能力。其后果是：从课堂教学的整体过程看，教师决定一切，学生依赖教师；从课堂教学的即时效应看，教师完成了教学计划，学生学到了知识；从课堂教学的长期后果看，教师的权威绝对确立，学生的主体能力遭到埋没。

学生是共同管理学习过程的参与者，这个观点必须牢固地扎根于教师的头脑中，切实贯彻于课堂教学的实践中。这是培养学生主体性的必然要求。当然，在中国的外语教学环境里，提倡"学生是教学过程的共同管理者"，没有必要也不应该像国外有些过激的做法那样，让学生走上讲台代替教师做这做那，完全由学生独立选择学习材料、决定学习进度和考试日期等。从学生方面考虑，对"共同管理"的理解可以表现为以下几点：

学生应对课堂教学的成功承担责任。例如，当一个同学答不出问题或者出了洋相，其他学生是嘲笑一番让那尴尬局面延续下去或者听凭教师处理，还是伸出援助之手？从一个深层次的角度考虑，这难道不是有一点责任感的问题吗？

学生应对教师的行为采取一种协作而不是抵触的态度，创造一种良好的课堂学习气氛。没有学生对所学语言的乐意接受情绪，没有学生的合作，就不可能共同创造一个既宽松又催人奋进的气氛。

学生应挖掘自身的知识和学习经验，加强投入课堂活动的主动性。例如，在学习过去进行时之前，学生就可凭借对现在进行时的理解、掌握和灵活运用，对过去某一时间发生的事进行描述。长期发挥这种主动性，既能帮助其他同学逐步向新知识点过渡，又能减少教师在执行新教学计划过程中的难度。

学生应主动为教师提供自身信息。学生要尽量为教师提供信息，告诉教师自己的需要、强项和弱点，向教师介绍自己喜欢的又合适的教学材料，希望教师组织怎样的活动等。这样，学生自己的输入就能成为教学内容资源的一部分，成为教师判断学生学习现状和决定教学策略的根据。

2.课堂上发挥学生的主体性，最终目的应该是培养学生的独立学习

能力

学校教育必须教会学生独立的学习能力，不仅使学生学会，而且使学生会学。作为基础教育学科之一的中学英语课堂教学在培养学生独立学习能力方面，应注意以下主要内容：

（1）培养元认知能力。学生学习行为的变化要接受自身认识能力以外的智能的指导或调节，这种指导和调节认识能力被称为"元认知能力"。学生把元认知能力运用于各种学习任务，这些任务主要可归纳为两大类：一是对认识的认知，也就是对自己的认知活动进行思考；二是对学习活动的计划、监督、调控和评价。

可以说，元认知能力是对认知活动的一种自我控制、自我发展能力。学生进行元认知活动最明显的特征是定向性和自我评价。我认为培养学生英语学习过程中的元认知能力，可以从以下几方面考虑和着手：

①对英语学习的认识——在学习的过程中体会英语学习是怎么一回事以及怎样才能学好英语。

②定向注意，把握目标——确立和把握学习目标，避免学习过程中不相关的事物，学会从单一的教科书向更丰富的语言材料拓展。

③自我管理——有意识地寻找练习机会，争取一切有利于英语学习的条件，尽可能减少不利因素。

④自我评价——对学习过程中使用的策略是否有用进行诊断，对所取得的进步进行评估。

⑤自我发展——对学习过程中的进步进行自我激励，在取得成绩的基础上确立进一步的目标，不断创新。

（2）培训学习策略。英语学习策略指的是学生在学习英语知识发展英语技能过程中采取的步骤、方法和技巧。所有学生，不管是成功者还是失败者，都有自己的学习策略。语言学家确认的策略数量足以使人眼花缭乱。如果教师不对学生进行指导和培训，学生对学习策略的使用就有很大的随意性，这样就有了课堂上对学生进行策略培训的必要性，可以通过以下几方面进行：

对学生的学习策略进行有计划地观察和有针对性地培训。了解学生缺少哪些有用的策略，积累数据，然后集中在课堂上培训以达到强化的目的。例如，教师通过长期观察发现学生始终没有解决基本句子句型（如 SVC 和 SVO）的内化策略，教师就可以在课堂上一次或多次集中加以训练。

根据学习的内容或训练的要求，确定专题培养目标，在课堂上一次或多次集中进行学习策略培训。例如，单词记忆策略的培训、英语写作中自由联想（brainstorming）策略的培训或者是交际中"avoidance"策略的培训。

根据课堂上发现的个别问题进行即时培训。例如，学生使用"过度概况"的策略，根据 study 的过去式过去分词 studied，过度概况为：I have studied here for two weeks. 这就需要教师对学生进行过去式过去分词分类、记忆等方面的策略培训。针对个别学生学习中的策略问题，在课堂上对全班学生进行培训，以点带面，争取大多数学生的提高。

把策略培训和学习内容结合起来。坚持在长期课堂教学过程中，针对学生出现的策略问题，根据学习内容，设计有意义交流的课堂活动，使学生在完成这些交际活动的同时，既能学会运用语言形式表达语言意义，又能使自己的策略能力得到提高。

（3）学好基础知识培养基本技能。培养英语独立学习能力，并不等于不要基础知识或基本技能。相反，学好基础知识、培养基本技能是中学英语课堂教学绝对不可忽视的重要任务。只有当学生掌握了坚实的基础知识，才能把知识的来龙去脉弄清楚，有意识地用正确的方法去体验自己的思维过程，从而产生元认知体验；只有当学生掌握了一定广度的知识，他们才能把自己的经验和学习客体进行广泛的比较和整合，然后产生新的体验；只有当学生具有准确的思维方式，他们才能发展思维的自我监控和调节，把自己的注意力从学习结果转向认知过程；只有当学生具有熟练的基本技能，他们才能对学习内容进行综合运用。无法想象一个没有掌握读音规则的学生能自然流畅地朗读课外读物；一个不懂基本语法知识的学生可以毫无困难地阅读科技文章获取信息；一个听说读写技能糟糕的学生会自如地运用英语进行交际。

创新能力是学生学习主体性的高层次表现，是高素质人才应具备的必要条件和发展的必然结果。中学教学培养学生的创新能力不是而且不可能在毕业时把学生个个培养成创造发明大家，因个性贯穿于英语课堂教学的全过程。具有创新个性的学生对事物能产生强烈的兴趣和好奇心，他们富于想象，敢于挑战传统习惯，不怕冒险，具有创造动机和探索精神。培养学生的创新个性是融合在长期潜移默化的教学过程中的，是体现在每个教学步骤和每项活动中的，教师应刻意去做的是将凝聚在教学内容和教学过程中的创造性因素发掘出来、展现开来，在教学活动中随时随地去引导学生进行创造性思维，培养其创新个性。在英语课堂上可通过以下几方面逐步培养学生的创新性。

提出问题激发思维——创设疑问情景，强化动机，采取悬念激发的手段，把学生的思维引向深处。例如，学习了中国地图和世界地图后，要求学生思考：Which is the easiest way from Beijing to Cairo? Why?

鼓励质疑创新观点——鼓励学生提出自己的问题，敢于挑战权威，提出创新观点。在教了多少次的"The Necklace"后，只有一个女学生提出了与众不同的问题，而这个女学生恰恰被老师和同学们认为是一个"聪明、不认真、别出心裁"的学生。我到现在还忘不了她与众不同的问题（尽管英语形式有错的地方，表达也不太老练）："Why we think Mathilde was'nt good woman?She want to be beautiful.Is it wrong?If she did'nt lose the necklace, she was not wrong at all, but she returned Jeanne another necklace.At last she could get some money from Jeanne，because her necklace was much more expensive than Jeanne .Do you think she could live a good life now?"从这个课堂实例的教训中，我进行了反思，觉得

自己在培养学生创新思维上做得太差了，反过来，恰恰是这位女学生的创新个性给了我启发。

催化迁移不断求新——教师不应该等待学生自己将旧知识技能向新的迁移，或者任其自然。催化迁移才能促进新知识的产生和新行为的形成。例如，学生学习定语从句一段时间以后，我就利用现有教材或随时补充材料进行点拨，引导学生掌握 the thing which he said……，the disease which the soldier was suffering from……等结构，并把这种旧的认知结构运用到 what 从句中去，逐步形成识别、发展和组合 what 从句的技能，对他们今后独立学习有较大帮助。

发散思维提倡多变——培养学生从多方面思考寻求变异，以达到扩展和深化的目的。在课堂活动中，我鼓励学生用不同方式表达意义。其中，句型转换是一种激发学生发散思维的好形式。每当这时，我总是鼓励学生尽可能多地参加实践，想出尽可能多的转换形式。例如，I have some difficulty in pronouncing these words 可以转换成：

a. I can not pronornce these words easily.

b. I have some trouble in pronorncing these words.

c. It is difficult/hard for me to pronounce these words.

d. I find it difficult to pronounce these words.

e. I find it not easy to pronounce these words.

f. The pronunciation of these words is difficult，I think.

g. The pronunciation of these words seems to be difficult to me.

h. It seems to me that these words are difficult to pronornce.

总之，英语课堂教学中培养学生主体性的方法和途径很多，以上只是我在教学中的一点肤浅体会。

3. 如何通过课堂教学培养学生的主体性

教师应鼓励学生为自己确立学习目标，并落实到每堂课的学习中。学生有了目标，就有了不断奋进的动力。例如，有一位男同学英语成绩很好，我鼓励他为自己订一个中学毕业时超过一般水平而自己又能达到的目标。他说他的目标是阅读原著。他这样做了，把学习目标自动落实于每堂课的学习过程中。那年高考，他的总分全市第二名，而英语成绩则是全市第一，考取了复旦大学。

2022年参加政史融合课程教学研讨活动

教师可以围绕同一个语言项目，提出不同要求。例如，第一次学习 not only...but also... 时，我要求学习较差的学生懂得意思，能从材料中把它找出来，可以做替换练习就行了；对于一般学生，我要求他们理解意义，会造句，能表达；对于学习比较好的学生，我要求他们找出相同意义的不同表达方式，例如，too, also, as well as, as well 等，并进行不同形式的转换；对于那些学习很好的学生，我要求他们既进行句型转换，又说出包含 not only...but also... 结构的短文，表达现实生活中的内容。以上这些，学生自由选择，如果上课来不及做，就作为家庭作业。这样，不同层次的学生都能在原有基础上学习到新东西。

课堂交互活动中，教师减少做这做那的规定，尽量多给学生一点选择，多给学生一点自主，学生就能在比较宽的范围内，根据自己的能力自由选择参加交互活动，尽量发挥出最高水平。例如，听力练习中，要求学生合上书，但我允许学生在听不懂的情况下，可以打开书看一点听一点。

鼓励学生的冒险和创新。课堂上设计有一定难度的问题，稍微高出学生的实际水平。有的学生踊跃发言，即使答错了，也表扬他们的积极性（因为别的学生没有举手），答对的学生则分析他们思维的高明之处，使他们感到老师对他们的欣赏。

创造积极实用的学习环境。尽量用学生学过的也能运用的英语进行教学，提出要求，讲解语法，解释课文，在长期积累过程中产生潜移默化的作用，使学生既有语言交流的愿望，又学到很多实际有用的英语，他们可以试着用英语去说，去写，独立表达的能力就会得到提高。

在话语的层面上介绍语言。传统的课堂教学把语言分割成孤立的成分进行教学，例如，一个个的音素、单词、短语，最大的单位是句子。学生在课堂上要把这些单独的成分一个个学到手，再把它们合成句子，在这些孤立的学习中思维受到限制，创新能力得不到培养。我的做法是，尽量通过对话、故事、报道、歌曲等形式的教学，在话语的层面上介绍语言。学生接触到大量有情景有意义的语言材料，理解的东西多了，思维的宽度增加了，综合能力和分析能力也加强了。

把语法学习和交际任务结合起来。我们学习语法的目的是为了表达意义，完成交际任务。在有意义的情景中将语法学习和交际任务结合起来，至少有三个方面的优点：语法学习摆脱了枯燥的形式，变得生动有趣；语法符号传递了有意义的信息，使学生从中学会判断、推理、综合等思维形式；语法学习的最终目的得以实现，语法形式被用来完成交际任务。这是前两方面优点的结合和发展，而学生在完成任务的过程中，主体性得到发展，创新能力得到提高。

例如，学习了比较多的频度副词后，要求学生用这些频度副词表达自己的日常行为：I usually get up at six in the morning. After breakfast, I sometimes read English words, and sometimes go out for running. I often walk to school, but I am never late for school. We always have four classes in the morning. In the afternoon, we often play games, but we seldom play football. I usually stay at school until five o'clock. 学生在利用频度副词完成"表达自己日常生活"这一任务的过程中，锻炼了形象思维和逻辑思维，提高了创造能力，主体性得到发挥。

二、课堂教学改革

课堂教学改革是学校教育改革的重点，其目的是通过转变教学行为方式提升教学价值，实现课堂意义。课堂的意义有三个方面：一是完成人与世界的对话，要学会选择与尝试；二是完成人与人的对话，要学会交流与分享；三是完成人与自我的对话，要学会体验与反思。三重意义都达到了，指向核心素养的课堂教学就落实了。

凤中构建以"问题导学"为核心理念的"慧学课堂"，遵循"以学定教、先学后教、互助展评"的教学原则，引导学生积极参与并主动完成"当堂自学、同伴助学、活动展学、互动评学、教师导学"教学环节，提高课堂学力，激发学习活力，增强教学魅力，实现"传授型课堂"向"学习型课堂"转变、"知识型课堂"向"发展型课堂"转变，达到"解放学生，改变学生学习状态；解放老师，提高教师生活质量；提升学校，改变学校发展模式"的改革目的。

近几年，凤中在"慧学课堂"教学改革基础上，倡导"智学、慧学、爱学"为基本特征的"慧学课堂"理念及建设。以"新高考"（高中阶段）和"双减"为背景，注重教学相长、师生并重理念，更加关注学生道德品性、智慧能力、体质健康、审美情趣、劳动情操等公民素质培养，进一步深化课堂教学改革。

1.概念界定

"慧学课堂"全称是"四环节问题导学式慧学课堂"。四环节即"情境自学——雏凤清声、合作互学——群凤和鸣、展示激学——凤举鸾翔、提升领学——凤翔九天"四个环节。问题导学即通过创设特定的问题情境，将知识目标化、目标问题化、问题思维化、思维层次化、层次梯度化、梯度渐进化，让问题成为学生强大的学习"引擎"，引导学生在解决问题中主动获取和运用知识。慧学课堂是指通过"问题"导学，激发学生主动的学习思维，在单位时间内高质量完成教学任务，让学生获得全面发展的课堂。

2. 操作流程

（1）"情境自学———雏凤清声"环节

本环节中"情境自学"是学习方式，"雏凤清声"是学习效果。"凤"是凤鸣山中学的文化符号，它是凤中学子的精神图腾。"清声"本义为雏凤愉悦地鸣唱，此处比喻凤中学子在课堂上通过在一定情境下的独立自学，含英咀华，初步达成学习目标时的一种愉悦体验状态。

为何要强调一定情境下的独立自学呢？兴趣是最好的老师，是推动人们认识事物、探究真理的重要动机；人们对感兴趣的东西都会表现出巨大的积极性和关注度，而且目标越明确，关注度越高。为此，本环节创设一定的问题情境，可以激发学生的学习兴趣和求知欲望。同时，每个学生都有自己独特的内心世界、精神世界，有着不同于他人的观察、思考和解决问题的方式，都有其独特的个性体现。为了尊重学生的独特个性，本环节充分留给学生独立自学的时间，让他们独立完成学习任务，达成学习目标。

①导学流程。

首先，学科教师创设问题情境，导入课题，激发学生的求知欲望，增强学生学习知识的积极性。

其次，通过多媒体（或纸质文本）呈现本课题的学习目标。

然后，下发《导学案》（纸质文本或多媒体展示）。

最后，学生自学教材，完成《导学案》中的问题。一般来说，学生要围绕"导学设计"独立解决60%的问题，找出"不会的"问题（学习困惑），为下一环节合作互学作准备（教师同步检查学生的自学进度和自学效果）。

②导学要求。

学生必须独立阅读教材，独立思考，独立完成学案，不允许相互讨论。

教师要加强巡视，督促学生集中注意力，帮助"学困生"，给予"学困生"适时指导。检测学生"导学案"的完成情况，及时了解学情。对各小组的"自学"情况及时进行评价。

（2）"合作互学———群凤和鸣"环节

本环节中"合作互学"是学习方式，"群凤和鸣"是学习效果。"鸣"就是"鸣唱"，它代表了凤中学子的行为文化。"和"既是指"和谐共生"，又是指"相互学习"与"同伴互助"的行为文化，"和鸣"既是凤中学子作为课堂主体的体现，又是凤中学子"合作、探究"精神的一种隐喻。合作互学强调学生的全员参与和学生之间的相互合作，这不仅能满足学生学习和交往的需要，更有助于形成学生学习和交往的技能，促进学生学习能力和生活能力的发展。

本环节通过结对学、讨论或小组内互帮，让学生深入知识的内部，领会知识的内涵，发现知识生成的初步或基本的规律，基本达成学习目标。同时用集体学习的动机促进内化的方法，使知识与思维、情感、态度真正成为学生生命的有机组成部分。

①导学流程。

首先，学习对子互查《导学案》的完成情况，互相补充或质疑，互学解决对子在"情境自学"环节中不能解决的问题。

其次，由一名成员展示问题答案和学习效果。围绕困惑，合作学习，通过"对学"和小组互学，在组内合作解决成员"情境自学"环节中生成的"学习困惑"。

最后，合作解决小组成员在"互学"环节中生成的新问题。（此时也可以在组长组织下，以小组为单位在组内进行学习交流，称为组内"小展示"，"展示"学习成果与体会）教师检查合作互学的效果，把握共性问题。

②导学要求。

小组成员主动参与，热情帮助，大胆发言，敢于质疑。成员发言时仪态大方，声音清晰，使用普通话，语言规范，音量适中（既让同组成员听清楚，又不干扰其他小组）。

学科小组长做好组织工作，安排好成员发言的顺序，控制成员发言的音量和时间，并作好情况记录。

教师要加强巡视，督促各小组积极开展合作学习，对不主动参与的学生要进行规劝和督促；规范小组行为，对干扰其他小组学习的行为要及时制止，以确保课堂的正常秩序，使课堂"活"而"不乱"；要适时参与各小组的合作学习，了解各小组"学习目标"的达成情况，对个别疑难问题进行及时点拨，收集各小组普遍存在和新生成的问题；对各小组的合作学习情况及时进行评价。

（3）"展示激学———凤举鸾翔"环节

本环节中"展示激学"是学习方式，"凤举鸾翔"是学习效果。

本环节是"'四环两型'问题导学式慧学课堂"实施的关键，在课堂上应给予充足的时间来予以保障。优质课堂一定是学生展示才华的课堂，一定是师生追求幸福的课堂，一定是师生实现生命意义的课堂。每个人都有获得尊重和认可的需求，都有自我实现的需求。为了自己的"展示"能获得认可和好评，学生必将为此做好充分的准备，这就会大大激发学生"自学"和"互学"的积极性。在展示的过程中，成员之间、小组之间，相互讨论、质疑、对抗，学生之间智慧和知识的"广博性"和理解的"深刻性"相互感染，在分享同伴学习成果的同时，每个学生心里又充满了对学习的渴求和内化的强大动力。

这样的课堂就成了一种引力巨大的学习场，它会生成许多震撼心灵的"凤举鸾翔"的精彩场面，展现出凤中学子的青春风采，散发出"慧学课堂"的无限魅力。

①导学流程。

首先，展示小组选派一名成员上讲台对本小组的学习成果进行展示。

其次，展示小组其他成员为担任展示任务的成员提供帮助，并适时进行补充。

然后，其他小组对展示内容进行点评或质疑。

最后，小组间对质疑内容进行论辩、释疑，形成质疑对抗。

②导学要求。

首先，展示内容要求。展示的内容是多方面、多层次的：

其一，成果分享，思路展示。可以是识记类知识学习成果与收获的展示，也可以是理解类知识解题思路的讲解，还可以是此类知识"一题多解"的策略性展示。

其二，错误分享，问题展示。在学习中，可以让学生梳理"自学解题容易产生错误、合作互学彻底弄懂"的某些"典型题"，展示其中的"易错点"并在全班分享，把错误当成真正的教育资源。（此类展示可以适当"加分"激励）

其三，拓展分享，变式展示。在学习中，学生在把握题型特点的基础上，可以展示由某一"典型题"引申出来的"变式"，并讲解其中的内在联系，拓宽解题思路。（此类展示亦可以适当"加分"激励）

其次，学生展示要求。

推选展示任务的承担者要走出"优生垄断"误区，原则上鼓励本小组中该学科能力水平处于中下的成员担任，但在展示前小组其他成员应予以一定的准备建议和展示帮助，包括但不限于书面的要点提示。

展示的成员走上讲台，要求仪态大方，声音洪亮，表达清楚，观点鲜明，语言简洁，板书工整。在展示过程中，所有成员保持安静，认真观察，仔细聆听。在他人展示结束后，小组长及时组织成员进行有序的质疑或对抗。

最后，教师导学要求。

教师应当结合在上一环节对学生合作互学过程的巡视、督导、反馈和点拨中收集梳理的具有共性和普遍性的问题，采取灵活多样的方式加以引导。

其一，教师要做好组织工作，尤其是对没有进行展示的小组做好秩序督导，要求全班把焦点集中在展示台上，并及时做好笔记或记录。

其二，及时捕捉课堂敏感点，促成各小组间的质疑对抗，及时肯定学生有价值的闪光点。

其三，对各小组质疑对抗尚不能解决的问题，以及错误倾向，要及时进行点拨或指正。

其四，对各小组的展示、质疑和对抗及时进行评价，通过有效的评价激发学生的学习热情，并与学科的魅力一起打动学生，使之逐渐变成一种从学生心底里流淌出来的积极力量。

（4）"提升领学———凤翔九天"环节

本环节中"提升领学"是学习方式，"凤翔九天"是学习效果。知识都是从感性到理性、从个别到一般的发展，学生要达成学习目标，掌握有关知识，形成综合能力，必须对零散的知识进行总结、归纳，形成相对完整的知识体系。本环节主要是对本课的知识进行归纳总结，促使学生在领悟的基础上完成对知识生命的拓展，促使学生的认识在发现知识变化的规律后再次提升，让学生思维的深度和广度得到再次提高。只有知识体系得到建立，学习规律得到把握，学习能力得以提升，凤中学子才能"扶摇直上"，翱翔于朗朗九天。

①导学流程。

首先，每个课题中各个分知识点的总结归纳。

其次，课题结束后整个知识体系的构建。

最后，完成《导学案》中的巩固训练部分并实现"当堂清理"。

②导学要求。

其一，本环节的实施者可以是教师，也可以是学生。

其二，既可以是对本课题所学知识进行梳理，对普遍性的问题进行总结，对规律性的问题进行归纳，形成相关的知识链，完善学生的知识体系；也可以是对知识所蕴含的人文哲理进行总结、挖掘，引领和提升学生的情感态度及价值观；亦可以尝试让学生运用构建的认知分析现实问题或关注当代生活，思考时代价值。

其三，教师对各小组在本课题学习过程中的表现作出评价。

3.慧学课堂的本质特征

以情境自学为基础。知识转化为素养的重要途径是情境，如果教学活动所应依存的情境缺失，学生就不能在知识与现实生活间建立起联系。情境教学是启发引导的必要条件，是学生核心素养培育的途径和方法。选择、设计体现学科特点并具有挑战性的生活情境，把知识学习与生活体验结合起来，深入关注知识形成过程，让学生在学习中体验，在体验中感悟，在感悟中成长，从而推动教学从以知识为本走向以素养为本，才能让核心素养落地生根，培育学生的独立精神和公民意识。

以问题导学为核心。教学必须以学生学习为主线，通过创设特定的问题情境，将知识目标化、目标问题化、问题思维化、思维层次化、层次梯度化、梯度渐进化，让问题成为学生强大的学习引擎，引导学生在解决问题中主动获取知识和运用知识，发展自主学习的能力和品格。教师积极引导学生发现新问题、分析新问题、解决新问题、自我实现、自我超越，达成核心素养培养目标。

以自主合作为形式。当堂自学、同伴助学、活动展学、互动评学，教学活动流程环环相扣。自主合作学习方式重视对学生发现问题意识和解决问题能力的培养，激发学生积极主动的学习思维。所有的教学必须围绕学生自主学习产生问题、合作探究解决问题为主线，以真实的问题形成问题链，推动教学向深度进发，让学生在过程中形成知识结构和能力结构，在学习过程中完善核心素养。

以观念创新为基础。"慧学课堂"改革是为了追求优质化的教育过程并产生品质化的教育成果而进行的教育改革。它首先是基于人的发展，基于人在学习中的主动和自由的发展，重点是解决学生学习的兴趣、热情、自信心、情感态度和学习动力问题，然后才是解决知识学习问题。依托于学校"凤"文化内涵，让学生"学而生慧，慧而达远"。小组合作、自主探究、登台展示，培养了学生积极进取的人生态度、阳光开朗的性格和优雅自信的气质。"慧学课堂"改革以学校文化建设引领走向高远，以学校德育活动支撑逐步深入，从而带动学校的整体改革与发展。

以魅力彰显为目标。慧学课堂在确保学生主体地位的前提下，以学生自主、合作、探究、展示为基本特征，关注全体学生发展，特别关注学生在课堂上学习机会和展示机会的均等，引导教学走出"优生垄断"的误区，是有"教育宽度"的课堂；在尊重学生自主学习的条件下，通过充分地展示和互动交流，使教学充满吸引力和责任感，使课堂洋溢着生命激情和充盈着幸福体验，是有"课堂温度"的课堂；慧学课堂在确保一定教学容量的前提下，把握好教学内容的取舍、教学进度的快慢和教学节奏的张弛，力求获取最大化的整体教学效益，是有"知识密度"的课堂；慧学课堂在确保学生思维激活的前提下，基于知识超越知识，追求知识教学与能力培养相统一，追求思维深度和文化内涵相统一，是有"学科深度"的课堂。所以，慧学课堂＝教育宽度＋课堂温度＋知识密度＋学科深度。

三、"四环问题导学式慧学课堂"改革实践的应用与推广情况

"四环问题导学式慧学课堂"在凤中实践应用的同时，也推广到其他三所学校，并取得了比较理想的成效。

2018年北京市海淀区教育考察团参观凤中

1. 彭水苗族土家族自治县汉葭中学校

学校从2012年9月至2018年3月，采取"四环问题导学式慧学课堂"改革实践，经过近两年实践，学校面貌发生了明显的变化。

一是教与学方式发生变革。"满堂灌"方式得以扭转，课堂上真正实现了学生自学、互学、探究，教师重在追问、点拨、启发与引领。

二是课堂师生关系和谐融洽。教师更加尊重学生个体成长，关注其学习过程中的个体感受。

三是教师专业素养和执教水平能力提升。"慧学课堂"要求教师减少讲授时间，增加学生活动时间，这就要求教师用以"导学"的"问题"要更典型，课堂讲解、点拨要更精准，从而自觉提升老师的专业素养和执教能力。近五年该校教师共执教459节各级课改公开课，有61人次参加市县级赛课并获奖。

四是学生综合素质提高，特别是提高了学生的人文素养。成长共同体建设实现了自我管理，团结协作；课堂上激情展示、质疑对抗，让学生大胆自信，充满灵性。

五是学校声誉得以提升。先后举办了六届慧学课堂优质课大赛，得到了县教委、县进修校的极大肯定，并于2013—2017年连续五年举行了全县课改工作展示活动。

2. 重庆市沙坪坝实验中学

从2011年10月至2018年3月，学校采取"四环问题导学式慧学课堂"改革实践，学校教育教学主要产生了以下三方面变化。

（1）课堂教学方式发生改变

在"慧学课堂"的引领下，坚持"学本"理念，创境设疑，自主学习，合作交流，总结反馈。教师以学生活动（动口、动手、动脑等）为主线开展教学，落实学生主体地位；每节课教师教、学生学的时间原则上各占1/2，激发了课堂生机与活力。

（2）学生综合素质明显提高

学生参加各类竞赛、比赛喜获丰收，每年中考、高考成绩居区同类学校前列，2013—2017年连续五年荣获沙坪坝区初中教育综合质量一等奖、高考达标奖。

（3）教师专业素养大幅提升

承担的几十节区级学科研讨课得到观课教师与专家的普遍认可；教师350余人次参加优质课大赛、论文评选等获得区、市、国家级一、二、三等奖；在公开刊物上发表论文50余篇；与他人合著正式出版了10种教师用书和《导学精要》；从2012年至今，共有2人被评为市级骨干教师、11人被评为区级骨干教师。

3.重庆市沙坪坝区回龙坝中学校

学校曾进行了长达7年之久的"四环问题导学式慧学课堂"改革实践，"慧学课堂"对该校的新课堂建设起到了很好的引领作用，它为学校的内涵发展提供了强大的动力，促使学校实现了跨越式发展，让该校成了一所课堂充满生命活力、教学质量优异的优质初中。

"慧学课堂"转变了教师观念，增强了教师课程实施的思考力，提升了教师课堂教学的操作能力，夯实了学生的知识基础，丰富了学生的人文素养，提高了学校的办学质量。学生成绩稳步提升，2012—2017年，学校分获沙坪坝区教育教学综合质量一等奖4次，二等奖2次。教师课堂教学技能大幅度攀升，赛课获奖捷报频传。五年多时间，该校教师获奖近400人次。参加"领雁工程"4次课堂教学大赛分别获得一等奖2次、三等奖2次；参加新学习教学设计比赛获得一等奖3人次、三等奖5人次。参加沙坪坝区"学本式卓越课堂"学科赛课，首届（2013年）获得一等奖学科3个、二等奖学科5个，第二届（2015年）获得一等奖学科3个、二等奖学科7个。

四、初中英语组"慧学"课堂模式范例

英语"慧学"课堂在学校"四环两型"的统一模式下，结合英语教学的具体要求，力求在以下三方面有所探索与突破：（1）学生的英语知识认知上，从不懂到懂，从少知到多知，从不会到会；（2）情感上，从不喜欢到喜欢，从不感兴趣到感兴趣；（3）思维活动上，从不动脑到要

动脑，从不喜欢思考到愿意、积极探索。

凤鸣山中学初中英语组针对英语教学中常见的不同课型作了以下不同的归纳，在英语教学的教育宽度、知识密度、学科深度和课堂温度四方面做出了探索和示范。

表3-4　课型（一）听说课

教学流程	说明
第一环节：自学探究———雏凤清声 　　一、预习词汇　布置学生预习词汇，能够根据音标读出并写出单词和短语及汉语意思即可，培养学生自主学习词汇的习惯。 　　二、课前朗读　朗读本课新单词、新短语等，同时巩固预习效果。建议注重内容、形式的多样性和实用性，并持之以恒。 　　三、检查词汇预习情况　有布置、有检查，采用多种形式检查学生对词汇的预习情况，如学生结对、小组互查和小组向全班展示。	单词方面，学生能做到课前读译即可，更高的要求需要视学生水平而定。预习内容不要过多、过难；有布置，就一定得有检查，并根据小组完成情况打分进行评价。
第二环节：拓展探究———群凤和鸣 　　一、新课导入 　　1.展示新句型：教师通过创设情境，导入本课的新句型。 　　2.专项练习：结合本课新单词对新句型进行专项练习，并为后面教学环节的展开扫清障碍。可采取学生个人、结对、小组合作等形式，以机械性操练为主，遵循单句、问答、对话，低起点、多层次，由易到难的原则。 　　二、听力训练　教师先简要介绍听力素材的相关信息，如人物、背景等。 　　1.多层听：根据听力素材内容和学生实际水平，深入挖掘素材，活用素材，设计由易到难、多层次的听力练习（如配对、判断正误、选择、问答、填空等），使学生得到扎实有效的听力训练。 　　2.听后说：根据听力素材的内容和相关信息，结合本课的新知识，引导学生进行简单的说的训练，可采取造句、对话等活动形式进一步巩固对新知识的掌握，并为对话学习做好铺垫。	对新句型的专项练习，要充分利用本课新词汇，让学生理解词的意义和用法。本环节如果不需要成为独立部分，可以与第三环节的读后学部分结合起来。 　　听力练习除了常用的判断、选择、连线外，还尽量设计有听后写的形式。本环节需要根据听力素材的难易度和学生水平进行合理设计和运用。

第三章　以雅慧为主线的特色育人

教学流程	说 明
三、对话处理 1．读前听：根据对话素材内容和学生实际水平，深入挖掘素材，活用素材，设计由易到难、多层次的听力练习，使学生基本掌握对话的主要内容，并能得到相应的听力训练。 2．听后读（阅读）：学生默读对话，进一步理解对话内容。可以根据对话素材设计多层次的阅读任务，引导学生进一步掌握素材信息。 3．读后学：学习和突破对话中的知识点等，采取精讲多练的形式，使学生会造句并能灵活运用所学的新知识。 4．学后读（朗读）：学生跟读对话、结对或分角色朗读对话，为说的开展打好基础。 5．读后说：根据对话内容和所学新知识，设计低起点、多层次的说的训练项目，遵循短句—长句—短对话—长对话的循序渐进原则，采取个人 独立完成、结对练习或小组合作练习等形式。 第三环节：检测提升———凤翔九天 1．学生运用所学知识组织自己的对话，以小组合作形式向全班展示。 2．设计书面练习，综合运用本课所学的知识，起到巩固检测的作用。发现问题及时解决，并对本课所学知识进行小结，帮助学生理清知识脉络。 课后活动 1．复习巩固：复习当天所学内容，整理课堂笔记，掌握新词汇、新语法知识等并辅以巩固练习。 2．分层作业：作业内容可以分层次，分为必做与选做；也可以根据学生不同的学习水平，布置内容不同的作业；还可以布置探究性作业，为以后的学习与发展铺垫。 3．预习任务：预习相关词汇、语法等知识，或查阅相关人物、事件等的背景资料。引导学生借助课本对话素材进行部分替换等练习，逐步减少对课本现成材料的依赖，以 机械性操练和半机械性操练为主。	本环节要求同上。如果本对话作为听力素材有困难，可以跳过。本环节类似于阅读理解，需要根据素材的难易度和学生水平进行合理设计和运用。掌握知识点必须辅以充分的练习。 引导学生借助课本对话素材进行部分替换等练习，逐步减少对课本现成材料的依赖，以机械性操练和半机械性操练为主。 说明：以上各环节是一般情况下听说课的基本流程，具体到某一节课，教师需要根据素材的难易度和学生实际水平灵活把握，不要僵化执行，以免影响课堂实效。

表3-5　课型（二）读写课

教学流程	说明
第一环节：自学探究——雏凤清声 一、预习词汇　布置学生预习词汇，能够根据音标读出并了解汉语意思即可，培养学生自主学习词汇的习惯。 二、课前朗读　朗读本课新单词、新短语等，同时巩固预习效果。建议注重内容、形式的多样性和实用性，并持之以恒。 三、复习检测 1.检查词汇预习情况：有布置、有检查，采用多种形式检查学生对词汇的预习情况，如学生结对、小组互查。 2.采用多种形式对听说课的学习内容进行复习。（上述两条也可结合在一起进行） 第二环节：拓展探究——群凤和鸣 一、读前导入　设计情境，激发学生阅读的兴趣或简介文章内容，导入阅读。 二、多层阅读（默读） 1.根据阅读素材和阅读规律，深入挖掘素材，设计多层次的阅读任务（如判断正误、选择、问答、填空等），引导学生逐步掌握文章信息，并训练处理信息的能力。 2.对较长篇幅的文章可采用总—分—总的形式。 三、精读足练 1.学生先自主精读课文，找出疑难问题，然后结对或在小组内进行交流，不能明确的问题，由教师点拨或指导。（可以借助导学案等材料，使学生明确） 2.精讲知识点，辅以造句、对话等多种形式的充分练习，使学生掌握并能灵活运用。 3.复述课文，根据关键词的提示，尝试复述课文（或部分段落），进一步熟悉课文素材，理解知识点的运用。 4.朗读课文。（或部分段落）	单词方面，学生能做到课前读译即可，更高的要求需要视学生水平而定。预习内容不要过多、过难；有布置，一定还要有检查。 温故而知新，注重知识的复现和衔接。对上节课后布置的巩固训练内容进行检查。导入的内容宜简洁明了，旨在激发学生读的愿望。本环节应为默读，重在指导学生的阅读方法。练习设计要形式多样、科学合理。 学生必须先自主精读课文，才能找出问题；教师注意引导和点拨，不要逐句翻译、讲解。 学生对知识点的掌握必须通过大量的造句训练，反复运用，避免只讲不练，没有实效。复述课文采取连词成句—连句成篇的思路，旨在引导学生掌握有效的学习方法。

教学流程	说明
第三环节：检测提升——凤翔九天 一、写作训练 1.写作训练遵循词组—短句—长句—短篇—长篇的循序渐进原则。 2.写作形式可以先引导学生根据课文素材进行仿写、改写，然后运用所学知识进行独立写作，以达到从语言的输入到输出，由学到用的目的。 二、课后 1.复习巩固：复习当天所学内容，整理课堂笔记，掌握新词汇、新语法知识等并辅以巩固练习。 2.分层作业：作业内容可以分层次，分为必做与选做；也可以根据学生不同的水平，布置内容不同的作业；还可以布置探究性作业，为以后的学习与发展作铺垫。 3.预习任务：预习相关词汇、语法等知识，或查阅相关人物、事件等的背景资料。	写作要坚持循序渐进的原则，指导学生根据课本素材仿写、改写，然后再独立写作，让学生感觉有写的、写得出。 说明：以上各环节是一般情况下读写课的基本流程，具体到某一节课、某一环节，教师需要根据素材的难易度和学生实际水平灵活把握，不要僵化执行，以免影响课堂实效。

表3-6 课型（三）写作课

教学流程	说明
第一环节：自学探究——雏凤清声 一、复习词汇 布置学生的复习词汇，能够按照写作需要总结出该单元写作所需词汇。 二、复习句型 布置学生复习写作需要的基本句型，能够根据要求完成相关翻译练习。 三、复习检测 检查复习练习，有布置有检查，采用多种形式检查学生对词汇的预习情况，如学生结对、小组互查等。	复习词汇和句型时，学生能做到课前正确总结运用即可，更高的要求需要视学生水平而定。复习内容不要过多、过难；有布置，一定还要有检查。
第二环节：拓展探究——群凤和鸣 一、写作前导入 设计对话让学生排序；或用短文填空等形式让学生对即将训练的写作话题感兴趣，并体验文章的衔接和文章的结构。 二、初写作文 1.根据写作要求完成英语作文。	温故而知新，注重知识的复现和衔接。对上节课后布置的巩固训练内容进行检查。 导入内容宜简洁明了，旨在激发写作的愿望。

雅慧教育论

教学流程	说明
2．小组内或小组间交换评价作文。 评价项目　　　　评价内容 要点　　　□齐全　□不齐全（差要点） 结构　　　□完整　□不完整（□开头 □主体 □结尾） 条理　　　□清晰　□不清晰（□连接词 □顺序） 语法　　　□正确　□错误（□人称 □时态 □句子结构） 拼写　　　□正确　□错误（□少 □多） 书写　　　□规范　□不规范（□大小写 □标点 □字迹） 三、展评所改作文 1．学生先评价所改作文，找出问题，然后结对或在小组内进行交流，不能明确的问题，由教师点拨或指导。 2．请学生展示所改作文并讲解评价依据。 第三环节：检测提升———凤翔九天 一、修改习作 1．学生根据其他同学的批改意见再次修改作文。 2．完成后再次展评。 二、课后活动 1．复习巩固：复习当天的写作收获，整理课堂笔记，掌握新词汇、新语法知识等并辅以巩固练习。 2．分层作业：作业内容可以分层次，分为必做与选做；也可以根据学生不同的学习水平，布置内容不同的作业；还可以布置探究性作业，为以后的学习与发展作铺垫。 3．预习任务：预习相关词汇、语法等知识，或查阅相关人物、事件等的背景资料。	学生必须先自主完成写作前的练习，才能感知文章结构；教师注意引导和点拨。 学生独立根据写作要求完成作文，教师提醒注意要点、结构，以及写作时间的把握。 互评时老师要巡视。在学生展示所批改作文的过程中教师要点评，进行表扬或提醒遗漏，从而让学生对写作的要求体会更深刻。 说明：以上各环节是一般情况下写作课的基本流程，具体到某一节课、某一环节，教师需要根据素材的难易度和学生实际水平灵活把握，不要僵化执行，以免影响课堂实效。

表3-7　课型（四）语法课

教学流程	说明
第一环节：自学探究———雏凤清声 一、复习准备　布置学生复习与本语法项目相关的知识，做相应的认知练习，为新语法项目的顺利学习做铺垫。 二、课前朗读　朗读本模块的新单词、新短语等，同时巩固预习效果。建议注重内容、形式的多样性和实用性，并持之以恒。	本课型为前置语法课。单词方面，学生能做到课前读译即可，更高的要求需要视学生水平而定。预习内容不要过多、过难；有布置，一定还要有检查。

教学流程	说　明
第二环节：拓展探究——群凤和鸣 　一、情境导入 　1.教师通过创设情境，引出本课要学习的新语法知识，展示句型结构。 　2.引导学生观察、总结，使学生对该语法知识的结构和运用有初步了解。 　二、精讲规则 　教师在学生初步总结的基础上进行点拨和补充，简要介绍语法规则，突出本语法的主要特征，使学生易于接受、乐于接受，并对该语法知识形成进一步明确的认识。 　三、专项练习 　1.针对语法规则和句型结构，设计专项练习，重点、难点各个击破，并进行强化训练，使学生初步掌握并能运用。 　2.专项练习可采取先说后写的形式。说的练习建议以学生个人、结对、小组合作等形式进行；写的练习可以设计多层次、多种形式，可以先由学生自主完成，再结对互评或小组互评。 　3.通过学生在小组内交流发现问题，先组内解决，不能解决的由教师点拨、指导。	借助已学过的词汇等知识或本模块的新句型引出新语法项目，让学生感觉理解不困难。鼓励学生自主思考，发现规律。 　教师对学生的归纳进行补充、强调和点拨，使学生进一步明确语法规则。
第三环节：检测提升——凤翔九天 　一、综合运用 　1.在专项强化训练的基础上，设计综合练习，使学生将本课学习的语法知识灵活运用，达到掌握和学以致用的目的。 　2.可以采用先由学生自主完成，再结对互评或小组互评等形式。通过学生在小组内交流发现问题，及时加以解决，并对本课所学知识进行小结，帮助学生理清知识脉络。 　二、课后活动 　1.复习巩固：复习当天所学内容，整理课堂笔记，掌握新词汇、新语法知识等并辅以巩固练习。 　2.分层作业：作业内容可以分层次，分为必做与选做；也可以根据学生不同的学习水平，布置内容不同的作业；还可以布置探究性作业，为以后的学习与发展起作用。 　3.预习任务：预习相关词汇、语法等知识，或查阅相关人物、事件等的背景资料。	某些语法项目中还包括若干具体内容，需要各个击破，以保证学习效果。专项练习的设计要紧扣主题，突出重点，扎实有效。 　完成上述专项练习后，学生对该语法项目应有总体认识，设计综合类练习，旨在达到掌握和学以致用的目的。

表3-8　课型（五）复习课

教学流程	说明
复习课是教学的重要组成部分，它不应该是简单的重复，而是学生对知识认知的继续深化提高和对所学知识体系的查漏补缺。因此，复习课应把复习过程组织成学生的再认识过程，从更高的层次、更新的角度，进一步掌握、理解已学过的知识和技能，进而提高学生的学习能力。	
第一环节：自学探究——雏凤清声 　　一、复习词汇和句型　布置学生复习词汇、句型和语法，要求"四会"，培养学生复习的习惯。 　　二、课前朗读　朗读本模块所学的单词、短语和重点句型等，同时巩固复习效果。建议注重内容、形式的多样性和实用性，并持之以恒。	有布置，一定还要有检查。督促学生，形成习惯。
第二环节：拓展探究——群凤和鸣 　　一、明确目标　向学生说明本节课的复习内容、复习方法以及达到的要求，使学生明确复习任务。 　　二、自主复习　学生根据复习任务，结合教材、笔记等相关学习资料进行自主复习，并记录疑难问题。 　　检测效果 　　1.教师根据布置的复习任务，检测自主复习效果，针对本模块的基础知识和重难点，设计专项练习，各个击破，进行检测、巩固和强化训练。练习的设计应体现低起点、多层次、实用高效的原则。 　　2.采取结对、小组互评等形式。 　　三、重点突破 　　1.根据学生自主复习和检测效果环节出现的主要问题，先在小组内交流，然后提出在全班交流。 　　2.教师对本单元的重难点内容和学生有困惑的问题进行重点处理，精讲多练。	教师简要介绍，目标要求要明确、具体，学生能做。 　　要求学生自主进行，并有时间限制。教师巡视，个别答疑。 　　检测设计应针对性强，侧重基础知识。要求复习什么就检测什么，让学生感到课前复习和自主复习环节有效。
第三环节：检测提升——凤翔九天 　　一、反馈矫正 　　1.设计综合练习，检测复习效果，考查学生综合运用本单元所学知识的能力。	

教学流程	说明
2．通过综合练习发现问题，及时加以解决，可采取结对、小组互评等形式，并对本课复习进行小结，强调重难点，帮助学生进一步理清知识脉络。 二、课后活动 1．复习巩固：复习当天所学内容，整理课堂笔记，掌握词汇、语法知识等并辅以巩固练习。 2．分层作业：作业内容可以分层次，分为必做与选做；也可以将学生按不同学习水平布置内容不同的作业；还可以布置探究性作业，为以后的学习与发展起作用。 3．预习任务：预习相关词汇、语法等知识，或查阅相关人物、事件等的背景资料。	本环节旨在解决重要的疑难问题，避免只讲不练，要有突破措施。 在掌握基础知识的前提下，才能进行综合运用训练。

表3-9　课型（六）讲评课

教学流程	说明
讲评课是教学的重要组成部分，其目的在于发现问题、查漏补缺、规范解答、开阔思路、提高能力，但现在的试卷讲评课普遍采用教师逐题对答案，一讲到底的方式，往往就题论题，面面俱到，目标不明确，重点不突出，这严重影响了讲评课的课堂教学效益和教学质量。 第一环节：自学探究——雏凤清声 一、测试概况 1．教师简要介绍本次测试的基本情况。 2．典型问题：对于面上比较典型的问题进行展示、强调，并附有巩固训练。 二、自行查错纠错 1．学生自己浏览试卷，对本次测试的总体情况进行分析。 2．对每个错题进行分析，查明原因，改正错误。学生自评可使学生思维更加有针对性，能目的明确地去处理自己的错题和不会做的题。 第二环节：拓展探究——群凤和鸣 一、合作探究 1．学生自己不能改正或明确的题目，在小组内交流、讨论。	充分给予学生观察、思考、反思、纠正的时间和机会。能自己订正的先修改，不能的做上标记。教师要巡视并控制节奏。

教学流程	说　明
2.小组内还不能解决的问题,集中请教师指导。学生互评有利于调动学生的再次思维———认同与自己相同的方法,发现、思考、判断不同于自己的思路,以此求同存异,获得思维上的升华。 　二、归类点拨 　教师根据学生小组提交的问题,先让能解决问题的学生来讲解;如果学生们解决得不彻底或者解决不了,教师再讲评。对测试中的问题按照知识体系进行归类点拨,重点讲解或强调,并辅以相应的练习。 　　　第三环节:检测提升——风翔九天 　一、巩固训练 　对上述问题以及本次测试中出现的重点问题进行变式训练,进一步巩固、内化。 　二、数据统计 　数据统计是一项复杂的工作,但是大多数教师都省略了这一重要环节,或者仅仅简化为统计某一题目的出错人数。为了保证统计工作的及时有效和可操控性,可采取学生互评过程中以举手形式统计和收取试卷后教师逐一翻看、分析、记录的方法。 　三、课后活动 　1.复习巩固:复习当天所学内容,整理错题笔记,掌握词汇、语法知识等并辅以巩固练习。 　2.分层作业:作业内容可以分层次,分为必做与选做;也可以根据学生不同的学习水平,布置内容不同的作业;还可以布置探究性作业,为以后的学习与发展起作用。 　3.预习任务:预习相关词汇、语法等知识,或查阅相关人物、事件等的背景资料。	学生互助研究问题,了解彼此的学习状况,互相鞭策鼓励。让学习较优秀的学生帮助相对落后的学生并解决大部分组内错题,互相取经。 　教师根据本班学情、教学计划和进度,采取不同的评卷形式或多种形式灵活结合。 　对于出错较多的题目,教师应高度重视,分析原因,提出有效的解决办法。 　教师要学会合理利用智学网的大数据平台,有效地进行数据分析。 　避免单纯说教,应辅以实例、练习等当堂反馈,加强效果。 　本环节必不可少,变式训练使学生进一步运用所学知识,旨在将知识的掌握落在实处。测试的目的在于发现问题,制订整改措施,因此与学生沟通时,要讲究策略,勿施加压力。

第四章 以雅慧为理念的和谐育人

雅慧教育更重视和谐育人。我们常说的和谐育人不单纯指和谐教育，它有着更宽广的外延。和谐教育是乌申斯基、苏霍姆林斯基等人主张的一种教育理念，他们认为教育"是在全面了解人的基础上，有目的地自觉培养和谐发展的人的过程"，"实施和谐发展的教育"[①]。什么是和谐育人？和谐育人就是从满足社会发展需要和学生身心发展需要出发，调控教育场中各教育要素的关系，使教育的节奏符合学生发展的规律，进而使"教"与"学"产生谐振效应，促进学生基本素质获得全面充分发展的教育。和谐育人表现为在整个教育活动中人与外部客观世界之间及其内部各要素之间都处于一种协调、平衡发展的状态，包括人与自我、人与他者、人与世界都处于和谐发展的状态。和谐育人是在全面实施素质教育和以人为本的科学发展观的背景下提出来的，是适应构建和谐社会、实现人的全面发展所需。那么和谐育人的基本标志是什么呢？我认为标志有三：教育领导体制和谐——党组织领导，教育管理和谐——校长责任制，教育竞争和谐——构建学区共同体。

雅慧教育坚持实行中小学校党组织领导的校长责任制，发挥党组织

① 邵春安. 和谐教育 [M]. 上海：上海科学普及出版社，2007：9.

领导作用，保证校长依法依规行使职权，建立健全党组织统一领导、党政分工合作、协调运行的工作机制，实现和谐治理。

第一节　党建领航雅慧教育

2021 年 11 月 24 日，习近平总书记主持召开中央全面深化改革委员会第二十二次会议强调，加强党对教育工作的全面领导是办好教育的根本保证，要在中小学校建立党组织领导的校长负责制，把政治标准和政治要求贯穿办学治校、教书育人全过程各方面，坚持为党育人、为国育才，保证党的教育方针和党中央决策部署在中小学校得到贯彻落实。

2022 年 1 月，中共中央办公厅印发了《关于建立中小学校党组织领导的校长负责制的意见（试行）》，通知指出，加强党对教育工作的全面领导是办好教育的根本保证，并提出建立中小学党组织领导的校长负责制。党一直重视对教育的领导，这是自 1985 年在《中共中央关于教育体制改革的决定》中提出"加强党和政府对教育工作的领导"之后发布的专门性文件要求落实党组织对教育的全面领导。其中，1993年发布的《中国教育改革和发展纲要》、1999 年颁布的《中共中央、国务院关于深化教育改革，全面推进素质教育的决定》以及 2010 年印发的《国家中长期教育改革和发展规划纲要（2010—2020 年）》都强调要坚持党对学校的领导。党的十八大以来，习近平总书记多次强调，加强党对教育工作的全面领导，是办好教育的根本保证，要求中小学党组织充分发挥政治核心作用。从我国教育体制改革近四十年的发展历程来看，正因为一直坚持党对教育的领导，坚持走中国特色社会主义道路，才有我国教育今天所取得的举世瞩目的成就。在新的发展形势下，面对新的挑战和机遇，我国教育更应该坚持党组织领导的

2022年凤中党委组织全校党员收看党的二十大开幕式

校长责任制。

"办好中国的教育，关键在党，根本在于党对教育的全面领导。坚持党对教育的领导，为教育发展确立了坚强领导核心，是中国教育治理最根本的特征。"① 所谓欲筑室者，先治其基。包含中小学校在内的基层党组织是党执政大厦的地基、党肌体的"神经末梢"、贯彻落实党中央决策部署的"最后一公里"。

一、中小学党组织和谐发展

各地中小学落实党对教育的全面领导的方式不尽相同，各地区根据自身实际情况采取分类指导、分布实施，针对不同类型、不同规模的学校，在做好思想准备、组织准备、工作准备的前提下，成熟一个调整一个，推动改革落到实处。如北京自 2018 年开展中小学校党组织领导的校长负责制试点工作，燕山地区先行探索、四区（东城区、西城区、通州区、大兴区）首批试点、各区全覆盖试点的"三步走"策略，通过顶层设计、上下结合、三级（市区校）联动、稳步推进，从建立组织体系、制度体系、工作机制等方面入手，通过定职责、转方式、强引领、增供给等举措完善学校党组织建设工作。②

上海积极推动中小学党组织领导的校长负责制，上海市委组织部、市教卫工作党委共同印发《上海市中小学校党组织会议议事规则（示范文本）》和《上海市中小学校校长办公会议（校务会议）议事规则（示

---

① 周洪宇，李中伟，陈新忠．中国教育治理研究 [M].武汉：湖北教育出版社，2020：116.
② 中共北京市委教育工作委员会．以高质量党建引领基础教育高质量发展——北京市中小学校党组织领导的校长负责制探索与实践 [J].北京教育（普教版），2022（3）.

范文本）》，构建形成了推进全市中小学校领导体制调整的"四梁八柱"，并相继推出"攀登""红领""先锋""筑力"四项计划，努力将制度优势转化为学校治理效能，增强中小学校党组织的政治功能和组织功能，打造基础教育党建新高地。[①]

2022年重庆市教育工作会议明确把"实施党建引领工程，全面加强党的政治建设，全面夯实党建基层基础，全面推进从严治党"作为重点工作之一，推动党史学习教育常态化长效化，推进基层党组织规范化标准化建设，引导师生感党恩、听党话、跟党走。在党的旗帜下办人民满意的教育，创建党建品牌成为最优实施路径和创新策略。

虽然各地区各部门从政策解读、实践行动、对策建议等多方面研究分析，加强对中小学党建工作的指导和引导，从宏观上整体把握全面落实党建政策和方针，为学校党建奠定了坚实的基础，但具体学校如何将党组织领导体制落在实处，实现和谐育人，这是至关重要的。

1. 构建完善的党组织体系

目前，我国部分中小学校主要采用的党组织架构是书记—党委—党总支或书记—党支部—党小组，实行集体领导和个人分工负责相结合的制度。但各学校会根据自身实际情况再调整，如上海针对党委、党总支建制学校，推进党组织书记和校长分设，强调书记不兼任行政职务，党员校长兼任副书记；而党支部建制的学校，推进书记、校长由一人担任，并通过协调增加职数按照校级副职配备专职副书记。凤鸣山中学则形成了党委主体责任、书记第一责任、分管领导直接责任、班子其他成员"一岗双责"履行好分管党建责任，各党支部书记具体管，层层抓落实的党建工作责任制。尽管学校党组织体系较为完善，但由于党建工作缺乏标准化、规范化，难以充分发挥党组织政治领导力、组织力、战斗力的作用。为建设先进基层党组织，更好地以党建引领基

---

① 打造基础教育党建新高地 [J]. 上海教育，2024（1）.

础教育高质量发展，雅慧教育按照办学治校和管党治党的要求完善党组织体系和加强党建。

学校按照与党组织发挥领导作用相适应的原则选优配强党政班子，注重选拔党性观念强、专业素质强的"双强型"党政干部，并通过完善培养选拔、教育培训、考核评价等方式加强党政领导班子建设。而对中层干部则通过完善干部选拔、任用、培养机制，通过强化岗位锻炼、加强思想政治建设和干部作风建设，提升干部素质和工作能力，打造一支思想政治可靠、师德师风过硬、专业能力精湛、育人水平高的党员教师队伍，开展"双培养"工程，把党员培养成教学骨干，把教学骨干培养成党员。

除了成立党政领导班子，学校还建立党组织会议，设置"三重一大"议事决策规则，建立书记、校长沟通制度，突出民主管理和监督机制，发挥教职工代表大会和群团组织作用。为了保持学校党组织的先进性、党员队伍的纯洁性，提高党组织的领导力和组织力，学校坚持抓好党建常规、实现常态党建、夯实党建基础，包括加强思想政治建设、队伍建设、制度建设等。如重庆沙坪坝区，围绕建设百姓身边的好学校，办人民更满意的教育，提升沙区文化教育优势，增强沙区竞争力，服务"沙坪坝区经济升级版"大局，结合学校工作实际，着力推进"六大专项行动"，即：正风肃纪专项行动、效能提升专项行动、师德建设暨文明素质提升专项行动、服务沙区经济社会发展能力提升专项行动、深化课程改革专项行动、学校党组织服务全覆盖专项行动。

2. 党组织和谐领导的工作机制

学校要落实党组织对教育的全面领导，解决党组织形同虚设、党组织领导力不足、党建与教育教学融合不足等问题，最关键的是将"支部建在连上"，坚持将党组织建在教书育人一线——年级组或教研组，有利于学校党建与学校管理、教育教学深度融合，一方面"把党的全面领导贯彻落实在办学治校全过程"，发挥党建引领教育教学活动的功能；

雅慧教育论

另一方面，教育教学助推党建工作创新，促进党建高质量发展。

党组织要履行把方向、管大局、作决策、抓班子、带队伍、保落实的领导职责，确保党

凤中党支部书记抓党建工作述职评议会

的教育方针和党的中央决策部署在中小学校切实得到贯彻落实，要把政治标准和政治要求贯穿办学治校、教书育人全过程的各方面，因而需要建立适合发挥党组织领导作用的工作机制：一是以建立健全议事决策、沟通协调和保证监督工作机制为重点，确保党组织科学决策、民主决策和依法决策。二是以完善党的建设工作机制为重点，包括有关学校党建工作方面的议事决策机制、组织实施机制和评估改进机制等，确保学校党建工作的引领作用。三是以建立健全立德树人工作机制为重点，包括党组织领导意识形态工作机制、党组织领导德育工作机制、党组织领导思想政治工作机制、党组织领导群团社团工作机制、家校社协同育人机制等，把党的领导贯穿立德树人各方面、全过程。四是以完善党管干部工作机制和党管人才工作机制为重点，抓好干部队伍和教师队伍建设，使党组织成为师生最贴心、最信赖的组织依靠，成为学校教书育人的坚强战斗堡垒。[①]

学校应结合自身实际情况和需要，建立健全相关工作机制。雅慧教育坚持以党建定向领航，构建科学的党建工作机制。学校每学期至少要召开三次（开学、期中、期末）专题研究学校党建工作的专题党政联席会，形成期初谋划布置，期中督促推动，期末总结反思的党建工作布局；

[①]　中共北京市委教育工作委员会.以高质量党建引领基础教育高质量发展——北京市中小学校党组织领导的校长负责制探索与实践 [J].北京教育（普教版），2022（3）.

学校将党建工作纳入学校各处室、各年级目标考核，做到党建与行政工作同布置、同检查、同考核的党建工作机制；学校不断深化"围绕中心抓党建，抓好党建促发展"意识，形成由党委书记负总责，党委委员分管，各党支部书记具体管，一级抓一级，层层抓落实的党建工作格局；学校坚持保障好党建工作经费、党员活动室、党员学习资料、党建工作队伍等党建工作条件；党委重视各支部的建设和党员队伍建设，定期研究党员发展和教育等问题；党委完善了中心组学习和"三会一课"制度，严格支部书记述职制度。

　　新时代新发展赋予了学校党建工作的新责任和新要求。雅慧教育坚持学校工作的中心就是党建工作的重心的工作理念，坚持"保证方向、服务中心、参与决策、建设队伍、强化监督"五大党建工作目标，全面贯彻党的教育方针。学校党组织深入推进创建服务型党组织行动，创新党建工作机制。首先，通过开展"亮牌示范活动"增强党员干部自觉为师生服务的责任意识。通过开展"岗位奉献活动"提升党员干部服务教育教学工作的能力和水平。通过开展"帮扶活动"推动党员干部更好地服务师生、服务社会。学校领导要带头深入教学一线，服务师生，抓团队，促和谐，营造良好的工作氛围和工作环境，促进党组织服务意识、能力、效能"三提升"，努力实现基层党组织服务全覆盖。其次，党委与覃家岗街道、新鸣社区、新凤社区建立了党建联席制度，与市车管所支部、工行党总支开展联合主题党日活动，在第四共同体内还建立了上桥中学领衔的党建领导工作小组，负责开展共同体内的党建活动，形成了联动共享的党建工作新机制。

二、党组织和谐育人模式

　　党建品牌是"将品牌理念植入党建工作，是以改革创新精神加强基层党建工作的积极探索与实践，一方面有助于党组织建设进一步规范化，实现思路上有创新、内容上有特色、机制上有突破、方法载体上有变革；另一方面，通过品牌效应，以其较强的号召力、凝聚力和影响力，较大的示范作用、导向作用和辐射带动作用，实现党组织先进性更显著、保障力更突出……其实质是借用品牌管理理念和经营品牌的市场经济手段，结合党建工作特点，探索符合时代特点的党建工作新机制。"[①]

创建党建品牌，是学校积极响应"以改革创新精神全面推进党的建设新的伟大工程"的号召，创新党建工作新模式、新机制的有效尝试。学校积极主动地挖掘党建工作中的亮点、特色、成果，有机整合和升华，形成党建品牌，发挥党建以点带面、以面促全的示范辐射作用，从而挖掘党建工作内在价值，推进党建工作系统化、规模化。

目前，越来越多的学校采取创建党建品牌作为党建育人的最优实施路径和创新策略，如武汉市青山区钢花小学创建"钢花先锋"党建品牌、苏州市昆山开发区震川小学以"项脊之光"为党建品牌、首都师范大学附属房山小学以"实美党建 夯基铸魂"为特色党建品牌等等。凤鸣山中学则以"如山如鼎，且听凤鸣"为主题，开启"一统一创·四融四引"雅慧党建品牌建设，通过创建叫得响、立得住的党建品牌，不断丰富党建内涵，以党建促发展，以党建强管理，以党建练队伍，把党建工作与育人工作紧密结合，探索出一条以党建品牌为引领，多层次深化、全方位推进的基层党建工作新路子，实现文化育人、品牌塑人的重要目标，努力把学生培养成有家国情怀、有时代担当、有过硬本领的时代新人。

学校以党建品牌建设为主导，构建全校统筹、条块协同、上下联动、共进共享的党建新格局。通过创建党建品牌，开启"党建+"综合发展模式，充分发挥党组织的政治优势、组织优势，着力推动党建与教育教学工作融合，引领提质增效；党建与师生培养融合，构建成长共同体；

---

① 覃浩.党建品牌建设的认识与思考[J].广西电业，2009（1）.

党建与学校文化融合，引领特色打造。北京市通州区芙蓉小学将党建工作聚力于五个"党建+"："党建+队伍"，通过"三阶"成长增强青年教师的政治定力；"党建+德育"，以党建为引领，构建以社会主义核心价值观为引领的一体化德育体系；"党建+教学"，党建引领教师将立德树人的根本任务落实到教学中，以专业本领落实"双减"、彰显"双升"；"党建+课程"，学校党总支抓好顶层设计，构建"芙蓉花开，多远融通"课程体系；"党建+文化"，依托党建引领，学校通过"融通自然·放飞第五季"等一个个主题呈现出学校文化育人实效。

凤中还以党建品牌建设为契机，推动党建引领创新和质量创优工作。首先，创新党建教育活动，引领青年党员教师不断提升政治思想、党性修养。一方面，采取多种形式深入开展师德师风与法制教育专项培训，创新培训方式，加强教师理想信念和职业道德教育，实现教师师德素养和综合素质新的提升；另一方面，创新党建项目式活动，积极开展"党员示范课""党员送课到奉节（贵州）""党员献课共同体"等党员活动，不断提高了党员业务素质和能力。其次，创新组织生活，丰富党建内容：创新"三会一课"形式，通过书记上党课、读书交流会、支部与社区联动共建、观看革命电影、观看影视片、小课题专题讨论、理论学习等多种方式，规范校内各支部组织生活。再次，创新党建工作机制。学校通过党建品牌建设延伸工作手臂，大胆探索新时期学校党建带团建工作的崭新思路，完善制度建设，健全共青团和学生组织的工作制度，形成扎实有效的"带建"工作体系，实现党建工作由一般性活动向系统化工作转变。最后，坚持党建工作常做常新，提高学校全面建设水平。做好学校办学模式、学校内部管理、学校教学模式、学校内部用人制度等内容的创新，提高学校全面建设水平。

三、凤鸣山中学党建实践

在党的旗帜下办人民满意的教育，创建党建品牌成为雅慧教育的最优实施路径和创新策略。重庆市凤鸣山中学以"如山如鼎，且听凤鸣"为主题，开启"一统一创·四融四引"雅慧党建文化品牌建设。

1. 建设条件

"雅慧"是凤鸣山中学党建品牌的气质。行而求雅，慧则达远，既是对党组织自身建设的高要求，也是对党员个体发展的高标准，将其内化成党建品牌气质，植根于人、内修于人、外显于人。

（1）底蕴"深"——培根蓄势，闻"凤"起舞

在影响青少年成长的外部环境中，校园文化是青少年感受最深、影响最大、体会最直接的因素之一。

建校88年的凤鸣山中学底蕴深厚，以"凤"作为文化图腾，有"群凤和鸣，声震九垓"的办学理念，"凤翔九天，志在高远"的学校精神，"丹心雅意，雏凤清声"的育人目标，"天高地阔，凤举鸾翔"的课程文化以及"一体两翼"的办学战略。"凤"文化常青、常新，学校深入挖掘其背后"雅""慧"兼具的高贵品质，还衍生出"尚雅尚慧、至善至真"的校训。

以文化人，内化于心，外显于行，"凤"文化的成功挖掘、精彩演绎，凝练而成学校薪火相传的文化标识、文化血脉和价值追求，已经成为凤中人的文化共识、精神基因，浸润、感染和激励着一代代凤中人优雅上进。

一种文化，一面旗帜，党建品牌的创建是校园文化水到渠成的效果。校园文化培根筑魂，为党建工作提供价值基础和精神支撑，营造学习先进、崇尚先进、争当先进的良好氛围。凤鸣山中学在校园文化和党建工作的结合点上形成了独具特色的"一统一创·四融四引"雅慧党建品牌，促进教育工作与党建工作共同进步，引领奏响校园文化主旋律。

（2）底气"足"——厚植优势，基础夯实

党建工作一直是学校发展的第一引擎。凤鸣山中学始终坚持"围绕中心抓党建，抓好党建促发展"的指导思想，从讲政治的高度做教育工作，以高质量党建引领学校高质量发展，方向笃定、工作高效、氛围浓厚。

学校已经逐步形成较为完善的党建工作体制机制，党组织成为师生最贴心、最信赖的组织依靠，在讨论决定学校重大问题上，履行把方向、管大局、作决策、抓班子、带队伍、保落实的领导职责，保证党的路线方针政策及上级党组织决定不折不扣地得到贯彻执行。

学校已经探索出独具凤中特色的党建方法路径，在提高政治站位的同时实现规范化和创新发展，砥砺党员理想信念之石，筑牢干事创业之基。

扎实有效的党建基础和传统优势，为"一统一创·四融四引"雅慧党建品牌创建提供了良好条件，党建品牌在此基础上升华凝练，成为提升党建工作科学化水平的有效载体，打造精品党建、展示良好形象，推动党建工作迈上新台阶。

（3）底色"亮"——发展谋势，动力强劲

如今的凤鸣山中学已经成为重庆市名校、沙坪坝区的领军学校，成果丰硕、成就卓著，收获全国教育战线百面红旗、全国教育系统先进集体、重庆市文明单位、重庆市首批市级重点中学、全国体育传统项目学校、国家高水平体育后备人才基地、重庆市体育课程创新基地等众多荣誉，描摹出亮眼的发展底色。

随着育人质量大幅攀升、声誉日益高涨、社会影响稳步扩大，学校从 1.0 规划进程顺势迈入 2.0。面对更高发展目标、更多元化与个性化的发展需求，学校亟须创新支撑、品牌引领，以新引擎激发新动能。党建品牌的创建必将释放党建"聚合＋引领"效应，实现党建与业务双融双促，激励全校师生以追求极致的精神状态建功新时代、奋进新征程。

2.战略思考：党旗领航，品牌赋能，凤"鸣"惊人

一鸣"共振"，抓好党建促中心"领子"。围绕中心抓党建，抓好党建促中心，党建工作与中心工作同频共振。学校党委找准党建工作与中心工作的结合点，坚持系统推进、把准方向、发挥优势、强化服务、建好队伍五个维度，不断创新党建工作途径，以"一统四融"两大方法谋

划学校党建与事业发展深度融合，发挥"四引"作用促进师生成长、中心工作和学校发展，在党建引领下实现创建重庆市特色示范高中的"一创"目标。

二鸣"共情"，延伸"凤"文化"链子"。氛围浓厚、特色鲜明的"凤"文化已根植于凤中校园，在潜移默化中给师生以人生启迪、智慧光芒和精神力量。学校充分依托"凤"这一文化图腾，深入发掘其"雅""慧"兼具的高贵品质，凝练而成学校薪火相传的文化标识。

自身文化属性是党建品牌的根基和支撑，校园文化与党建品牌深度渗透、互动并进。党建品牌围绕"立德树人"教育轴线，依托沙坪坝区本土红色教育资源、红岩文化根基，将为"凤"文化注入一抹亮眼的红，让其包含的价值文化、环境文化升华为党建文化，让全校师生更加了解学校、热爱学校，实现与学校的共融、共情、共发展。

三鸣"共进"，夯实党建工作"底子"。"一统一创·四融四引"雅慧党建品牌是对党建工作的价值观念、理想信念、行为规范的高度抽象和概括，是党组织精心打造的具有先进文化内涵、鲜明宣传导向和独到工作特色，并为全校师生广泛认同的党建工作总体形象。

凤鸣山中学以党建品牌为主导，构建全校统筹、条块协同、上下联动、共进共享的党建新格局，不断夯实学习教育、宣传工作、组织工作、"三会一课"等基础党建工作，让校党委和各支部共进发展，形成各自的党建特色，提升党建工作的质量和效果。

四鸣"共赢"，扩大学校发展"场子"。近年来，学校在实现跨越式发展的同时也面临诸多问题，缺乏品牌性、创新性和高端设计、引领。为此，以品牌党建引领学校管理、教育教学、科学发展等方面的品牌建设就显得十分必要。

不坠青云之志，跃上"青云"之高。凤鸣山中学通过党建工作与业务工作兼容、互补、关联，形成具有自身特色的工作内容、制度规范、运行机制，以党建品牌联动引领学校管理、德育工作、教学工作、教研工作、体艺特色等各方面形成凤中品牌，以党建品牌推动学校科学发展、快速发展，各大凤中品牌共赢共享，向着创建重庆市特色示范高中的目标坚实迈进。

3. 筹备工作

顶层设计发力，创建方案出炉。党建品牌方案在整个创建工作中占据"提纲挈领"的重要位置，校党委根据沙坪坝区委教育工委指导意见，结合学校文化传统和党建工作实际，认真研讨确定品牌名称、挖掘品牌内涵、明确创建路径策略，制定出符合校情、学情的党建品牌创建方案。

品牌宣传动员，全知晓全参与。党建品牌创建工作聚全校之智、借全校之力，校党委通过召开党委会、行政办公会、党员大会等机会，多次宣传党建品牌创建事宜，让党员、干部充分了解并主动参与品牌创建工作，确保全知晓、全参与。

品牌标识添彩，价值认同入心。品牌标识是"门面"，生动又不失深刻。校党委根据党建品牌内涵，专门设计了能彰显"一统一创·四融四引"雅慧党建品牌的标识，并充分用于相关文化氛围营造，以标识提升全体党员的品牌认同感，让品牌价值深入人心。

4. 品牌架构：如山如鼎，且听凤鸣——凤鸣山中学"一统一创·四融四引"雅慧党建品牌

如山如鼎，且听凤鸣：凤凰鸣矣，于彼高岗；梧桐生矣，于彼朝阳。

凤与龙并称为中华两大图腾，凤也是"四灵"之一，是中华原始先民对神灵的虔诚、崇仰、顶礼膜拜而创造出来的神性动物，成为中华精神之鸟。

百鸟之王凤凰作为中华民族的图腾圣鸟，是欣喜、祥瑞、安宁、高贵、典雅、智慧的象征。重庆市凤鸣山中学在 65 年的办学历程中，依托"凤"文化标识和精神图腾，凝练而成独具特色的凤中文化，滋养着一批又一批英才俊彦。

"如山如鼎"与凤鸣山中学的"山"相呼应，寓意定力"如山"，拥

护党的领导初心永挚；担当"如鼎"，深耕育人一线匠心卓越，塑造顶天立地的凤中人形象。

（1）"一统"——是学校党建品牌的根基。凤鸣山中学发展经历了雏凤清音、凤舞鸾歌、群凤和鸣三个阶段，"凤"文化一直贯穿始终，为党建品牌提供价值基础和精神支撑，占据"一统"的重要地位，撑起凤中发展宏图，塑造凤中人的铿锵风骨和风雅质朴。

"一创"——是学校党建品牌的目标。瞄准"重庆市特色示范高中"的奋斗方向，在党旗引领下狠抓教育质量，大力培育体艺特色，努力将凤鸣山中学打造成有内涵、高质量、有特色的中华名校典范，享誉巴蜀、声震九垓。

（2）"四融""四引"

学校坚持"围绕中心、突出重点、强化引领、确保实效"的原则，广泛搭台铺路，重点实施"重融强引"策略，以党建品牌固立场、明方向、聚力量、促发展，做到站位再提高、思想再深化、责任再落实、成效再提升，潜移默化达成"促雅生慧"的效果，未来实现创建重庆市特色示范高中的发展目标。

首先，学校党建与中心工作融合，引领学校发展。以文培元，成风化人；党建引领，高歌猛进。"为党育人，为国育才"，教育是民族振兴和社会进步的重要基石，加强党对教育工作的全面领导，是办好教育的根本保证。党的十九大报告指出："党政军民学，东西南北中，党是领导一切的。"就学校而言，坚持"围绕中心抓党建，抓好党建促发展"是新时期学校党建的首要政治任务，是正确的政治方向和育人导向，是实现学校教育教学提质增效、可持续发展的关键所在。

一是以文培元，成风化人。党的文化和校园文化是加强思想政治工作最有效的方式之一。学校用党的辉煌历程、优良传统、精神品格去教育师生、引领师生、团结师生，带领全校师生筑牢理想信念之基；用丰富多元的"凤"文化促雅生慧，浸润师生心灵。两种文化结合达到以文培元、成风化人的效果。

二是党建引领，高歌猛进。学校科学实施"一体两翼"发展战略，抓质量重体艺，以优良党风带政风、促校风、正教风、优学风，发展势头一路高歌猛进：比如学校高考质量实现"九连升"，重本人数较九年前增加 5 倍，重本率已近 80%；学校年年荣获沙区高考质量贡献奖和初中教育教学综合质量一等奖；体艺特色教育方面已获国际级、国家级赛事冠军 60 余个、亚军 30 余个；凭借其文化特色、课改成效，每年接待 100 余个全国各地中小学校、教育团队到校观摩交流。

其次，各党支部与年级处室融合，引领团队凝聚。强基固本，修己达人；熔炼团队，立德树人；众人拾柴，星火燎原。作为重点中学，其管理运行的重要组成单元是处室和年级组，这是确保学校可持续发展的重要团队力量。校党委坚持把支部建在年级，思政融入日常，目的正是充分发挥党建引领作用，不断增强团队凝聚力、战斗力和执行力，强化基层党组织的战斗堡垒作用，提升党员教好书、育好人的积极性与责任感。

一是强基固本，修己达人。学校通过不断创新和优化"三会一课""主题党日"等党建基础工作、建设"党群之家"共建共享阵地、确立支部特色党建项目等举措，加强党支部自身建设，让支部党员强基固本、修己达人。

二是熔炼团队，立德树人。党委班子成员联系党支部，党支部书记主抓年级学生工作，大力发挥党管德育功能，牢牢把握育人方向与主动权；通过组织开展"青春向党"系列学生活动等，教育引导青少年学生学党史、感党恩、听党话、跟党走，既熔炼团队，又立德树人。

三是众人拾柴，星火燎原。学校以师生需求为工作出发点，办实事、解难事，通过广泛开展共产党员"三联三助"行动、党支部志愿服务活动、送温暖行动、意见建议征集等活动，众人拾柴、星火燎原，做到有意见必反馈，有问题必整改，增强年级和处室的党内外凝聚力。

再次，党建带动与项目发展融合，引领特色打造。布阵项目主力军，骨干党员"挑大梁"；画出项目协作图，平台优势"露锋芒"。近年来，学校以体育和艺术特色为两翼，以凤中综合办学水平的整体提升为主体，特别注重党建与课程创新基地创建、体艺特色发展等项目建设的深度融合。通过有感召力、有引领力、有示范力的学校党建品牌，擦亮办学治校的特色、淬炼立德树人的亮色、凸显教育教学的成色。

一是布阵项目主力军，骨干党员"挑大梁"。学校党组织实施特色项目负责人队伍"双培养"工作，引导骨干党员"挑大梁"，既抓各项目的专业训练提升，更重项目发展的政治方向和育人导向。目前，学校成功申报并开展实施的普通高中史政融合课程创新基地和"诗意人生""气象物理""心灵成长体验营"等精品课程建设项目，以及学校自主发展或体教结合力推的田径、健美操、射击、击剑、羽毛球、合唱、版画等十大体艺特色项目中，主要负责人和绝大多数骨干力量都是党员。

二是画出项目协作图，平台优势"露锋芒"。学校特色项目众多，尤其以体艺最为突出。为有效加强统筹协调管理，最大限度地发挥各项目育人功能，提升特色品质，学校党委十分注重"凤翔体育俱乐部"和"石飞名师工作室"两大体育品牌，二者的最大优势在于都由优秀骨干党员领衔，直接肩负着各体育项目教练的日常管理和优秀年轻体育教师的教育培养工作，这让党建引领特色项目协作发展成为现实，平台优势崭露锋芒。

同时，学校通过开设校本课程，搭建气象物理、心理健康、特色体艺等体验课堂，既能提升学校教师的专业素养，又能激发学校的育人活力，引领品质立人，促进学生兴趣博雅，思维灵慧。

最后，党员成长与教师发展融合，引领队伍建设。"成长计划"搭梯子，"青蓝工程"传帮带，"凤鸣讲堂"领前沿，"以赛促培"兴教研。学校党建，人才是关键。人才作为学校党建的坚实基础，能够充分发挥出党的战斗堡垒作用和先锋模范作用，为党建工作注入强大的人才支撑。学校依托

"党员人才成长计划""青蓝工程""凤鸣大讲堂""凤鸣大论坛"等载体，不断加强党建与队伍发展的融合，优化人才培养路径，提升学校竞争力和党建实力。

一是"成长计划"搭梯子。教师发展，党员先行。学校党委坚持"党员人才成长计划"，推进实施党员重点人才的培养计划，已先后遴选两批30名青年教师作为重点培养对象，聘请党内外优秀骨干教师作为导师，结对帮带青年教师快速成长。

二是"青蓝工程"传帮带。青，取之于蓝，而青于蓝。学校开办了"青年教师岗培班"和"班主任岗培班"，以导师制为基础，发挥党员骨干教师、优秀教师作用，实行"老带新"制度，结对指导学校青年教师快速成长，成为教育战线能挑重担、勇担责的行家里手，为学校培育一批中坚骨干力量。

三是"凤鸣讲堂"领前沿。"凤鸣大讲堂"名师云集，学校邀请校外、市内外有关课程建设专家学者、名师名家到校开展讲座培训；邀请中学教学方向优秀论文、专著第一作者到校分享其创作精神和心得；邀请中学教学一线骨干教师到校分享其教学理论、教学经验，上示范课等，引领教师遨游教学教研前沿，实现理论与实践双向并济。

四是"以赛促培"兴教研。学校以教研组、备课组为依托，定期举办"党员骨干教师展示赛"和"青年教师汇报赛"，将党员骨干教师的教学理念、教学风格、教学技巧、教学经验等集中公开展示，为青年教师尤其是党员青年教师成长提供借鉴。同时也让青年教师展示自身"青春活力、思维活跃、理念超前、善于创新"等优势，进一步增强教学自信，释放教学张力，明晰改进方向。

5. 五大党建品牌活动

一是"听"——红岩"沁心堂"。红岩"沁心堂"立足沙坪坝区红岩文化资源，通过讲解员进校园、追寻先烈足迹的方式，带领全校师生聆听红岩故事、赓续红岩血脉，以红岩精神滋养凤中校园，打造一方思想文化阵地，让全校师生保持定力"如山"，拥护党的领导初心永挚。

二是"学"——教育"匠心坊"。红心引领匠心。学校以红心铸魂，以匠心育人，在校园公众号、宣传栏开辟教育"匠心坊"，集合优秀教师代表

2017年为考察团队作学校内涵发展报告

尤其是优秀党员教师代表的育人故事，致敬匠心的同时更树立榜样力量，引发学习热潮，激励教师团队保持担当"如鼎"，精心施教匠心育人。

三是"展"——特色"艺心苑"。体艺特色办学是学校的一大亮点，特色"艺心苑"通过摄影风采展、特色节目演出的方式，定期呈现学校体艺特色"丰"彩，激发师生感受美、表现美、创造美，让专业更"专"，让特色更"特"，在党旗引领之下学校"艺"心向阳，蒸蒸日上。

四是"谈"——温暖"爱心荟"。定期开展温暖"爱心荟"活动关心学生的学业与成长，让党员代表与困难学生或者有成长困惑的学生"一对一"面谈，谈烦心事、揪心事，解生活难、学习难，用心用情爱心绵延，为学生成长成才保驾护航。

五是"践"——赤诚"忠心榜"。赤诚"忠心榜"评选活动定期评选出党员先锋模范，他们可以是岗位上的业务标兵、乐于助人的风中好人、勇挑重担的抗疫榜样、道德高尚的师者典范等，他们无愧于"共产党员"的身份，用自己的光与热为风中校园增添感动与温暖，夯实党建堡垒忠心不移。

6. 党建品牌宣传

品牌价值"进阶"，物化系列党建成果。学校精选一批有价值、可参考的党建成果，以物化手法让其可触可感，比如教研论文、教学案例、艺术作品、经典读物等，以物化促升华，为"党建＋教育"行动铺就长

远发展之路。

品牌影响"扩面"，壮大党建宣传声势。借助《重庆日报》这一党报平台，联动"报版+新媒体"融媒体矩阵，在党建、办学等各种宣传热点、重要节点上大做文章，宣传渠道广、内容新、手段多，以此壮大党建宣传声势，扩大党建品牌影响力。

第二节　校长与雅慧管理

我们在前面提到过雅慧教育为保证学校目标体系的全面实施，从宏观到微观、从战略到战术的全面推进，建立全面、全程、全员质量管理系统，采取四要素管理机制（统一、分层、条块、过程）、六层面管理（精神、行事风格、校干、中层、职工、教师）、四维度考评方法（一体化、双主体、三层级、四节点），构建了雅慧教育管理体系。现在来谈谈在学校管理体系中起关键作用的灵魂人物——校长。

我国中小学自 1952 年颁发《中学暂行规程（草案）》和《小学暂行规程（草案）》中规定实行"校长负责制"开始，开启了校长负责制的实践和探索。在 1985 年发布的《中共中央关于教育体制改革的决定》中明确指出"学校逐步实行校长负责制，有条件的学校要设立由校长主持的、人数不多的、有威信的校务委员会，作为审议机构。要建立和健全以教师为主体的教职工代表大会制度，加强民主管理和民主监督。"[1]之后教育部和国务院印发了一系列政策和法律，逐步完善中小学校长负责制，到 2022 年中共中央办公厅印发《关于建立中小学校党组织领导的校长负责制的意见（试行）》，确立校长在学校党组织领导下，依法依规行使职权，按照学校党组织有关决议，全面负责学校的教育教学和行

---

[1]　林天伦 . 学校发展论 [M]. 广州：中山大学出版社，2022：87.

政管理等工作。党组织领导的校长负责制，校长始终是学校的灵魂人物，身系学校兴衰，所以才有"一个好校长就是一所好学校"的说法。

有学者说："有什么样的校长，就有什么样的学校；有什么样境界的校长，就有什么样境界的学校。学校之间的差距，实质上是校长素质与水平的差距。"[①] 这种说法有一定的片面性，但是突出了校长对学校的重要性。正如雅慧教育理念的提出与形成，有赖于凤鸣山中学全体师生的努力与付出，但离不开校长的领导和管理。

我深知"校长是整所学校的直接管理者及领导者，影响着校内所有因素功能的发挥"。[②] 所以在我接手管理凤鸣山中学之时，为了尽快进入工作角色，熟悉学校情况，避免盲目折腾，争取工作主动，迅速作了比较全面的学校调研。

一是亲自登门拜访了凤中历任老校长、老书记，认真向他们了解凤中的发展历程、文化传承、办学成就。虚心向他们请教凤中的治校方略和管理经验。二是主动约请现任校领导、中层干部，向他们了解学校教育、教学、课改、管理等各方面的情况，熟悉工作环境、了解工作制度和学校运行机制。三是积极约谈老中青三个层面的部分教师，虚心向他们问计学校发展、建设、质量提升等问题，征求意见，听取建议。四是及时召开新班子架构后的系列工作会，如校长会、党委会、行政会和部门工作布置会，做好中层干部人事补充和校级干部工作分工，明确工作职责与分管内容，提出工作要求、强化工作程序、严明工作纪律。

校长书记职位对我而言并不陌生，我先后在七所学校担任过校级领导，其中三所学校担任书记、校长，深知学校教育虽有共性，但学校管理却不能复制。雅慧教育就是既基于学校教育的共性，又根据学校教育的个性生成的雅慧管理。这一点通过校长对教育教学和行政管理体现出来。

---

① 王铁军.校长领导力修炼 [M].上海：华东师范大学出版社，2010：5.
② 郑艳祥.学校效能与校本管理：一种发展的机制 [M].上海：上海教育出版社，2002：3-15.

2013 年与美国圣·乔治中学校长玛丽合影

一、校长视野

陶行知先生说:"做一个学校的校长,谈何容易!说得小些,他关系千百人的学业前途;说得大些,他关系国家与学术之兴衰。"校长的重要性不言而喻,我身处其位,必承其重,努力提升修养内涵,积淀学校管理能力。

2013 年 12 月,我参加了国家留学基金委组织的中国中小学校长赴美教育培训学习活动。历时 28 天,深入实地考察了解了美国基础教育的办学体制、办学理念、管理体系、课程建设、考试评价等内容,认真比较了中美基础教育的差异和差距,形成万余字的考察报告,并在全区校长会、片区中心组学习和全校做了汇报交流,为今后的学校管理视野的拓宽、教育教学管理理念的提升、新课程改革方向的把握,学校发展路径的谋划等提供了极好的思路和借鉴。

2014 年 5 月,参加了重庆市第九期中小学骨干校长高级研修培训学习。历时 17 天,了解了课程改革的新动态新理念、教育评价的新原理新方法、学校文化建设的新实践新策略、教育管理的新视野和新哲学、校长课程领导力及媒体应对的新技巧和新技能……这些内容既紧扣实际,又促人反省,开阔了眼界,明确了校长的职业使命。

除此之外,我还参与区教育局对成都的龙泉驿区教委教研室、中教科、龙泉中学、龙泉实验小学,武侯区的棕北联中、川中大附属实验小学和成都南羊学校进行的实地考察,学习他们成功的办学经验、发展思路。通过学习和考察,我觉得校长在办学治校时应注意以下两点:

1. 整体优化是前提

陶西平先生曾说过"我的教育追求就是实现教育过程的整体优化"。

雅慧教育论

我觉得这不只是陶西平先生的教育追求,是作为校长都要有的教育追求。我从成都各学校的教育教学经验中看到了他们落实"整体优化"理念所取得的成绩。

(1)优化办学理念

思想指导行为,有了先进的办学理念,就一定会出现不俗的办学行为。成都的办学理念是在紧紧围绕国家教育方针的前提下,摆脱了千篇一律、重复单调的办学模式,迎来了百花齐放的好局面,既不离纲离线,又各具特色。这才符合人的发展的个性化差异的规律。

龙泉中学提出了"生态办学"的新理念,培养具有自我规范力、自我更新力、自我补偿力的未来高素质的现代化人才。

龙泉实验小学志在创一流、办特色、办名校。"蹲下来看儿童长处、走进去看儿童心灵,站起来看儿童行动"。

棕北联中的办学理念是:"面向未来,以人为本,以一流的设施和一流的管理,一流的师资,努力培养和造就一大批生动活泼、自主发展的、具有创新精神和实践能力的、有良好心理素质和高尚人格、有扎实文化知识和强健体格的、能在国际国内舞台上唱大戏的能力和潜力的建设者和接班人。"

川大附小的办学理论是:"让每个儿童茁壮成才,让每个儿童尝试成功,让每个儿童健康成才。培养具有鲜明个性,并能创造和享受美好生活的新生代。"

(2)教师资源的整体优化

"海纳百川,有容乃大",校长要能爱才、惜才、容才、用才、纳才。成都的用人机制和人才引进机制是先进的,意识是超前的,胸襟是大度的,这一点很值得我们思考。马克思说过"人是生产力中最活跃、最革命的因素"。毛泽东同志也讲过"只要有了人,什么人间奇迹也可以造出来"。

成都的部分中小学采取校长全省公选公推,如龙泉中学、洛带中学、棕北中学、川大附小等学校的法人校长们都是从全省、全国公选出来的，这些校长年轻有为，工作成绩突出。

成都教育主张有多大能耐就提供多大的舞台，为校长提供充分展示能力的机会和空间。棕北中学、洛带中学、龙泉实验小学的校长还兼任另外一所学校的校长，在成都这样的事屡见不鲜，习以为常。

成都的学校从全社会笼络先进优秀教师。龙泉中学85%以上的教师是从全省全国各地引进的；棕北中学、棕北联中的教师全是从各地引进和招聘的，川大附小已引入了五名硕士生或留学生当教师，其他的教师也从各地引进，该校的女副校长李彤是东南大学的计算机硕士、川大的计算机系教师，最后也被引进到了他们学校。

不拘一格降人才，引请八方教育精英是成都优化人力资源的一个重要举措。

人才的合理流动。人才不仅要引得进，还要流得出。只有进口、无出口，也很难做到人力资源的优化。这一点，成都各校对治理和惩戒懒人、歪人、恶人，都有政府的强有力的支持，进口开绿灯，出口有保障，这就是成都各校人才优化和合理流动的关键。

（3）校产资源整体优化

加强学校布局调整，优化物力、财力资源配置，是实现教育功能的整体优化的重要措施，也是成都教育做大、做强、上规模的战略决策。上面我们谈到的龙泉驿实验小学是两校（南北二小）合并而成；川大附小是1995年与劳动路小学和九眼桥小学合并而成；棕北联中是在棕化中学优质发展的基础上，通过兼并大学路一所小学置换土地的基础上办起来的，也是两所学校一套班子。而龙泉中学在区政府的支持下，购置17亩土地扩大学校规模。

这样两校合并，好校办联中，好校带弱校的多种方式，就治理了区域性的薄弱学校，实现了资源的重组和优化，为教育的快速发展创造了条件。

2. 全面推进是工作方法

区域性全面推进是成都抓教育的一种行之有效的做法。这也是近几年教育质量提高、教育大发展的最精明的举措。

（1）新管理工作的全面推进

全区教育管理工作的全面推进：典型的经验是龙泉驿区统一的"三全管理"（全面、全员、全程）在全区全面推进；教研活动课和教改科研课题的研究，全区全面统一尺度和标准管理，对不支持教改科研的校长做教育、批评和撤换；课堂教学和活动课（含周六补课）全区统一管理、对教师聘任工作实行"三定一包（定编、定员、定岗、工资包干）"的全区推进；教育发展规划的全面推进。区里有个"三个三年规划"，各校也有个"三个三年规划"。

学校管理工作的全面推进。龙泉实验小学的"一个基础（教学常规），一个载体（创造教育），三个重点（现代课堂教学改革研究；课程改革；教师培训规划）"的管理体系；棕北中学的通过"公立校"的机制，私立校的待遇，"待遇第一，事业第二，情态第三"的管理模式；川大附小的"目标、制度、科学、民主、情感"管理。

（2）教改科研工作的全面推进

龙泉驿区的教改科研采取全区总层面、学科层面、教师层面三个层次全方位推进，课题的审批由区统一审批，统一管理，把教改科研搞成全区各校的"一把手工程"。

龙泉驿实验小学教改科研五年规划：科科有课题，人人有专题，个个都参与，以达到人人进步，个个提高。

棕北中学：分步要求，逐步提高。按照"三步走"办法：①每个教师写案例；②先定题目，后写文章；③独立参与教改科研。

龙泉中学：成立的校专家指导小组，每位骨干有带新教师参与教改科研人头数，以"以点带面"的方式推进教改科研。

考察与调研既能开阔眼界、增长见识，又能提高自己的管理水平和治校能力，我们作为校长要有大胸襟，能够接纳不同的教育思想，同时也要有大视野，甚至是国际视野，善于学习他人的长处为己所用。

2013年教育部印发的《义务教育学校校长专业标准》中要求校长做好规划学校发展、营造育人文化、领导课程教学、引领教师成长、优化内部管理和调试外部环境几项核心工作。校长是集教育者、管理者、领导者、研究者、协调者五种角色于一身，参与管理学校大大小小各种事项，既要以整体优化思想为学校发展做好顶层设计，又要全面推进学校内部机制改革，使学校保持稳定发展。

二、校长管理的共性

朱永新教授在《新教育之梦 我的教育理想》中写道："理想的校长，应该是一个能够清晰认识到自己的价值与使命，具有奉献精神和人文关怀的校长。"[①] 在他看来，没有一种奉献精神乃至一种献身精神，就不要去做校长。校长必须把学校利益、学校发展、学生的发展、教师的发展放在至高无上的地位。是的，校长作为学校的灵魂人物，首先要对校长身份有清晰的认知。

1. 校长身份认知

校长是一个职位，是一种身份，但更是一种责任。选择成为校长，也就选择了责任。

（1）校长的公仆身份和服务作用

领导者的本质是公仆，领导行为本质是服务。校长代表的是全校教职工和学生的根本利益，担负着培养人才、发展学校和为人民的教育事业服务的光荣职责。全校师生员工是学校的主体，校长只是教职工中普通的一员，校长职位只是分工形式不同，无高低贵贱之分。所以，校长一定要摆正自己在教职工中的位置，自觉地接受群众的监督，多为全校

---

① 朱永新. 新教育之梦 我的教育理想 [M]. 北京：人民教育出版社，2023：134.

师生员工出实招、使实劲、求实效，只有这样，才能赢得教职工的信任和尊重，才能认真地贯彻教育方针，搞好学校的各项工作。

（2）校长的核心地位和决策作用

校长的核心地位来自职位的法定权力规定，特别是实行校长负责制后，校长的核心地位和决策作用更加明确。但这并不等于校长独裁，一人说了算。学校领导是集体领导，班子结构的优劣会影响整个领导集体威信的高低和决策能力的优劣，有时甚至会导致整个领导活动性质的变化。所以，领导班子核心要明确，校长掌权不揽权，放手不撒手，大度不糊涂，班子成员到位不越位，结构合理，职责明确，高效协调，运转和谐，反应灵敏，适应能力强。身为校长，要想群众所想，急群众所急。全校上下齐心、左右合拍、政令畅通、步调统一。有了这样一个强有力的领导班子，团结战斗的领导集体，校长就能在市场经济瞬息万变、教育发展日新月异的今天，始终如一地把握时代的脉搏和教育发展的最强音；就能驾驭发展学校、实施素质教育过程中多因素、多层次、多序列的错综复杂的各种矛盾；就能系统地、创造性地做出一个又一个科学民主的决策，为学校的发展、师生员工的利益和教育质量的全面提高做出更多的贡献。

（3）校长的导师地位和垂范作用

首先，校长要有过硬的人格力量。在管理学校的过程中，校长要站得高一点，看得远一点，想得深一点，做得好一点。校长要培养足以影响和改变他人心理和行为的人格魅力，产生磁场效应，发挥凝聚作用，树立在群众中的威信，增强决策、指挥、组织、协调和判断能力。校长要言必行、行必果。要求别人做到的，自己首先做到。只有这样，才能真正做到说话有人听，事情有人办，才能充分调动和发挥全校教职工的工作主动性、积极性和创造性。

其次，校长应以自己对事业的执着精神、对工作的高度热情、为人处事的优良品德、高超的领导才能和过硬的专业本领来引导、指导、带动全校教职工，为实施素质教育，实现学校的发展目标而努力工作。校长要走得正、行得端、以身作则，严于律己、宽以待人，充分发挥垂范作用，成为学校集体的领军人物，让教职工从心底里敬畏你、敬佩你，从心底里认可你是他们的榜样和导师。

2. 校长管理方式

校长的职能主要分为教育教学与行政管理两大类。行政管理是校长作为学校运营发展的第一责任人必须承担的职责。我们评价一个校长当得好不好，往往还得看他把学校管得好不好。一般而言，校长管理学校的方式主要有以下几种：

（1）目标管理

目标管理理论由美籍荷兰人彼得·德鲁克（Peter F.Drucker，1909.11.19—2005.11.11）提出。德鲁克是当代最负盛名的经济学家、管理学家和政治学家，被誉为现代管理学之父、管理界思想大师，著有《管理的实践》《成果管理》《卓有成效的管理者》《管理：使命、责任、实务》《下一个社会的管理》等重要著作。

"目标管理"（Management By Objectives，缩写为 MBO）最初是由德鲁克在 1954 年出版的《管理的实践》一书中作为一种新的管理方法提出来的。所谓目标管理乃是一种程序或过程，它使组织中的上级和下级一起协商，根据组织的使命确定一定时期内组织的总目标，由此决定上、下级的责任和分目标，并把这些目标作为组织经营、评估和奖励每个单位和个人贡献的标准。

德鲁克根据目标设置理论提出目标激励方案，其基础是目标理论中的目标设置理论，强调组织群体共同参与制定具体的可行的能够客观衡量的目标。其依据的管理理论是"注重自我控制，促进权力下放，强调成果第一"，其宗旨是用"自我控制的管理"代替"压制的管理"。后来，德鲁克在其《成果管理》《卓有成效的管理者》《管理：使命、责任、实务》等著作中作了较为全面、系统的阐述，在泰勒科学管理和行为科学管理理论的基础上，形成的一套管理制度，进而建立了目标管理理论。

①组织目标的性质（层次）。德鲁克认为，组织中的目标可分为战略性目标、策略性目标以及方案和任务三个层次，它们分别由组织中的各级管理人员和一般工作人员来制定。第一，战略目标是由组织中的高层管理人员来制定的。第二，策略目标是次一级的目标，有复杂程度和层次高低的不同。第三，方案和任务是指一般工作人员为其本身的工作制定的目标。

②目标管理成功的先决条件。德鲁克认为，目标管理要取得成功，必须满足以下前提条件：第一，高层管理人员的积极参与。第二，下级人员的参加。第三，充分的情报资料。第四，对实现目标的手段有控制权。第五，对为实现目标而勇于承担风险的组织成员予以激励和保护。第六，相信广大组织成员的责任心和创造性，以Y理论的观点来看待组织成员。只有管理人员和一般工作人员都在态度上适应目标管理的要求，目标管理才能取得成功。

③目标管理的三个阶段。德鲁克认为目标管理包括制定目标、实现目标、对成果进行检查和评价三个阶段，以及七个相互联结的步骤。

第一阶段制定目标。第一，准备；第二，制定战略目标；第三，制定试探性的策略目标；第四，由各级管理人员对策略目标提建议、相互讨论并修改；第五，对各项目标和评价标准达成协调，以形成一个完整的目标体系，并将达成协议的目标和评价标准报送上一级。

第二阶段实现目标。第六，在一般监督下为实现目标而进行的过程管理。

第三阶段对成果进行检查和评价。第七，把实现的同原来制定的目标相比较，对成就予以各种形式的奖励；对问题尽量实行由各级管理人员和工作人员自己总结，上级给予指导的方法，以利于总结经验和教训，将其运用到下一目标管理的周期之中，不断提高目标管理工作的水平。

④目标管理的主要特点。第一，员工参与管理。目标管理是员工参

与管理的一种形式，由上下级共同商定，依次确定各种目标。第二，以目标为中心。围绕目标制定计划、建立机构和制度规章，通过组织工作保证各项工作都导向组织的目标，使组织内的每一个单位和每个人心往一块儿想、力往一处使。第三，重视成果的管理。目标的内容要具体，能够体现出应取得的成果，通过对目标成果的评价得到奖惩的依据，这就促使人们重视成果，凭成果说话，克服"花架子"作风和"大锅饭"弊端。第四，重视人的管理。目标管理是把任务转化为目标体系，动员每一个工作人员参与管理，启迪其事业性、成就感，使其在各自的岗位上以主人翁的态度来从事工作。

目标管理是一种比较具体、细致的管理理论和管理方法，它的基本出发点是：通过让下级单位及人员制定组织目标和组织计划，以增强他们的责任性。目标管理的优点：目标管理对组织内易于度量和分解的目标会带来良好的绩效；有助于改进组织结构的职责分工；目标管理启发了自觉，调动了职工的主动性、积极性和创造性；目标管理促进了意见交流和相互了解，改善了人际关系。

德鲁克的目标管理理论虽为现代经济管理制度，却与我国现代中小学校目标教育高度契合，有异曲同工之妙。目标管理理论就其全员参与、目标中心、交流互动、绩效反馈以及管理过程及程序的计划性、组织性、层次性、递进性等，对学校教育教学改革实践有着重要的借鉴与参考意义，集中体现为意识前瞻与观念更新，具体表现在凤鸣教育实践的整体架构和目标导向、结果导向、问题导向。一是凤鸣教育改革与实践坚持"'一体两翼'内涵特色发展"的整体构思与设计，体现教育改革的整体性、计划性及意识指导性；二是凤鸣教育实践坚定目标导向，矢志不移"群凤和鸣·声震九垓"理念、"凤翔九天·志存高远"精神、"天高地阔·凤举鸾翔"理念、"丹心雅意·雏凤清声"育人目标；三是各年级、各处室分阶段拟定改革目标及其工作重点，以服务及取得教育教学质量作为衡量凤鸣教育改革与实践成败得失的唯一标准；四是集思广益、凝心聚力，下基层、进课堂、听汇报、搞调查，查找问题、剖析成因，坚持问题导向，致力推进教育改革与实践。

（2）过程管理

"过程管理就是在承认每一项管理工作都是按照一定的逻辑和时段有序展开的基础上，通过策划、控制和改进过程的效果、效率和适应性等一系列方法、技术，最终实现管理目标最大化的管理方式。"[①]过程管理是现代管理常采用的一种管理方式，相比于强调目标和结果的"唯目标论""唯结果论"的管理方式，过程管理更注重"过程的增值，使目标理性，使起点和终点有序流动，形成有机联系"。[②]

过程管理是以德国管理学思想家赫尔曼·西蒙的"管理就是决策"理论和美国管理学家戴明提出的 PDCA 循环管理理论为基础。戴明提出的完整的 PDCA 循环包括 Plan（计划）、Do（实施）、Check（检查）、Adjust（处理）四个阶段，这四个阶段一直保持着持续改进、螺旋上升的趋势。它是过程管理理论的主要思想。可见，过程管理是一种动态的、改进式的管理方式。

教学管理是取得终结性质量的重要条件，只重结果不重过程的管理模式容易产生出一种畸形的、变态的、不真实的、不具有说服力的数据和结果，对于学校来说，过程管理显得尤为重要。

"学校过程管理是指管理者以国家法律法规和教育政策为依据，结合学校过去、现在的发展情况和未来的战略定位，设定管理目标，通过策划（计划、决策）、执行（实施）、检查（评价）、修正（改进）等四个环节来实施学校管理的方式。"[③]从过程管理的特点来看，学校过程管理具有系统性、连贯性、可控性的优势。整个学校是一个完整的体系，其内部由很多子系统组成，而系统内部又有很多复杂、相互关联的要素，

① 罗明东．学校领导与管理模式引论 [M]．北京：新华出版社，2022：143．
② 罗明东．学校领导与管理模式引论 [M]．北京：新华出版社，2022：143．
③ 罗明东．学校领导与管理模式引论 [M]．北京：新华出版社，2022：143．

使学校管理变得很复杂。学校过程管理，一方面可以将学校教育教学和行政管理分成若干个子系统，并按一定的方式组合、排列成连续的整体，既有利于时时监控，根据管理反馈的结果适时调整，又能根据学校发展需要提前规划。

校长以雅慧教育为理念采取过程管理，是将"雅行"作为主线贯穿于对学生的常规管理过程之中，如对学生采取以学生"自我服务，自我管理，自我教育"为内容、以班级值日为载体的学生自主管理模式——"三自"教育，并实施"雅行教育"优秀管理小组的评选制度，以此指导和评价各班级小组建设的过程管理。而对教学管理，则采取雅慧教师形成机制规范教师教学行为和加强教学过程管理。如加大备课、授课、作业、教研的检查力度，严格听课、评课制度。实行课堂的常态巡查、行政督导和专家指导，及时反馈、解决课堂教学问题。加强教研备课组建设，抓实抓细教学研究和集体备课。加强作业批改、周检月测和试卷分析评讲工作，提高作业和检测的有效性。

三、校长管理的个性

所谓校长管理的个性，即校长根据学校实情采取的相应管理措施。世界上没有两片相同的树叶，学校之间也存在着各种差异。因此，学校管理的措施也不一样。

我从校长助理到副校长，又从副校长到教委督导，再到校长，这段经历让我明白当校长不比教书，单靠外界是没用的，更多是要依靠自身的内驱力。于一所学校来说更是如此，最能提升学校品质的就是学校文化，唯有文化才能凝心聚力，让教师与学生心往一处想，劲往一处使。文化是学校的灵魂，内化灵魂外显禀性。因此，我担任凤鸣山中学校长后，紧密结合凤鸣山地名和学校校名，集民智、汇民意、聚民心，高度提炼了"凤"的精神寓意，深度挖掘了"凤"的文化内涵——雅、慧，整体规划，精心设计，从校门、道路、楼宇、壁雕、主题景观等方面，充分体现凤的文化符号和雅慧精神元素，让校园的每个角落都诉说"凤"的智慧，让建筑的每个细节都彰显"凤"的高雅。

通过挖掘学校文化内涵，凝聚学校教育观和价值追求形成雅慧教育理念。雅慧教育在学校管理上则坚持"234"的原则高效开展工作。

"2"即"两个坚持"，始终坚持"分工不分家"，即工作上分，思想上合；始终坚持"分职不分责"，即职务不同，责任共担。

"3"即讲"三气""三精"和"三思"。"三气"指工作中要树正气、筑底气、添豪气；"三精"指工作中谋事要精心、做事要精细、成事要精致；"三思"指工作要有思考、有思路、有思想。

"4"即"四讲"，讲政治、讲纪律、讲团结、讲奉献。

围绕学校的"234"工作原则，我们始终坚持校长主谋、副校长主管、中层干部主抓、教职工主干的管理格局。

校长的管理个性表现在创新管理和隐性管理。

1. 创新管理

校长管理创新就是要调整人与事各因素之间的关系，使之适应教育的形势，符合学校的实情，促进学校的发展。

（1）校长创新管理的思想

学校的发展在于改革，改革的潜力在于不断地创新，而创新的关键在于学校领导者。学校管理的创新首先是理念的创新，校长对学校的领导，首先是思想上的领导，作为校长必须要有创新的思想，用创新思想管理的学校才有活力。使学校年年有变化，让师生感受学校在发展，让社会看到学校有生气，作为校长，这是一种责任的体现，一种事业的追求。校长要有所知，有所能，有所悟，有所爱。多方位多角度深层次思考学校发展问题，思考如何有效实施充满人情人性人道的、以塑造人为中心、以培养人为根本的学校教育；有追求，要求校长工作追求高标准、人格追求高品位、精神追求高境界。学识品质优秀，思维适度超前，公正廉洁，胸襟宽阔，勇往直前。

校长的管理创新思想落实到具体的学校管理活动中，就是要求校长在处理学校工作时，把握好统揽与包揽、果断与武断、放手与撒手、参与与干预的关系。校长既要做到大胆地全面负责，又要科学地分层授权，形成既统一指挥、步调一致，又相对独立，各尽其职、各负其责、各显其能的管理创新格局。

（2）培养领导班子"管中思理，理中升管"的创新管理意识和行为

管理是一门技术，也是一门艺术。管是强制，理是疏导，管与理是一组辩证的对立统一体，二者的和谐正是管理者创新管理所要达到的境界。学校管理的创新，仅仅校长有创新思想是不够的，不足以改变学校的乾坤和扭转学校的局面，还必须大力培养学校领导班子和所有管理干部"管中思理，理中升管"的管理创新意识和实践行为。只管不理不能升华到创新，只理不管缺乏创新的基础前提，所以只有管中思理、理中升管、管理并举才有创新的可能。"管"与"理"的两大基本职能是控制与协调，控制旨在约束行为、形成规范，依靠的是权力、制度等刚性力量；协调旨在理顺关系、形成合力，依靠的是讲道理、动感情等柔性力量。因此，把管与理、控制与协调有机结合起来。"管"要依法施管，管而有度。"管"对方向、"管"准对象、"管"住要害、"管"出实效；"理"要依情行理，理而有节。"理"顺关系、"理"清职责、"理"和气氛、"理"畅情绪，使学校形成既有规章的严肃，又有人情的温馨，还有个人心情舒畅的生动活泼的工作局面，使每个人的主观能动性都能得到充分发挥。

（3）创新管理需强化教职工的"三个意识"

校长应注重教职工的团结意识、竞争意识、质量意识的强化，努力增强教职工的责任心、凝聚力和爱校情，为学校进步发展提供前提和保证，为管理创新营造浓厚氛围。

①强化团结的意识。

"凝聚诞生希望，团结产生力量"。团结出生产力，团结出战斗力，团结出效益。我认为认识和强化教师的团结意识应从三个方面着力。

首先，营造团结氛围。在全校教职工中大力倡导友爱互助、团结协作的集体观念；表彰团结互助的好人好事，批评工作上互相拆台、人格上互相诋毁的不良现象；及时疏通班子成员之间、教职工之间出现的摩擦和矛盾，努力营造学校宽松和谐的人际环境。

其次，抓好带头示范。"榜样的力量是无穷的"。一是领导班子的示范带头作用，要求班子每位成员必须自重、自省、自警、自励、以身作则，起好示范带头作用；二是共产党员的先锋模范作用，要求每位共产党员在学习、生活和工作的方方面面时刻保持共产党员的先进性；三是骨干教师的榜样激励作用，定期开展"骨干教师风采展示活动"，宣传先进事迹，展示才能风采，使广大教师学有榜样，干有目标，同时，给骨干教师压担子，使其真正体现示范性。

最后，注重沟通协调。信息沟通是达到理解配合的桥梁。工作中许多误会、隔阂和冲突，往往是由于信息不畅、沟通不够而引起的，所以校长要注重深入一线，观八方、想全局、摸清情况、问题和信息，积极创造互通信息、增加交流、消除误会的机会，把隔阂和矛盾消除在萌芽状态，建立学校宽松和谐的人际关系。

② 强化竞争的意识。

当今世界综合国力的竞争，表现为经济实力、国防实力和民族凝聚力的竞争。无论是要增强哪一个方面的实力，教育都处于基础性地位。作为教育工作者，树立正确的竞争意识是搞好本职工作的重要力量源泉。我们利用政治及业务学习时间，让教职工了解国际形势，认识到国际竞争给教育发展带来的艰巨任务；了解国内形势，使教职工认识到教育在各项事业发展中的基础性地位，从而增强忠于教育事业的责任感和使命感；了解教育发展的现状，认识到学校落后所造成的被动局面，使教职工认识到抢抓机遇，提高学校教育质量和办学效益的重要性和紧迫性。

在培养竞争意识时我们特别注意严肃竞争纪律，杜绝不正当竞争。对学校的各种评优选先、评职晋级工作，学校都应制定具体可行的实施方案，严格按规定程序和办法组织实施，避免评比评选评价的随意性。教职工参加各种竞争性活动，我们努力做到组织严密、评价准确，保证公平参与、公平竞赛、公平评价、公平选拔、公平表彰。

③强化质量的意识。

学校办学的宗旨是让人民满意。良好的教育质量是让人民满意的唯一标准。为了充分认识教育质量在学校发展中的重要性，我们通过组织教职工学习，联系学校在各个不同的历史时期，教育质量高低不同给学校发展带来的巨大影响展开讨论，使广大教职工深刻认识到教育质量是学校的命脉，教育质量是学校存在和发展的唯一理由。追求高质量是学校一切工作的出发点和归宿，离开了质量来谈办学是没有意义的。因此，学校工作必须以提高教育质量为中心，只有教育质量提高了，人民才会满意，学校才会赢得发展空间，而教育质量低劣，学校必将失去生存的基础和发展的空间，甚至面临被淘汰出局的被动局面。

（4）创新管理的运行机制

一是通过化法为规、以规建制、以制治校，强调学校管理的严肃性。为初步建立起规范化的管理运行机制，我们修订完善了包括岗位职责、常规要求、考核奖惩在内的 8 个规章制度，为学校各项工作的规范运行提供了制度保证。同时，通过耐心细致的思想工作和细致入微的情感管理，使各项制度要求变成了教职工的自觉行为，使管理过程更加科学规范。

二是建立三级管理系统，促进学校管理的规范化。第一级是由校长主持下的校长办公会和行政会议构成的决策系统；第二级是由学校"三处一室"组成的指挥系统；第三级是由各年级组形成的执行系统。实行三级管理，各级职能清晰，目标明确，有利于学校各项工作的开展。

三是完善教职工的考核评价体系，促进学校管理的科学化。学校倡导"不看资历不看学历只看能力"的用人观念，建立学校考核、学生评教、家长评价的三维考核模式。考核结果与教职工年度考核和工作安排挂钩，这一评价模式的实施，极大地调动了教职工工作的积极性，增强了干部和群众的危机意识和责任意识，使学校用人基本做到能级相称，人尽其才。

2. 隐性管理

隐性管理是针对显性管理而言。我们常说的学校管理通常指的是显性管理，也就是通过有意识的、直接的方式进行管理，如学校制度、管理措施、评价指标等。显性管理偏重于技术管理和结构管理，讲制度、强执行，具有一定的强制性和约束力。而隐性管理包含两方面的涵义："一方面是指通过以内隐的方式，侧重给下属思想的渗透，心灵的呵护，环境氛围的烘托渲染，组织文化的熏陶，人际关系的润滑等间接地使下属自然而然地萌发内在自觉的与显性管理方向一致的持久强大的行为力，对下属进行无形的非公开的内在的潜移默化的影响，从而持久地使其行为发生变化以达到管理目的的管理方式（谋人）（管是为了不用管）；一方面是指善于运用正确的认知、良性的象征和巧妙的谋略（策略），自然而然地渗透并优化管理的每一个环节和层面，整体提升组织管理的目标品位、运作性能从而以隐蔽的、间接的、持续不断的或跨越式的方式产生高倍管理效益的管理方式（谋事）（四两拨千斤），即所谓的'看不见的手'。"[1] 相对而言，隐性管理更人性化，也更容易让人接受。

雅慧教育除了采取人事管理、制定管理制度、实行管理计划、精细检查等显性管理，还将隐性管理作为校长的管理策略之一。一方面，通过构建雅慧校园文化、和谐的人际关系产生导向、规范、陶冶和塑造作用，实现隐性管理；另一方面，凭借校长自身的学识、能力、经验和人格魅力潜移默化地影响师生，产生同化效应，达到隐性管理的目的。校长隐性管理主要是依靠校长的非权力性影响力发挥作用的。

首先，"一所学校的观念体系、信仰体系、价值体系等对于学校的

---

① 陈向阳.学校隐性管理内涵的结构探析[J].当代教育科学，2008（7）.

发展、人才培养有巨大作用，是隐性管理的重要因素。"①凤鸣山中学确立了"天高地阔,凤举鸾翔"的雅慧文化理念,整体规划了学校物态文化,从校门到亭池,从道路到楼宇,从文化墙到主题雕塑,学校处处都在述说"凤"的智慧,处处体现了"凤"的高雅、智慧。学校正是通过营造以"凤"为主题的物态文化进行情感陶冶、认知导向、人文关怀,促使凤中学子自然而然地以"雅行""慧学"的高标准约束自己。

其次,校长的人格和观念是"无声的召唤、无形的旗帜,是无影的灯塔"②,"人格越高尚、观念越鲜明、目标越坚定,越能产生强烈的感染"③,就越具有吸引力、感召力和凝聚力。因此,校长一方面要树立正确的教师观、学生观、教育观,要有高尚的人格、奉献精神、优秀的心理品质,身正为范;另一方面,要与教师保持良好的关系,尊重教师的教学个性,要热爱学生、尊重学生,时常深入师生群体中,关心师生的思想、工作、学习和生活,帮助他们解决实际困难,还定期开展温暖"爱心荟"活动关心学生的学业与成长,以及坚持"送温暖、献爱心"活动,慰问生活困难的教职工,以情动人。

第三节　学区共同体有机融合

雅慧教育在学校采取"雏凤共同体"群体性合作学习方式,一方面能有效发挥教师的启发、激励引领功能,促进学生独立自学,实现师生高效互动;另一方面也能培养学生良好的合作意识和良性竞争意识。雅慧教育并没有止步于此,而是走出学校,坚持深化教育领域的综合改革,构建新型的学区教育发展体系——学区共同体。

① 姚敏.张楚廷大学管理思想研究[D].湖南师范大学,2015.
② 张楚廷.高等教育哲学通论[M].北京:高等教育出版社,2010:380.
③ 张楚廷.张楚廷教育文集第八卷:素质教育卷[M].长沙:湖南教育出版社,2007:286.

雅慧教育论

2017 年，中共中央办公厅、国务院办公厅印发《关于深化教育体制机制改革的意见》中提出要改进管理模式，试行学区化管理，探索集团化办学。学区集团化办学有利于促进教育优质均衡发展，让更多学生享受到优质教育。

一、共同体

"共同体"的概念我们在第一章已经提到过，这里再次强调一下：共同体是自然发展起来的对内外同时发生作用的现实的有机联合体，是建立在传统习惯法和共同记忆之上由各种相互关系组合而成的综合体。[①]

构成共同体要具备这样几个条件：第一，成员之间要有共同的信念和价值追求，互相认可且目标一致；第二，有特定的组织形式，有进行活动的地点和设施；第三，有相应的规则，便于交流、沟通，以及达成使命；第四，成员之间相互平等。而形成共同体的作用主要有：第一，营造良好的发展氛围，互相促进、共同发展；第二，整合与共享群体资源与智慧；第三，形成团体力量与优势，产生更大的效益和收获。

集团化是共同体的一种形式，正如张建教授所说："集团化办学的品牌系统是在集群发展理念下，以牵头品牌为核心，其他普通（薄弱）成员校品牌为分支，外部政策、组织、文化为支持性环境要素所构成的内外一体、相互支撑的集团学校品牌发展共同体。"[②]集团化是从单一品牌到品牌系统的转向，是"名校+"形式的延伸，是促进教育优质均衡发展、探索灵活多样的办学形式而采取的一种有效方式。2002 年，西湖区集团化办学成为全国首个公办基础教育集团，近年来，为了在更大范围内推动集团化办学，形成了"名校 + 新校"的教育集团、"名校 +

---

① 傅才武，余冬林.国家文化与国民文化的构造及其转换 [M].武汉：武汉大学出版社，2021：310.

② 张建，蒋昊彤.集团化办学的学校品牌系统：视域转向、内在逻辑与核心要件 [J].人民教育，2024（1）.

普校"的紧密型教育共同体、"学校＋学校"的项目学校联盟三种形态，通过不断迭代升级集团化办学，形成了全域集团化办学的良好气氛，扩大了优质资源的供给范围。除了西湖区集团化办学，上海的"委托管理"及学区化集团化、北京的"城乡学校一体化"、四川省宜宾市长宁县、重庆市大渡口区实验小学等集团化办学都取得了不错的成绩。

"静安区在集团化办学推进中采用不同的形式，主要包括单法人的多校区联合和多法人的学校间联合，并为首批组建的集团设计'一校多部，多部均衡''校际联手，区块联合'的不同发展路径。单法人形式多采用'名校＋新校'模式，但是各有不同的特点，如S教育集团属于'优质资源，快速复制'，D教育集团属于'一核两翼，中心融合'。多法人形式分为'特色资源，抱团发展''委托管理，帮扶发展''校际联合，特色传动'三种模式。"①

北京市海淀区从2002年开始，"由五一小学合并永定路一小、二小，中关村一小承办大秀花园配套教育设施，拉开了海淀区探索集团化办学的序幕。在历时二十多年的集团化办学实践中，优质校通过输出先进的办学理念，促进干部教师交流，强化课程整合开发，推动人才贯通培养，增强了薄弱校的自身造血技能，带动和发展了相对薄弱学校和农村学校，实现了新建学校的高起点发展。"②

（一）共同体模式

从西湖区集团化办学、上海静安区集团化办学以及北京海淀区集团化办学的经验来看，办学共同体的形式比较灵活，最大化实现优势资源均衡发展，促进了教育体制改革和制度创新。

1. 名校集团化

名校集团化作为办学共同体最常见的一种模式，主要是以名校为核

---

① 丁丹，张育平，郭鑫."互联网＋"环境中教师团队的培养途径与策略：集团化办校实践[M].长春：吉林人民出版社，2021：80.
② 丁丹，张育平，郭鑫."互联网＋"环境中教师团队的培养途径与策略：集团化办校实践[M].长春：吉林人民出版社，2021：82.

心，吸收其他成员校形成集团，通过向其他成员校输出品牌、理念、管理模式、优秀教师等方式，实现集团化发展。

名校本身在学校品牌、教育资源、生源力量、发展机遇等方面具有优势，但要保持自身高位发展，仍然需要与政府、市场、社会等保持良好的协作关系，从而汇聚更多优质资源，实现优质资源再生，因此，名校要充分利用自身优势，与其他学校组成集团，形成集团实力和影响力，实现学校的高位发展和多样性发展。

在当今择校风潮越演越烈的情况下，名校集团化通过实现优质资源均衡化，缓解了择校问题，推进了区域教育协同发展。名校集团化办学主要的组合方式有连锁式、加盟式、合作式、嫁接式。组合方式不同，其合作程度也不同，如连锁式合作，名校派出管理者直接参与新校管理，并将学校的管理文化、办学理念输出到新校，帮助新校实现跨越式发展。而加盟式合作是名校与加盟校基于双方自身条件与发展需要进行的合作，具有交易性质，双方优势互换、各取所需。

2. 城乡学校一体化

城乡学校一体化是加速城乡义务教育同步发展、协调发展和可持续发展的有效策略。2020年10月党的十九届五中全会通过的《中共中央关于制定国民经济和社会发展第十四个五年规划和二〇三五年远景目标的建议》提出"促进教育公平，推动义务教育均衡发展和城乡一体化""建设高质量教育体系"。①

城乡学校一体化是指以优质均衡为目标，对城乡之间不同水平的义务教育学校，通过构建一元化体制、一体化管理，建立教育要素双向流动机制，共享教育资源、教学资源，进行多层次、多元化的城乡教育合作。如北京从"十一五"时期开始探索城乡学校一体化建设，通过"一个法人，一体化管理"来理顺机制，成立一体化学校领导小组，负责管理整个

---

① 中共中央关于制定国民经济和社会发展第十四个五年规划和二〇三五年远景目标的建议 [N].
人民日报，2020-11-4（1）.

2016年陪同北师大国家骨干教师培训班参观校园

学校的行政、人事。[①] 从合作的紧密程度来看，可以将城乡学校共同体分成两种：第一种是"以城带乡"，优质学校引领普通学校，主要是城市学校主导，乡村学校依附；第二种是"城乡共生"，出于共同利益，承担共同的责任，城乡学校共享共建，平等互惠。

新时代，城乡学校融合的内容更综合也更全面，除了在学校管理、办学资源、师资队伍等方面进行协调管理、资源共享，更强调在精神价值、情感体验方面的交融。

3. 学区共同体

学区是一种行政划分，在同一个学区内的学校不仅存在地缘关系，而且在教育资源上也存在共建共享的关系。通常，同一个学区内的学校之间竞争大于合作，竞争优质生源、争取政府财政扶持、互相比升学率、比教育质量，为了在竞争中处于优势地位，往往拒绝共享资源，学校与学校之间形成了深厚的壁垒。而学区共同体的出现，打破了校际壁垒。学校不再是单个个体，而是以学区为单位，以共同体的角色参与社会竞争，因而具有团体优势，无形之中增强了自身的竞争力。

学区共同体主要是建立在各成员校存在共同目的、共同利益的基础上，以"共建、共研、共享、共生"为核心理念，在办学、管理、教研等方面形成协同管理机制和运行机制，实现优质资源共享，提升学区整体教育质量。如重庆沙坪坝学区教育共同体，在区教委统一部署下，成立了八个小学学区共同体，"学区共同体按照'学区组团、校校牵手、

雅慧教育论

共同发展、整体提高'的基本思路，以师资互动、教研互助、资源互享和文化互融为工作内容，逐步缩小区域办学差异，实现优质资源共享，提升全区小学的整体教育质量。"[1]

（二）办学共同体的优势

构建学校共同体作为一种新型办学模式，其目的依然是要实现学校发展。因此，不管是作为核心成员的名校，还是作为合作成员的普通学校，都是为了追求学校高质量发展。共同体是出于共同的目的，通过整合优势资源、构建品牌等方式实现协同发展、共同进步。

1.营造和谐发展教育生态

"集团化办学是教育体制机制变革的一种形式，促进了学校组织间稳定的合作关系和相互支持的生态体系的形成，在一定程度上拓展了学校边界。"[2]可以说，集团化办学增加了校际互动合作，改变了学校的封闭式管理模式，为学校发展营造了和谐的教育生态。

以往单一学校的运行模式，学校与学校之间是竞争关系，争生源、争教育资源、争政府扶持等，这种竞争关系分散了学校的注意力和精力，不利于学校高速发展。集团化、学区共同体这种办学模式，以机制共建、优质共生、和谐共进为合作原则，在尊重学校差异的基础上追求协同发展，既保持了学校的发展优势，也可以充分利用合作学校的优势为自己的发展助力，在实现优质资源均衡发展的同时，也整体提高了教育生态环境。

从另一个角度来说，办学共同体缩小了城乡义务教育、区域以及校际差距，缓和了教育资源不均衡造成的"择校"矛盾，也为学校营造了良性竞争环境。

2.资源合理配置

集团化、城乡一体化、学区共同体等办学模式，有利于从各个层

① 程燕，刘红斌，唐鸿.指向核心素养培育的英语深度学习研究[M].重庆：重庆大学出版社，2022：34.
② 孟繁华.集团化办学：超越传统的学校组织形式[J].中国教育学刊，2020（11）.

面对教育资源进行合理配置，最大化发挥优势资源的作用。如通过开展共同研讨、师资合作、交流活动等方式，把优质的教育理念、课改成果、管理模式、师资优势等教育资源合理配置到不同学校。

作为办学共同体，通过教育资源的重组与优化配置实现成员校共生、共享、共建，强化各校优势，发挥各自特色，激发办学活力。对办学共同体中的优质学校而言，一方面，可以发挥优质学校的示范和引领作用，扩大优质教育资源的辐射范围，提高整体教育质量；另一方面，优质学校通过与其他学校组成办学共同体达成优质资源的整合与再生，突破个体发展瓶颈，形成新的发展契机。对于办学共同体中的普通学校而言，通过与名校深度合作，引进先进办学理念、科学管理制度、教学模式等，能够切实提高教育教学质量，实现质的飞跃。

3. 全面提升教师素质

办学共同体的形成，为教师的交流学习创造了良好的条件。教师交流学习的方式有多种，如跟岗研修、轮岗执教、技能比赛、专业培训、名师带徒等，不仅可以提升教学技能，更新教育教学理念，而且能激发教师工作热情，挖掘个人潜能。

凤鸣山中学除了构建党员献课共同体、青年党员第四共同体、雏凤共同体以外，还采取集团化办学。2021年7月，按区教委统一部署，沙坪坝实验中学与上校实验学校作为成员校，与集团总校重庆市凤鸣山中学共同组成凤中教育集团，以"雅慧教育"为核心，成功布局"一校三点"，有效推动集团化办学模式。集团化办学通过捆绑式结对、共同体帮扶、项目式合作等方式，丰富学校办学形式，扩大初中优质资源有效供给面和辐射范围。

集团化办学模式主要是基于解决思想认识、寻找发展路径、实现共同成长的认知上，通过融合推进教育优质均衡发展。集团化办学模式将凤鸣山中学、沙坪坝实验中学与上校实验学校组成共同体，从学校管理、师资培养、教学教研、资源共享、文化建设等方面互融互助、合作共享，实现学校全面提升、高质量发展。集团共同体实现了共建共享、同心同行、美人之美、美美与共。

凤中通过法人统筹、品牌引领、项目带动三种方式实现集团化办学。法人统筹，即集团成员校的书记校长由集团总校的书记校长兼任，这种形式的办学有利于人财物的集中统一调度。品牌引领，主要输出集团总校的教育品牌、干部管理力量，截至目前，已向集团成员校输出12位管理干部、36位教师，实现了师资互动、干部互派、资源互享、文化互容。项目带动，总校凤鸣山中学以体育特色项目为抓手，将凤中作为实践基地，组织校际间师生双向奔赴，带动周边多所优质小学与中学衔接，合作发展、扩优提质、共同优质、共同增值，促进体艺特色蓬勃发展。通过这三种方式，目前已形成了由11所学校构成的凤中教育集群。未来，凤中将带动沙区更多区域学校一起进步，共同发展，特色立校，特色兴校，特色强校。

二、学区共同体的重庆实践 [①]

2015年11月，重庆市沙平坝区教委以重庆一中、重庆南开中学、重庆七中和重庆市凤鸣山中学四所优质名校为领军学校，将全区26所普通中学按地域组建成四个学区共同体，统筹推进学校管理、干部建设、师资培养、教育教学、文化特色等工作的整体发展，扩充优质资源数量，整体提升教育水平，更好地满足人民群众对优质教育的需求。后又将原来四个学区共同体升华为重庆一中学区共同体和重庆南开中学学区共同体，近距离深入学习两所名校。凤鸣山中学作为重庆一中共同体成员学校，以"共享"为核心理念，以"名校领军、组团发展、深化融合、整体提质"为发展原则，积极配合重庆一中精心精细做好共同体日常管理、抓实抓细共建项目的落实，推进优质教育共同发展。

---

① 邓仕民.学区共同体：共享核心经验与核心资源 [J].人民教育，2020（1）

1.共同体建设的主要工作

（1）开展学校管理合作交流

建立符合共同体实际的工作规范和管理制度：定期召开共同体校长联席会议、分管校长统筹部署会、中层干部项目推进落实会，使之成为共同体的基本管理制度；开展共同体学校办学、部门管理工作交流和研讨：研讨学校规划、特色发展、干部培养、师资培训、党务工作、工会活动以及质量管理等工作；实施中层干部交流任职：共同体校际间根据双方管理需要和工作实际，互派思想素质好、业务能力强、发展潜力大的中层干部和管理人员到对方学校交流任职或锻炼学习。

（2）开展师资培养合作互动

建立教师校际交流机制：制定校际交流教师的管理、评价、考核制度；开展轮岗交流执教活动：根据学区建设目标和各校实际情况，每学年成员校间双方商议互派等额优秀教师轮岗交流执教；实施学区教师培养计划：组建共同体名师工作团队，深入开展名师带徒、带教研组、带课题的"三带活动"；建立市区级骨干教师校际结对帮扶机制，联合开展学区新教师岗位培训活动。

（3）开展教学研联动互助

组建学区共同体学科中心组或学科学术委员会，统领、指导学区学科联合研讨。积极组织科研课题研究方面的合作，共同完成一项科研课题，每年开展一次共同体内全面的学术论坛、教学沙龙、教学业务培训、课题研究等教育教学活动，交流先进教育理念、教学方式和科研方法，提升教师业务能力；建立集体备课教研制度：制定切实可行的学科一体化教研制度和主题活动计划，扎实开展学科专题教研、集体备课活动。每学期每学科共同体集体备课不少于3次，集中专题研讨交流活动不少于1次，教、学案评比活动1次。不定期开展教师听课、评课、"同课异构"、优质课展示等教研活动；建立学区统一的教学监测体系：加强共同体内各学科的质量过程管理，在课程标准把握、教学过程控制、教学质量检测等方面实行统筹管理。学区每学期组织一次质量检测活动，并依据沙坪坝区教师进修学院期末质量抽测数据进行教学诊断与质量分析，随时掌握教学质量的动态变化，及时采取应对措施，促进共同提高；搭建德育交流平台：就班主任专业发展、主题教育、学生自主管理、社会实践等方面开展交流与合作，同时建立学区学生交流渠道，就体艺特长、主题教育、社团活动等方面进行深入合作。

（4）开展资源共建共享

搭建资源共享平台：学区购买企业级专业教学资源网盘；组建学科核心团队：开放成员校的教学名师、市区级骨干教师和科研骨干教师资源，引领学区各校教师的专业发展；开发和建设一批各校共享的精品特色校本课程：开放学校的课程资源、教学资源、主题教育资源、社会实践活动基地等,实现师生资源共享。开展联合培养工作：探索建立在初、高中学生培养工作上的有效合作。

（5）开展文化建设互融

共同体在教育理想和价值追求等理念层面达成共识，在办学行为、校园文化建设等实践层面则形成各校的特色。

2. 共同体建设工作的成效与特色

2017 年 10 月，共同体建设工作的推进实施情况接受了第三方测评机构——重庆市教育评估院的评估。通过梳理，得到如下收获：

（1）创新的共享模式，不断满足人民群众对优质教育资源的期盼

共享优质教育资源，缩小校际差距，对促进教育优质均衡发展、提高教育质量、办人民满意教育具有重要的战略意义。学区共同体的探

2017 年与贵州习水五中签订合作帮扶协议

索为此提供了不少经验。

在学区共同体建立之前，学校的"核心经验"和"核心资源"是很少对外开放的，一般都处于相互保密的状态，"优质资源"的辐射引领范围很窄。而普通中学学区共同体则打开了一个共享的通道，共同体成为优质教育资源的共享平台，它初步形成了多种优质教育资源的校际共享纽带。更可贵的是，当优质的教育资源从区域集中化管理下到学区共同体自主管理时，还破除了教育优质资源"统筹平均分配的误区"，突出了"需求对接"，共同体中的优质教育资源都可以得到充分展示，成员学校、教师群体和个体可以依据自身需要加以选择，这就基本形成了教育资源"有效的、精准的、创新的"共享。

通过普通中学学区共同体，不同类型的优质教育资源得到了有效共享，其中最有价值的还是各个学校的管理经验和各位教师的教育教学经验。由领军学校统筹规划，让学校与学校、干部与干部、教师与教师、学生与学生之间，通过"干部互培""教师互动""教研互助""文化互融"等方式，使办学、教育、教学等各个层次的经验得到了传播，经过实践检验、富有可行性和实施效果的优秀经验就会进入所有人的视野，成功经验的共享也使共同体最终成为"问题解决的共同体"。

（2）以"协同"为核心的理念，让共同体全体成员都得到提升

"协同"的理念更多地表现在"双保"的战略上，即确保成员学校内涵发展与提升，同时也要确保领军学校的办学质量持续提升。从政策启动之初，区教委就确立了学区共同体建设不是将领军学校的优质教育资源"削峰填谷""分散稀释"的原则，因此，共同体不会采用优质学校"师资统一调配""课程统一管理"等捆绑措施，而是通过共同体内的各种"互动"措施，以实践活动为载体开展合作，让教育智慧、策略、方法流动，"发挥辐射作用"，而共同体内领军学校和具有"优质教育资源"学校的管理层、骨干教师层都不会大规模地"变动"。

同时我们认为，优质教育资源输出的过程也是一个反思的过程，可

以更好地推动自身向更高目标奋斗。

我们还倡导尊重每一所学校的发展思路，尊重每一位教师的专业发展路径。因此，沙坪坝区普通中学学区共同体建设还会着眼于每所学校、每位教师的实际情况和发展需要，着力于学校"自我变革"的"内生动力"，即"我要变"，而不是在共同体压力下的"要我变"。这些便是共同体"协同"发展理念的内涵。

（3）创新共建方式，形成"引领"和"协商"两类共建模式

① "引领式"共建模式，即以领军学校为共同体建设的"核心主体"，领军学校将优质资源"直接输出"为主要的"行动方式"。如成长导师项目：学区共同体各成员学校遴选本校教师中的优秀教师"苗子"，作为"项目学员"，领军学校根据成员学校的申报情况，遴选名师、专家作为各项目学员的"成长导师"。再如"跟岗研修"项目：成员学校由校级领导带队，到领军学校开展为期3-5天的跟岗学习；或者领军学校校长或各级干部，定期不定期地到成员学校，进行教育教学管理、课程改革等方面的调研、专题报告、座谈交流。

"引领式"共建模式便于优质办学经验的单向移植，效率高，可以在事先系统地规划。这也是教育均衡过程中常用的模式。

② "协商式"共建模式，即领军学校仅为共同体建设的"组织单位"，共同体成员学校平等参与的共建模式。如凤鸣山中学与成员学校形成的共同体，在这种共同体中，各校的领导干部参与讨论共同体的整体规划，制定各种活动的规则，共同体在讨论中形成统一的指导思想和行动纲领。各学校均承担共同体

重庆市中小学党组织书记"双带头人"邓仕民
工作室开班仪式

的"共建活动"。这种模式下的活动多数情况下都不是单向的输出，而要汇集各校智慧，比如遴选共同体各校各学科优秀的师资力量组建名师团队，再让这支团队走进各个学校，进行优质课展示或专题讲座。

这种合作以统筹共建为工作机制，充分发挥各校办学特色和发展优势，但最终也要形成一致的行动，才能产生效果，因此活动设计阶段的沟通、协调工作非常重要，如凤鸣山中学共同体的"一体化教研活动"，具体策略为"三统一"，即"统一协调学区各校集体备课"：原则上每学期安排一次统一备课；"统一科研"：共同体内各学校以学科组为单位统一开展某一主题下的不同专题研究；"统一质量监测"：每学年上学期，共同体初中阶段举行半期考试联考，针对考试统一进行质量分析，研究提升区域内教学质量对策。这套教研工作方案是共同体学校领导团队长期沟通协调的结果，这个方案从诊断各个学校教研工作的问题入手，考虑了各个学校的实际。

"协商式"共建模式以"平等协商"为基础，"共同组织"主要活动，适合水平成员校水平接近的情况，也更能发挥各个学校的主观能动性。

（4）更大程度地发挥了名师辐射作用

沙坪坝区普通中学集聚了一批名优的教师群体，全区普通中学有研究员级教师 39 人，国家或市或区级学术带头人 25 人，国家或市或区级名师 21 人，市级未来教育家培养对象 12 人……各学区共同体通过"名师工作团队"建设发挥名师的辐射作用。

"学区共同体＋名师工作团队"形成了三种名师指导模式：①名师工作室发展中心模式，以单一名师为核心形成的指导模式，这与传统的"名师工作室"运作方式一致。②学科中心组模式，以学科骨干教师为中心，建立具有共同教育理想和教育追求的优秀教师团队，即共同体学科中心组，由团队进行专业指导。学科中心组成员由领军学校和成员学校学科骨干教师组成，这是学区共同体最有特点的名师指导模式。③学科青蓝工程模式，针对成员校薄弱学科，采取"学科帮扶"方式进行指导的模式。

学区共同体使传统的名师跨校指导更具可行性，尤其是学科中心组模式，可以更大程度地汇聚教育教学智慧，这是以前单一学校无法做到的，同时，它的辐射面也会更广泛。再有，学区共同体既有的组织架构可以使名师或名师团队的指导活动更具效率，更易组织。

（5）扩展了学生优质资源共享的途径，为每一个孩子提供更加适合的教育学区共同体，为学生直接共享优质资源提供了多种方式。如成员学校与领军学校举办"共建班"，实行教学进度同步、教学测试同步、教研同步等措施。再如，成员学校优秀学生到领军学校"共学"、特色课程教师走教、共享学习信息资源，等等。优秀学法的共享也是学生共享的重要内容。

3. 共同体建设工作的问题与思考

从重庆市教育评估院的评估中，我们也可以看到普通中学学区共同体建设在有些方面还需要进一步改进。

需要更加关注共建内容的全面实施与重点突破的平衡。"干部互培""师资互动""教研互助""资源互享""文化互融"是沙坪坝区普通中学"学区共同体"建设工作的五大核心内容，是"实现学校办学水平整体提升，缩小校际间的差距"的系统工作。但学区共同体在建设实施中，落实情况差异较大，五个方面都会存在明显的薄弱环节，需要在后续的进程中根据实际调整。

需要更加关注共建活动设计与问题解决的匹配。高质量的共同研修活动，是基于"问题解决"的"系列主题"设计。这方面还有一些需要注意的情况，如需要进一步关注不同教师的发展需求。问卷调查发现，88%的教师表示"非常愿意"或"愿意"继续参加共同体的教研活动，但不同职称教师的比例明显不同，很可能是教研内容未照顾到不同群体的需要；同时，需要在进一步发展教师的"关键能力"上下功夫，共同体研修活动可从"经验范式"向"研究范式"转变，提升教师的关键能力，如课程开发能力、研究学生能力、提升命题能力、指导学生学习的能力等；下一步还要进一步强化基于问题的学科联合研修规划，开展更多有针对性的活动。

　　共建共享、同心同行、美人之美、美美与共是普通中学学区共同体建设的理想，我们已经取得了初步的成效，评估数据显示，81% 的教师认为共同体建设促进了本校的发展；89.5% 的家长感受到自己子女就读的学校各方面有良好变化；84.2% 的家长对子女就读的学校感到满意，仅 4.2% 的家长暂时对子女就读的学校"不太满意"。我们将继续努力，把共同体学校打造成合作的共同体、成长的共同体、发展的共同体、命运的共同体，努力让每个孩子都能享有公平而有质量的教育！

雅慧教育论

第五章　以雅慧为导向的全面育人

对凤中学生而言，"雅"意味着持端正的品行行走世界。"雅"是在继承中华优秀传统文化的君子气度上，更重视社会主义核心价值观的落细、落小、落实，以帮助学生树立正确的价值观，进行理性的价值判断与行为选择，成为有信仰、有尊严的人。在人的发展中，"雅"修身养性，代表着一种向内的寻求。"慧"不断地积累学识，登高望远，代表着一种向外的寻求。向内与向外和二为一，才能促进人的全面发展。

"雅慧教育"既不偏重"雅"，也不偏重"慧"，而是"雅慧并举，雅正慧通"。同时，"雅正慧通"回应了当代中国在学生发展核心素养中对核心知识、关键能力、必备品格及其相互关系的关注。"雅"是基础，"慧"是重点，两者的关联体现了人的自我完善过程，什么样的人能够成为全面发展的人，在全面发展的群体中谁又能成为优秀人才和社会栋梁。"雅慧并举，雅正慧通"，这是一个优秀的凤中学生所应该呈现的时代风貌。这样的人才培养目标也预示着凤中学生培养的思路与策略需要做出相应的设计。问题的产生与思路的开拓是同步进行、相互依托的。把握转型发展的社会大趋势，以培育"雅慧并举，雅正慧通"的凤中人为核心，我们必须不断探索教育规律发挥作用的条件和范围，让教育规律真正为人的发展服务，在学校教育中创设呈现自由的环境、严谨的规划、深刻的体验。

第一节 构建"凤鸣雅韵"德育体系

立德树人是当代中国教育的根本任务。习近平总书记曾强调:"青年的价值取向决定了未来整个社会的价值取向,而青年又处在价值观形成和确立的时期,抓好这一时期的价值观养成十分重要。这就像穿衣服扣扣子一样,如果第一粒扣子扣错了,剩余的扣子都会扣错。"这第一粒扣子就是青少年的"德"。

"才者,德之资也;德者,才之帅也。"德是做人的根本,是一个人成长的根基。《左传》载有"太上有立德,其次有立功,其次有立言,虽久不废,此之谓不朽"。古代人生"三不朽",把"立德"摆在第一位,是因为万事从做人开始。陶行知先生也说:"道德是做人的根本一环,纵然你有一些学问和本领,也无甚用处。否则,没有道德的人,学问和本领愈大,就能为非作恶愈大,所以我在不久以前,就提出'人格长城'来,要我们大家'建筑人格长城'。只有这样,才能使学生自觉地创造真善美之人格。"[1]"立德树人"是我国历代教育共同遵循的理念。

2020年凤中国情教育报告会

当前我国学校德育存在诸多弊端,如德育内容狭窄单一、德育模式多"说教"少实践、德育效果不佳等。很多教师在讲授各种价值观、道德观时只停留在理论高度,不注意结合当地德育资源和学校、

---

① 朱永新.新教育之梦[M].北京:人民教育出版社,2023:5.

学生的实际，只用一些枯燥而又空泛的道理教育学生，使学生感觉到事不关己，甚至厌烦不已。针对当前德育存在的问题，我们试图通过挖掘、整合学校自身的德育资源，构建以校园"凤"文化为载体的"凤鸣雅韵"德育创新项目，将德育与学生生活实践紧密联系，探索加强德育实效性、针对性的方式与方法，进而改进学校德育工作，推进素质教育。

一、学校德育

1. 德育现状

由于教育场域的复杂性、办学目标的功利化、办学自主权的虚位化、德育目标模糊、德育层次不清等主客观因素的制约，实践中的中小学德育教育还存在着许多问题。虽然学校意图通过创建德育品牌整合学校德育资源、加强德育实效性，改进学校德育工作，推进素质教育，但仍然存在一些问题：

（1）枝繁叶茂，根基不稳

这类学校往往秉承"德育工作思维"，无论德育管理机构设置还是德育队伍建设，无论管理制度制定还是校园环境布置，无论课堂教学改革还是课外活动拓展等，管理者都特别重实用、讲求实效，重德育知识传授。但由于缺乏理论指导，整体谋划不足，内涵凝练不够，令德育品牌没有"主心骨"，甚至于"一地鸡毛"。虽看似枝繁叶茂，但终因根基不稳而难以成就品牌。

（2）追风赶潮，浅尝辄止

这类学校进行德育品牌建设，不是从学校需要和实际出发，而是被外界因素左右。他们往往从参观学习中获得启示，以媒介宣传的实践做法为榜样，甚至奉上级领导意见为圭臬。经典诵读、书香校园、互联网+……可谓层出不穷。但由于缺少校本化的积淀和打造，浅尝辄止之下的德育特色建设便可能令"追风赶潮"自成目的，在时过境迁之后，因为情势改变而不了了之。

（3）功用至上，形神分离

这样的德育建设主要出于办学者的利益，方案、活动成为手段，教师、学生成为工具。因此，在工作实际中，学校所做的宣传与具体行动通常表现为"两张皮"。也有的学校为特色而特色、为品牌而品牌，甚至牵强附会，所谓的德育品牌不过是虚有其名，并无实际内涵，最终成为一种噱头。

（4）形式主义，缺少内涵

这类德育建设缺乏真诚，脱离学生生活实际，常以口号代理念，以运动代行动。要么说空话套话，故弄玄虚；要么不切实际，不求实效；要么弄虚作假，粉饰浮夸。

2. 应对措施

（1）德育目标分层化

朱永新教授在《新教育之梦——我的教育理想》中谈论理想的德育时，提出应该科学合理地设置循序渐进的德育目标，他认为："一般来说，道德教育大致可以分为三个层次。第一个层次是必须的层次，这是在现阶段最基本的道德教育目标，它要求学生遵守社会的基本公德，是道德的底线；第二个层次是弘扬的层次，这是以集体主体、爱国主义、人道主义、见义勇为、尊老爱幼等为基本内容的德育目标；第三个层次是追求的层次，这是以马克思主义世界观为基础，以共产主义理想为目标的德育体系。"[①] 学校进行德育教育，要遵循学生的身心特征和成长规律，设置循序渐进的德育目标以及采取合适的德育方式，不同年龄阶段应设置不同广度和深度的德育内容和德育实践活动。

学校德育要以"细"为教育的着力点，"行"在"细"中养成。学生爱祖国、爱人民、爱劳动、爱科学、爱社会主义的情感，文明的行为习惯，良好的道德品质是通过教育形成的。其"情感"和"品质"的

---

① 朱永新. 新教育之梦 [M]. 北京：人民教育出版社，2023：11.

培养既要着眼于人才培养目标，又要着力于细微处培养学生自爱而爱人，爱父母、爱兄弟姐妹、爱同学朋友、爱集体、爱社会主义。要使学生认识到"爱"是良好道德品质形成的最基

与 2023 届高三毕业生共庆毕业季

本要素，懂得"没有爱就没有道德"的道理。

优良传统道德提倡人伦价值，强调个人在人伦关系中的权利和义务。一个人既然在社会中生活，就必然会同各种人发生不同的社会关系，承担不同的社会角色，遵守良好的道德和义务。就其爱父母来说，正如儒家认为：父子关系是一种最基本的关系，从一个人对待自己父母的态度可以推断他对他人、对国家、对社会的态度，只有崇敬父母的人，才能对国家、对事业尽忠，"求忠于忠臣之门"，正是从这一逻辑推论出发的。"孝"作为立德的一个重要方面，在社会主义市场经济体制逐步建立和完善的今天，仍有着积极的意义，特别是社会主义国家的公民，讲敬老爱幼，提倡社会公德等都是我们中华民族的传统美德。

我们的德育目标是培养学生具有高尚的道德品质，这是迄今为止人类追求的最高远的道德境界。我们教育培养青少年一代在家应是好孩子，在校应是好学生，在社会应是好公民。良好品德的培养，要靠教育工作者从细微浅处着眼，讲究教育方法，选择合适的教育内容。

教育内容力求"小""近""实"。小，即根据不同年级学生的知识水平和理解能力来确定教育内容和主题，易于理解；近，即根据不同年级学生思想的不同起点，不同的思想实际，与其学习、生活十分接近的特点来选择教育内容，严格要求，点点滴滴，使学生既感到新奇，又易于接受；实，即内容要实实在在，从身边琐事、日常行为规范提出

2022年凤中大思政课"信仰的力量"

明确具体的要求，不高悬，不空喊口号，使学生觉得可信、可学、可做，其良好的行为习惯从小养成，从小事中形成良好的道德习惯。如甘肃省肃州西洞学校分年级开展"学雷锋暨文明礼貌月"、经典朗诵和红歌传唱、法治教育、禁毒教育等主题宣传教育实践活动，并给每个年级制定不同的目标、不同的实践内容。

学校以发展的思维分层设置德育目标，有广度、深度地设置不同层次的德育内容和德育实践活动，有助于让学校有计划、有层次地开展德育工作，将德育工作落到实处。

（2）强化党管德育

加强党对学校德育工作的领导，充分发挥党组织的方向引领、思想引领、价值引领和组织保障作用。一是确保正确的政治方向和教育效果，大力发挥党管德育功能，牢牢把握育人方向与主动权；二是通过"党建+德育"的方式，统一规划、整合资源、多方联动，提升德育站位和成效，形成德育合力。如凤鸣山中学将党史学习教育与"雅行"德育有机融合，高度重视师生心理健康、安全教育工作。学校围绕建党百年路，开展了喜迎党的二十大系列活动，面向学生开展了"红岩青春，绽放未来"德育剧比赛、"红岩讲堂100场进校园活动——红色电影"凤中站、第九届"凤中好声音"歌唱比赛、"丝路花雨，筑梦中国"主题书展、"红岩精神耀我心"读书活动展、2023届毕业典礼暨高2023届成人仪式等系列活动，有力促进了师生感党恩、听党话、跟党走。

（3）德育品牌建设

"基于品牌本身所暗含的质量保障，德育品牌意味着对学校德育质量的更高要求，这是学校内涵式发展的价值取向"①。正如我们前面谈到的创建党建品牌一样，把德育与品牌结合，引入品牌理念、品牌思维、品牌发展模式等进行德育教育，充分发挥品牌价值、品牌效应与规模效益的功能，促进德育向更高品质发展。"德育品牌是学校在德育基本目标实现之后向更高目标的追求，是德育高品质的象征，也是现代学校走向质量全面提升的必然追求。"②

创建德育品牌是为了更好地开展德育教育，要注意避免走入我们上面提到的一些误区，使德育品牌形式化。因此，我们在德育品牌建设过程中，首先要注意传承与创新。德育品牌要以学校现有的德育优势和特色为基础，与学校的办学思想、教育理念、文化精神一脉相承，契合学校发展特性。同时，在传承的基础上也要创新，要进一步挖掘现有资源的内涵与深意，丰富德育活动形式，实现德育品牌可持续发展。其次，以师生为核心。学校创建德育品牌的最终目的是进行德育教育。因此，德育品牌建设要与师生发展实际相契合，符合师生发展身心规律，始终坚持以人为本，围绕立德树人构建德育品牌体系。

综上所述，学校通过凝练学校办学理念、德育特色形成德育品牌，整体规划、多方联动，整合德育资源，开发德育课程、设计德育活动以及形成德育评价，构建德育品牌体系，提升学校德育工作效能，实现学校德育高质量发展。

二、雅行德育

德育强调对人思想行为长期的熏陶引领和无声浸润，不是上几节班会课做几次活动就能有效果的。"抽象的道德戒律光靠说教是不能深入人的心灵的，是不能为人所掌握的。"③人的德性形成，要在自然活动和

① 黄洪霖.学校德育品牌建设的理性反思 [J].中国德育，2019（16）.
② 黄洪霖.学校德育品牌建设的理性反思 [J].中国德育，2019（16）.
③ 朱永新.新教育之梦 [M].北京：人民教育出版社，2023：6.

人文环境中陶冶而成。学校开展德育工作，应遵循这一规律，在结合学校自身德育建设特点的基础上，拓展德育建设的广度与深度。

凤鸣山中学在长期的实践中一直在探索德育的新模式，如改革"三自教育"操作模式、更新学生会管理模式等，但仍存在难以形成规模效应等问题。推进"凤鸣雅韵"德育教育体系，深入完善现有的德育育人机制，实现雅行教育常态化、德育活动序列化、德育效果实效化，同时也实现了社会主义核心价值观与雅行德育的有机融合，培养全面发展的"雅韵"学子。"雅韵"学子就是指具有雅志、雅鸣、雅行三大特征的学生。"雅志"是指学生信念坚定，志向高远，爱国爱家，胸怀天下；"雅鸣"是指学生人格健全，情感丰沛，悦纳自我，发展自我，成就自我；"雅行"是指学生行为规范，具有规则意识，守规矩，讲尺度；举止文雅，情趣高雅，实现知识和精神的同步成长、智慧与人格的同步发展。

1. 扎根于校园文化

德育品牌不可能是无源之水、无本之木，必须是有"根"的。这个"根"便是每一所学校各具特色的文化意蕴和文化气质。

"文化"合在一起讲，最早见于《易传》，所谓"观乎天文，以察时变；观乎人文，以化成天下。""人文化成"，简言之，即"文化"。学校要重视对学生"德"的涵养。而对于学生"德"的涵养往往通过校园文化浸润来实现。优秀校园文化是学校的魂，对师生起着导向、凝聚、激励和约束的作用，有利于师生树立大局意识、责任意识和创新意识。可见，文化育人是实现立德树人根本任务的重要途径。

凤鸣山中学凝练的"凤鸣雅韵"德育教育体系完美融合学校校园文化——"凤"文化，放大校园文化符号，强化校园文化形象，通过校园文化的有形建设，推动德育的无形教育在学生的成长过程中施加深刻影响，留下深刻痕迹。

"仰凤凰之修容，涵育优雅；萃凤凰之智慧，镕铸雄强。"凤鸣山中学的学校教育绝不仅仅是关注学生的文化成绩，更多的是关注学生知识与精神的同步成长，关注学生智慧与人格的同步发育。凤凰是集高雅和智慧于一体的象征，学校借用凤凰的美好姿容，比喻学校要培育学生优雅的气质；借用凤凰的高超智慧，比喻学校要锻造学生内在的雄强。

"雅"是人内外兼修的气质，是精神修养不断提升而外显的文雅风范。"凤鸣雅韵"包含雅志、雅鸣和雅行三个核心要素。

"志"是志向、意志，"雅志"教育指对学生的理想信念教育。理想信念是人生之舵，帮助学生在青少年时期坚定爱党爱国信念，树立远大的人生理想，践行为党育人、为国育才的教育目标。我校的"雅志"教育将孩子的理想信念教育列为重中之重。通过班主任利用好读报课、班会课的思政教育主阵地，按学年段分步开展爱党爱国教育；通过团委牵头开展的主题团日活动渗透理想信念教育；通过生涯规划课、专家讲座、雏鹰计划、家长进校园活动等开展生涯教育，让孩子们在教育中树立人生目标，形成健康的人生观、价值观。

"鸣"取表达情感、意见、主张之意。"雅鸣"教育意在培养独立人格，通过与心育结合，既强调孩子的个性发展，又关注孩子的心理健康，让学生悦纳自我、发展自我、成就自我。培养学生的独立人格，就要允许学生保留和发挥自己的兴趣，我们从尊重人的个性发展的需要出发，设计多元化课程，开展了丰富多彩的学生社团活动。我校重视学生的心理健康，通过开设心理课、专业团队辅导、"525心理健康周"活动、心理咨询、心理解压等方式，为学生的心理健康保驾护航。

"行"是行为、行动，是人知行统一的能力，是在长期实践活动中培养的稳定的行为习惯。学校的雅行教育意在通过加强对学生的价值准则教育，让凤中学子拥有高尚的德行和懿美的才能，引领师生认知生命的价值，增长生存的智慧，培养造就一批温文尔雅、谦恭持重、荣辱坦诚、知书达理的凤中人，并以此染化和推进学校与社会文明的和谐共进。

2. 雅行教育先行

（1）"三自"教育的创设

凤鸣山中学历经多年的探索实践，成就了"三自"教育特色，即"自主学习、自主管理、自主发展"，其实质就是弘扬人本主义的教育思想，强化师生的校园主体地位。它尊重师生的独特个性，关注他们的个性成长；在团队和谐中生长个性，让团队成为个性成长的文化空间；个体内在素质各个方面的和谐发展，让个性更加个性。

① 自主管理，和谐共生。

自主管理强化师生的主体地位，充分注重人的潜能的发挥，它尊重师生的独特个性，追求在团队和谐中生长个性，在自我服务、自我教育后实现个体和集体的价值。

学校每天安排一个班轮流负责学校常规管理工作的检查督促。一人一个岗位，一人一份责任。在凤鸣山中学，经常可以看到由学生组成的检查小组在各自的岗位上检查督促学校常规管理工作：出勤、清洁、课间操、自习纪律、就餐秩序……值日班级还会选派一到两名学生担任校长助理，负责值日工作的安排与监督。

毫无疑问，这种模式改变了过去单纯由教师管理学生的状况，让全体学生主动参与，体验学校管理，以"外控"引导"内控"，从"他律"走向"自律"，强化了学生的主人翁意识和行为规范意识，增强了管理的实效性。

"我认为这个活动创意很有意思。""你这个方案还有欠缺，应该……""我想近期内搞一次比赛，检验一下训练的效果"……走在凤中校园，人们常常会听到这样的议论甚至争执。而这一切，都源于学校蓬勃开展的各类社团活动。为了让学生在活动中懂得竞争、学会合作、磨砺意志、增长才干，从社团组织者的竞选到活动方案的设计，再到活动的组织开展，学校都大胆放手，教师退到了幕后，学生成为了活动的主人。

② 自主学习，群凤和鸣。

自主学习是在自主管理基础上的主动升华与延续，它强调培育学生强烈的学习动机和浓厚的学习兴趣，从而进行能动的学习，即主动、自觉、自愿地学习，而不是被动地或不情愿地学习。它与新课程改革自主、合作、探究的学习理念达到高度的契合。

"以前有不懂的问题，老是喜欢找老师帮助解决，老师也鼓励我们多问，但久而久之，也就养成了依赖老师的习惯，没有自己的思考了。"凤中的学生还说，现在老师常常鼓励我们课前预习，课后反思，有问题先问自己，课堂上要积极思考，主动发言，有时我们还能走上讲台当小老师呢。如今，凤中学生自主学习的习惯正在逐渐养成，自主学习的能力不断提高，不少家长都反映自己的孩子比以前更爱思考了。

要变传统的接受学习为自主学习，就必须大胆进行课堂变革。为此，凤鸣山中学积极探索，努力实践，激活课堂，诱导自学，改变课堂沉闷的状态，变知识传授型课堂为问题探究型课堂，让学生真正成为学习的主人。

③ 自主发展，一鸣惊人。

自主管理和自主学习，追求的是个体的自主发展，最后达成的是"雏凤清韵，一鸣惊人"的育人目标。

（2）雅行教育的创新

学校推行的"雅行"教育，脱胎自学校的"三自教育"，从三个不同的层面，层层递进地对学生的举止行为、谈吐气质、情趣心灵进行滋养涵润，旨在培养学生的健全人格，通过各种丰富多彩的活动，引领学生"唯美""向上"的个性化发展，树立起生命的信仰，引领学子们做一个有爱心、有责任感、有道德、有品位的现代人。

我校雅行教育的三个层次包括举止文雅的养成教育、气质优雅的涵养教育、情致高雅的心灵教育。养成教育——举止文雅：得体文明的举止是人的外在魅力之一，从一个人的举止中我们可以窥到他的内心世界。

一个人仪表美的核心内容就是举止美。举止既是一个人道德修养、文化水平的集中体现，又表现出其与别人之间的交往是否有诚意。因此，在人际交往过程中，要做到举止有度、得当、文明、潇洒。涵养教育——气质优雅：气质作为人重要的个性品质，是一个人的内在修养和外在行为谈吐、待人接物的方式等的总和，健全高雅的气质总能给人一种美的感受。优雅的气质外在表现为有良好的道德修养、高雅的谈吐、严谨的学风。心灵教育——情致高雅：情致高雅意指培养学生积极乐观的生活态度、健康的兴趣爱好，以及对美好事物的执着追求。它着眼于学生的终身发展。拥有了高雅情趣，就能够获得心灵深处的愉悦，使生命得到升华，让灵魂得到洗礼。

（3）"雅行教育"的实践与操作

加强雅行教育制度建设，通过规范管理，促进学生行为规范的养成教育。

我校制定了一系列的规章制度，通过规范管理，指导和规范学生的日常行为；学校实施"雅行"教育班级常规量化月考评制度，强化常规管理；我们开展学生系列评优工作，营造学先进、做先进、争先创优，追求卓越的积极氛围。

第一，实施"雅行教育"班级常规量化考评制度。就班级学生出勤、纪律规范、清洁卫生、文明礼仪、寝室管理、课间操集会、安全检查、中午静校、读报课班会课、管理日志等十个方面加强一日常规管理的检查，每日公布检查结果，每四周评比一次，评出"雅行教育"班级常规管理优秀班级和优秀年级。班级常规量化考评结果作为评选校级"十佳"班主任和校级"优秀班主任"的重要依据。每月，在学生处的组织下，学校组织实施了"雅行教育"优秀管理小组评选活动，共评选出校级"雅行教育"优秀管理小组10个、年级"雅行教育"优秀管理小组（2个/班），制作校级"雅行教育"优秀管理小组展板进行校园展示，张榜公示年级层次的"雅行教育"优秀管理小组喜报，充分发挥了课堂学习评价的激励作用。

第二，制定学生操行评定等级制度，强化学生自我约束意识。

第三，制定《雅行公约》，制作《重庆市凤鸣山中学学生文明行为规范须知》《重庆市凤鸣山中学学生成长手册》《重庆市凤鸣山中学班主任须知》《重庆市凤鸣山中学班主任工作手册》等规章，用以指导和规范学生的日常行为。

2018年凤中体育活动节上接受重庆电视台专访

第四，根据学校具体情况科学、合理进行"三自"值日的量化管理的制度调整，实现学生自主管理。

第五，实施"雅行教育"优秀管理小组的评选制度，以此指导和评价各班级小组建设的过程管理。

第六，实行书香班级的建设评比制度，加强书香校园建设。

第七，丰富校园文化建设，实施感动校园学生人物评选工程，寻找发生在学生身边的"雅、慧、善、真"的人和事。

第八，制定学生系列评优制度，从集体到个人、从班级到学校各个层面，评出各类优秀学生，加强了学先进、做先进、争先创优、追求卓越的积极氛围。

通过文明礼仪教育，促进学生举止文雅的涵养教育。

第一，借助"凤鸣之声"校园广播，通过讲故事、传知识、播雅曲的方式，陶冶学生的性情，使学生明礼仪、懂道理、有文化。

第二，借助"凤鸣·晨风"校报，刊登校园新闻、师生原创作品、文摘精华，传播学校文化，引导学生用眼睛观察，用头脑思考，用心灵体味，用文笔呈现。

第三，充分利用读报课、班会课的德育主阵地，使其成为班主任引领学生展示自我、了解世界的舞台与窗口。

第四，通过专家讲座，提升师生对文明礼仪知识的了解和掌握，形成弘扬美德、追求高尚的良好校园风气，自觉提高自身的文明素养。

第五，走进社区、走上街头，做文明礼仪的宣传者和践行者。

第六，开展丰富的德育主题活动，培养雅行教育自我意识，渗透气质优雅的涵养教育。

从教育的意识上看，涵养教育就是以陶冶人的德性为前提，以培养造就一批批温文尔雅、谦恭持重、荣辱坦诚、知书达理的学生，并以此染化和推进社区与社会的文明。

通过丰富的社团活动，促进学生情趣高雅的心灵教育。

培养学生高雅的情趣，就要立足于培养学生高雅的爱好，允许学生保留和发挥自己的兴趣，因此，我们从尊重人的个性发展的需要出发，设计多元课程，开展了丰富多彩的学生社团活动。

3. 丰富德育实施方式

（1）创建年级学生会

年级学生会（也称为年级部），是借鉴大学院系管理模式对规模较大的学校进行分层次、科学化、系统化管理的一种形式。现如今，这种管理模式在部分中学也开始实行。实行年级学生会的管理模式，能够进一步提高我校德育管理水平，也能够让德育工作做到精细化，推动我校教育教学工作的健康持续发展，增强年级德育管理的自主意识、创新意识和责任感，明确年级德育管理的职责，尽最大可能突出年级参与学生管理的实效和时效。

目前，我校的校学生会隶属于校团委管理，参与到日常诸多方面的工作，及时高效地推动了学校日常管理工作的进行。

（2）德育活动平台

我们以学生"青年志愿者协会"为核心，开展青年志愿者爱心公益活动和志愿者服务活动。我校"青年志愿者协会"的成员举行了"阳光微梦想"公益活动，帮助重庆市长寿区三平乡新蕾幼儿园的小朋友们实现他们的微梦想。为救助一名身患绝症的中学生，由我校青年志愿者协会组织发起一场涉及多所中学学生参与的慈善义卖活动。此次活动得到了《重庆晨报》的大力支持，《重庆晨报》、华龙网都对此次慈善义卖活动进行了报道。每年12月份，我们都会组织初中部的学生志愿者去看望沙区敬老院的老人们，为他们送上一份小小的贴心的礼物，送去关爱与祝福；高中部的学生志愿者则走进学校附近社区一些孤寡老人的家里，与老人们拉拉家常，慰藉他们孤独的心。让学生通过社会实践和社区服务活动，初步了解社会，获得对社会的真实的认识。掌握基本的社会实践和社会服务技能，把自己在课堂上所学知识应用于社会，并服务于社会。培养学生关注自然和社会的责任感、使命感，服务和奉献意识、发现社会问题、分析和解决社会问题的能力。

学校还设置社区服务学分考核制度，社区服务的学分认定由学生处组织完成。学生在三年内应参加不少于10个工作日的社区服务，共获得2个学分。参加的社区服务不足10个工作日的，不给学分。社区服务的学分认定，主要依据学生参加社区服务的计划、总结和学生社区服务的记录（服务的对象、时间、项目、评价、单位证明等）。

（3）德育活动类型

① 大题小做——着眼德育大目标，细做德育小项目。

为了充分发挥中华优秀传统文化和社会主义先进文化的育人功能，真正落实社会主义核心价值观入眼、入脑、入心，发挥好雅行德育文化的作用，学校不仅将仁、义、礼、智、信……24个传统文化精华及注解，装饰在凤馨阁六根承重柱上，让师生随时可见、可学；学校还将24字解读和"凤"主题理念文化印制成字帖，组织利用读报课诵读或临帖练字，每年开展一次全校性的书法比赛，使"凤文化"和优秀传统文化深入学生的头脑，深入学生的内心，从而培养学生热爱民族优秀的传统文化，培养学生的爱国主义精神，培养学生的使命感和责任感，引领学生弘扬社会主义核心价值体系精髓的中国精神。

② 小题大做——狠抓学生教育小事，实现养成教育大目标。

学校十分重视学生举止文雅的养成教育，注重从小事抓起。2012年，学校搬迁到新校区不到一年，学生环境建设还不完善。无意中，我们发现高中楼到学生宿舍地带有一些白色垃圾。于是，我们开展了捡垃圾义务劳动，师生在校园内一共捡了12推车白色垃圾。我们将这次的"劳动成果"在校园主干区展示了一天。参与劳动和过往的师生无不对自己以前的不良行业习惯感到愧疚和痛恨。学校就是通过狠抓这些师生生活中的小事，把小事拓展，充分挖掘这些小事的教育意义，实现学校雅行德育的目标，实现社会主义核心价值观的雅行德育文化大指向。

③ 主题精做——形成主题教育体系，做精德育品牌活动。

为了落实立德树人根本任务，形成正确的价值准则，学校建立了以节日纪念、法纪教育、爱国主义、集体主义、社会现象等为线，以养成教育、涵养教育、心灵教育为目的，以弘扬中国精神和社会主义核心价值观为指向的主题班队会、主题雅行德育活动。

学校举行以"文明修身，诚信立德"为主题的班会活动，各班针对学生的特点设计教育内容，由浅入深、循循善诱；通过演讲比赛和讲故事比赛等形式使价值准则内化成学生的自觉行为和基本的道德情感；以传统节日、宣传日、纪念日为契机，组织学生开展道德实践活动，把价值准则教育融入活动中；通过各年级考试纪律教育，培养学生诚实守信的美好品德；通过组织学生假期职业体验和社会调查等实践活动,加深学生对社会主义核心价值观的认识和理解；以学生"青年志愿者协会"为核心，开展青年志愿者爱心公益活动和志愿者服务活动，培养学生关注自然和社会的责任感、使命感，服务和奉献意识；以丰富的社团活动，引导学生的参与意识，增强学生的集体主义精神，实现学科价值准则落地。

第二节 雅慧智育

在国家深化教育改革、全面推进素质教育的思潮下，学校发展智育不再以分数高低论优劣，而是以培养学生的核心素养、创新思维为首要任务，坚持五育并举，全面发展。这就要求学校转变传统智育观念，改变人才培养模式，树立多样化人才观，鼓励个性化发展。

雅慧教育以多元智力理论为基础，致力于培养学生的动手能力、高阶思维能力、科学探究能力与创新意识。

一、多元智力理论

"多元智力理论"由美国著名认知心理学家霍华德·加德纳提出。在他看来，智力并不容易"被测量"，只能间接地通过智力解决问题和发挥创造性所表现出来的能力来衡量。而且智力不是一元的，而是多元的，并总是以组合的方式存在。在 1983 年出版的《智力的结构：多元智能理论》一书中，加德纳把智力定义为"是在某种社会和文化环境的价值标准下，个体用以解决自己遇到的真正难题或生产及创造出某种产品所需要的能力"。[①] 他认为，一方面，智力不是一种能力，而是一组能力；另一方面，智力不是以整合的方式存在，而是以相互独立的方式存在的。在此基础上，他阐述了他的关于智力的种类及其基本性质的多元智能理论。

1. 智力的构成

加德纳在《智力的结构》一书中提出七种独立的智力：语言智力，"与对口头语言及书面语言的敏感性、学习语言的能力和运用语言实现一定目标的能力有关"；逻辑—数理能力，"涉及对问题进行逻辑分析的能力、

---

① 谭建伟，李凌.数字时代大学生生涯发展与就业指导 [M].重庆：重庆大学出版社，2022：65.

进行数学运算的能力和用科学方法调查问题的能力"；音乐能力："包含表演能力、创作能力和欣赏音乐风格的能力"；身体—动觉智力："指使用整个身体或身体的某部位（像手或嘴）来解决问题或创造产品的能力"；空间智力："认识、操作广阔空间（例如，那些被海航员和飞行员所使用的空间）中的物体和一定有限领域（如那些对雕塑家、外科医生、国际象棋手、绘画艺术家和建筑师意义重大的领域）内的物体"；人际交往智力："一个人理解他人目的、动机和愿望并最终与他人一起有效工作的能力"；自知自省智力："涉及认识自我的能力、拥有带有个人特点的有效工作模式（包括一个人特有的愿望、恐惧和能力）并据此调整自己生活的能力。"①

2. 智力的性质

加德纳认为每个人都拥有多种智力，不同人的智力组合方式不同，因此每个人都有自己独特的智力组合，这就是智力差异。造成这种差异的原因是遗传基因和人后天生活环境的差异。加德纳强调，"认为某些智力好或者不好是很危险的。毫无疑问更多地拥有某些智力比或多或少地缺少这些智力要好。然而，我必须要强调的是，没有任何一种智力本身是道德的或不道德的。严格来讲，智力与道德无关，任何智力都可以用来做出对人类具有贡献性或破坏性的事情。"②智力不存在好坏，也没有道德和不道德的区别，关键是人运用智力时的所作所为。

和测量智力是通过智力解决问题和发挥创造性所表现出来的能力来衡量一样，智力的性质也是看人是不是对智力进行建设性的、积极的运用。这是一个价值问题，而不是简单的计算问题。

3. 智力的表现形式

正因为每个人的智力都有自己独特的组合方式和表现方式，因此，

---

① 霍华德·加德纳. 智力的重构——21 世纪的多元智力 [M]. 北京：中国轻工业出版社，2004：50—52.
② 霍华德·加德纳. 智力的重构——21 世纪的多元智力 [M]. 北京：中国轻工业出版社，2004：54—55.

我们很难找到一个适用于任何人的统一的评价标准来评价一个人的聪明和成功与否。

加德纳认为人的智力是多元的，除了言语—语言智力和逻辑—数理智力两种基本智力以外，还有空间、节奏、运动、人际交往、自我内省等五种智力；每个人都具有不同的智力，智力以复杂的方式进行组合运作。为此，他提出：乐观的学生观、个性化的课程观、"对症下药"式的教学观和多元化的评价观，倡导通过发掘和培养学生的多元智力，促使学生发现自身智力强项和优势，找出开发学生智慧潜能的途径，从而为学生创新精神和实践能力的培养创造最佳的手段和条件。"慧学课堂的构建"，正是课改教师在这一思想及理论指导下，开展个性化教学，以问题导学方式引导学生充分运用各自的智力优势，开展"自主—合作—探究"学习，是多元智力理论的高度体现、印证与具象化。

二、雅慧智育机制

雅慧教育以"问题导学"方式引导学生主动学习，积极探索互动式、启发式、合作式、探究式、体验式教学方法，"激发学生独立思考和创新的意识，切实提高教学质量。要让学生感受、理解知识产生和发展的过程，培养学生的科学精神和创新思维习惯，重视培养学生收集处理信息的能力、获取新知识的能力、分析和解决问题的能力、语言文字表达能力以及团结协作和社会活动的能力。"[①]

1. 雅慧智育重实践与创新

雅慧教育除了构建以"问题导学"为核心的"慧学课堂"以外，学校还积极开展综合实践活动，高度重视学生的动手、动脑能力，尤其是学生常态化的科学观察、实践操作和创新思维三个方面，为此学校将原师生食堂改建成 18 间理化生实验实践探究室、机器人与人工智能、领

---

① 吴柳. 素质教育理论与基础教育改革 [M]. 桂林：广西师范大学出版社，1999：411.

雁工程项目、STEAM 课程基地、生物地理创新基地、物理气象科技基地、高校先修课程基地等，建成凤中实验探究中心供学生使用。

综合实践活动是我国基础教育课程体系的结构性突破，其目的在于改变学生以单纯地接受老师传授知识为主的学习方式，为学生构建开放的学习环境，提供多渠道获取知识，并将学到的知识加以综合运用于实践的机会，促使学生形成积极的学习态度和良好的学习策略，培养学生的创新精神和实践能力。如《生物技术与生活实践》课程，这是一门跨学科的实践性课程。从学生的真实生活和发展需要出发，从生活情境中发现问题，转化为生活主题，通过调查、探究、参观、制作、体验、分享等实践方式，帮助学生形成具有价值体认、责任担当、问题解决、创意物化等方面的意识和能力，促进学生综合素养的提升。其主题主要涉及植物、微生物、人体健康等，涵盖植物学、微生物学、医学、生态学等方面的知识。

学校开展了社区服务、社会实践、研究性学习等综合实践活动，并实行学分制。学校规定学生每学年必须参加不少于 1 周的社会实践活动。校外实践活动占 4 个学分，校内实践活动（包括军训）占 2 个学分。

社会实践活动的学分认定主要依据学生参加社会实践活动结束后向学校提供的自己参加社会实践活动的计划、过程记录和总结及有关单位的证明。

军训是社会实践的独立内容，时间不少于一周。参加军训成绩合格的学生获得 2 个学分。

学校还在高一、高二年级开设了研究性学习，包括趣味编程、科技小活动、玩转科学、仿生学设计等。为了活动有序而有效地开展，学校组建了专门的师资队伍，从课题的选择、计划的制定、活动的实施、成果的提炼，由专人对学生进行指导和管理。学生研究性学习学分以课题评价形式认定，学生在三年中的研究性课题原则上不少于 3 个。也可根据课题大小和难易程度，以及所需学习时间来确定学分。原则上研究型学习每 1 个学分不少于 18 学时。研究性学习学分认定，结合指导教师评价、学生自评、学生互评确定其是否合格。

研究性学习要重点抓好三个阶段：开题阶段评价、研究过程评价、结题阶段评价。开题阶段评价，主要依据学生提供的开题报告表。研究过程评价，主要依据学生提供的课题组的研究过程记录，课题研究中所收集的资料（包括原始资料）、处理过的资料、参考文献。结题阶段评价，主要依据课题研究小组和学生本人提供的具体反映本人参与研究的感受、体会小结、课题研究的成果报告（包括论文、研究报告、解决问题的方案、活动设计、实物设计等）。

学校生物教研组借助"寒假实践"平台，组织了第四届生物综合实践活动大赛，面向全校学生征集作品，如科技小论文、微视频、生物模型等。这次大赛促使学生很好地发挥了"好奇好动好问好专"的思维个性。学生们运用课堂所学知识和科学实验经验，发现、设计和制作探究性实验作品，开启自己的探索之旅。这次大赛共收到上千份作品，生物模型七百余份，科技小论文百余份，微视频几十个。

2024 世界机器人大赛青少年机器人设计大赛 Super AI 超级轨迹赛项重庆选拔赛在重庆市凤鸣山中学举行。Super AI 超级轨迹赛包括星际穿越、太空探索等项目，全面考验参赛选手的编程能力、创新思维和团队合作精神。学校高一二班张轩睿获得世界机器人大赛青少年机器人设计大赛超级轨迹重庆市赛高中组冠军，另外，马致远同学获得恩欧希教育信息化发明创新大奖，张皓辰同学被评为重庆市科技小能手。在雅慧智育的引领下，凤鸣山中学无人机和机器人等科技创新项目已经走到全区前列。

2. 雅慧智育重合作

雅慧智育在多元智力理论的基础上，坚持认为我们每个人都拥有七种智力，只是这七种智力在每个人身上以不同方式、不同程度组合而呈现出差异性。而这种差异性可以通过合作学习互相弥补和促进，从而使合作学习小组成员取得不同程度的进步和发展，最终实现全面发展。

合作学习指以学习小组为基本形式和载体，系统利用教学中动态因素之间的互动，促进学生的学习，以团体的成绩为评价标准，通过师生之间、生生之间的多维交流，共同达成教学目标的教学活动。它是以学生自主、合作、探究、展示为基本特征，通过问题导学和教师引领以及学生积极主动的学习思维，在知识与技能、过程与方法、情感态度与价值观多维目标上全面发展的学习活动方式。其包括独学、结对学、群学、激学等学习方式，以及独立思考、合作探究、激情展示、对抗质疑等环节与步骤。

合作学习对促进全面发展具有深远意义：有助于学生合作精神和团队精神的培养；有助于提高学生的交往能力；合作学习面向全体学生，有利于促进每个学生的发展；合作学习能够充分调动学生学习的积极性。[1]

雅慧智育以自主合作学习小组建设为主要抓手进行教育教学，切实提高教学质量，切实增强学生课堂学习的主体意识和动手实践能力。合作学习强的学生全员参与和学生之间的相互合作，通过结对学、讨论、小组内互相帮助，让学生感受、理解知识产生和发展的过程，发现知识生成的初步或基本的规律，基本达成学习目标。

凤鸣中学形成了合作学习小组——"雏凤共同体"，并形成了完整的合作学习体系，前文已经详细讨论过，这里不做展开，只再次强调自主合作学习方式重视对学生发现问题意识和解决问题能力的培养，激发学生积极主动的学习思维。学校教学必须围绕学生自主学习产生问题、合作探究解决问题为主线，以真实的问题形成问题链，推动教学向深度进发，让学生在过程中形成知识结构和能力结构，在学习过程中完善核心素养。

---

[1]　蔡静.合作学习小组的建设研究——基于群体动力学理论的探讨 [D].西南大学，2011.

三、雅慧智育重构多元评价体系

评价是指对信息资料进行收集、综合并加以解释，从而做出某种决定或价值判断的过程。它被用以辅助教育，是教与学的一个主要的、本质的、综合的组成部分，贯穿于教学活动的每一个环节。评价提供的是强有力的信息、洞察力和指导，旨在促进学生的发展。

1.评价的原则

（1）发展性原则

以学生的发展为出发点与落脚点，以发展的眼光和尺度对每一个合作学习小组进行评价。注重发挥评价的促进作用，客观、公正地评价学习小组，科学合理而有效引导学习小组的建设。

（2）多元化原则

采取过程性评价与结果性评价相结合、定性评价与定量评价相结合、自主评价与检查评价相结合等多种方式，从学习习惯、学习行为表现、团结互助精神、学习自觉性、学习环境维护、考试成绩等多个方面对学生进行评价。

（3）赞许式原则

对学生坚持以激励为主，实施赞许式评价，即尽可能以加分激励的方式进行评价（少数指标除外），善于发现学生的闪光点，强化学生的良好行为的养成和保持。

2.评价途径

（1）学习小组评价

学校制定了《关于实施"四环导学慧学课堂"学习小组评价与管理的指导意见》，从"日常行为规范"和"学科学习"两部分对学习小组进行评价，总体评价分为"优、良、合格、待努力"四个等级。

①实施"捆绑式"评价。学校对学习小组实施"捆绑式"整体评价，"一荣俱荣，一损俱损"。

②落实"过程性"评价。借助小组学习过程评价表和管理过程评价表，科任老师和班主任对学习小组的"学科学习"和"日常行为规范"进行及时评价。学科小组长负责本组"学科学习"方面的评价记录，学科长（科代表）负责汇总各小组的评价结果，当天统计，及时反馈给科任老师。行政小组长负责本组"日常行为规范"方面的评价记录，当天统计，及时反馈给班级核心管理层和班主任。

每周学习委员将本班学习小组的学习过程评价表汇总后交科任老师签字确认，然后交班主任备份，最后上交学校课程中心；班长将学习小组的管理过程评价表汇总后交班主任签字确认、备份，然后上交学校学生处。

班级核心管理层汇总各小组一周的评价结果，及时公示，并呈报给班主任，协助班主任和科任老师评选班级每周优秀小组和个人。

班主任每周对学习小组的"学科学习"和"日常行为规范"评价结果进行汇总、点评，然后将小组的量化考核结果上墙公示。组织班级核心管理层和科任老师评选班级每周（或每月）优秀小组和个人并上报年级和学校参加年级和校级优秀小组评选。

科任教师对学生课堂评分每周进行一次统计，每月进行一次小结，每期（或每个模块学习结束）进行一次总结，其结果作为学生"学分认定"的基本依据和学生综合素质评价的相关依据。

课程中心、学生处每周对各班的学习小组评价结果进行汇总、分析，将分析结果反馈给年级，督促年级指导各班的学习小组建设工作。

课程中心、学生处每月根据学习小组每周的评价结果进行评比，每个年级推选两到三个校级优秀学习小组和优秀管理小组，并制作展板进行公示；每个班推选一到两个年级优秀学习小组和优秀管理小组，并制作海报进行公示。

③改革"总结性"评价。

改革学生学期评优方案和奖学金评定方案，把学生所在的小组每学期至少要获得一次年级层面或校级层面的优秀小组，作为学生评优和奖学金评定的硬性条件，强化学生课堂的参与度。

（2）学业水平评价——学分认定

学校制定了《重庆市凤鸣山中学高中学生学分认定管理方案》，对学生的学业水平进行评价。

①学科类课程学分的认定。

学科类课程学分认定主要依据学生修习课时记录、修习过程反映、模块（专题）考试成绩。这三个方面的评价均为合格的学生，才能给予其相应的模块学分。

修习课时：学校必须按照课程方案规定的课时开设课程，学生必须全程参加课程修习。学生参加课程修习的时间必须达到该课程规定学时数的 90% 方为合格。学生参加课程修习的时间由任课教师记录。

修习过程：包括学生在课程修习过程中的态度，参与教学活动情况，完成作业及各项修习任务情况，从事与课程修习相关的实验和实践活动等。结合任课教师评价、学生自评、学生互评确定其是否合格。修习过程分为优秀、良好、合格、待努力四个等级。评为待努力的同学必须补修。

模块（专题）考试：每个模块（专题）的考试分为阶段测试和终结测试，阶段测试由任课老师自行组织，终结测试由学校在模块修习结束时根据课程标准统一制题组织测试。

测试形式除书面笔试外，还可以根据学科的特点采取必要的非书面笔试。如英语的听力测试，自然科学的实验操作，体育、艺术学科的表演等。

阶段测试和终结测试均采用百分制，阶段测试成绩按 30%、终结测试成绩按 70% 计入模块考试成绩，模块考试成绩达到 60 分的评为合格。

学生按规定完成模块学习并经考试、考核后，任课教师根据学生的修习课时、修习过程反映、模块（专题）考试成绩，填好相应表格，送交学校学分认定小组初评；社区服务和社会实践活动，由学生处根据学生的活动材料组织初评；研究性学习由指导教师根据学生提供的材料组织初评。

所有初评结束后，送交学校学分认定委员会召开全体会议终评确认，经学校学分委员会复审确定学分后，向学生公告。学生对学分的认定有异议，可在公告之日起15日内向学校学分认定委员会提出复议申请。学校学分认定委员会根据学生的复议申请，组织相关人员公开复议，作出最后的确认并向学生解释。

②学生学分材料管理。

经学校学分认定委员会确定学分后的材料全部交送教务处。教务处对学分确认材料做好登记，再分类存档。属学生个人的材料，放入个人学习档案存放，属班级材料的放入班级学业档案存放。所有档案材料随时接受上级有关部门的监督。

③补考或重修。

学生因考试成绩不合格而不能获得学分的，可以申请一次补考。补考安排在新学期开学一周后进行。补考仍不合格的，可申请重修、改修或放弃（必修课程不得放弃）。重修要在接到不认定学分的通知后一年之内完成，重修所用时间不得与先前修习所用时间累加。同科课程（模块）重修时不得超过2次。学生因修习课时不足不能获得学分的，可在不足修习课时认定。由于休学等原因造成修习过程间断的，若已取得学分的，其学分及有关材料可以连续计算或使用；若没有取得学分的，由学校学分认定委员会根据情况确定重修或补修。从外校转入的学生，必须提供已读学校的学分认定材料，由本校学分认定委员会研究确认。

（3）综合素质评价

学校采用学生自评、同伴互评、教师寄语等方式，从道德品质、公民素养、学习能力、交流与合作、运动与健康、审美与表现等方面对学生进行综合素质评价。

在深化教育改革大潮中，凤鸣山中学作为重庆市高中新课程改革的样本示范学校，以自己独特的文化理想和价值追求实现着学校的优质内涵发展。"慧学课堂"改革的制度设计和实践追求，是对凤中的地位和固有资源充分认识以后所选择的正确发展策略。一路走来，尽管荆棘丛生，艰辛不已，但学校意志坚定，探索不止。

四、英语创新教育实践

创新教育是实施素质教育的重要内容，作为一名合格的教师，要不断通过自己的创新实践去培养学生的创新精神和实践能力。如何培养学生的创新能力呢？我想结合几年来的英语教学实践谈谈自己的看法。

1. 转变教育观念

转变教育观念不应当是一个空泛的概念，而应当有具体的内涵。从全面实施素质教育方面看，我们应当从以下几个方面实现切实的转变。

奈斯比特曾说："处于伟大的知识经济时代，我们最需要的是创造力和创新精神。"[①]当今世界知识更新速度很快，学生学习的性质应当由传授性、继承性转变为探索性、创造性；教师不仅要重视知识传授和能力培养，更应重视激发和培养学生的学习兴趣，使他们形成有效的学习策略，养成良好的学习习惯；在教学内容上，要从单纯的语言教学转向既学语言，又学文化和科技知识，陶冶情操，健全人格，培养人文精神；在教学方法上，既要有中国特色，又应学习国外先进的教学方法，不仅研究教法，而且研究学法，这些方法都要以培养学生的思维方式、思维品质为出发点，以便真正实现培养学生创新能力的目的。

2. 营造宽松的学习环境

要培养创造型人才，就必须建立起良好的学习环境，经常在课内外采用肯定性和激励性评价方式来激励学生。对于学生回答的问题，注意发现其闪光点，并及时反馈给学生。如：你的发音很准确；你回答问题

---

① 沈世德，薛卫平. 创新与创造力开发 [M]. 南京：东南大学出版社，2002：132.

2020年凤中美育教育——体育动感风景

的声音真响亮；你说得非常好；等等。美国心理学家阿瑞提（Arisity）对个人创造力提出了十分独特的见解，他认为，与集体活动相补充的"单独性"，与紧张学习工作状态相对比的"闲散状态"，与理性思维相反的"幻想"，以及摆脱禁锢的"自由思维"，是培养创造力的重要条件。因此教师在平时教学中应关爱学生、信任学生、尊重学生，师生间形成民主、平等的人际关系，使学生身心愉悦，有安全感，形成积极向上的精神状态和健康的心理。只有不断创设这种宽松、和谐的学习环境，学生的思维才会不受束缚，他们才会自主学习，才可能去探索、去创造。

3.培养学生的参与意识和协作精神

教学中要注意发挥教师的指导作用和学生的主体作用。首先要为学生提供参与教学的机会，不断激发和引导他们的学习兴趣，为他们提供更多的思考和创造的时间和空间。如教学生学习被动语态，可让学生各自准备一个小塑料袋，里面装有钥匙、小刀、铅笔头、钢笔等物品。师生对话时可一件接一件往外拿，边拿边问：What's this？What's it made of？What's it used for？这种教法和学法会引发学生跃跃欲试的心理，学生在亲自参与活动获得成功的过程中，体验到成功的喜悦。其次，要加强课堂讨论，强化学生的竞争意识和创新意识，培养学生提出问题和解决问题的能力。如在让学生看图并讨论如何使用电梯时，可联系英语教材中的课文内容进一步深问：Why doesn't John use the lift for the last three floors？教师有意给学生留出一定的思考时间和空间，让学生用英语讨论。再次，将英语游戏引入课堂，在游戏中培养学生的想象力及参与意识。英语课堂教学活动，不仅仅是语言知识的传授和能力的训练，更重要的

雅慧教育论

是师生之间、学生之间在信息传递和情感交流中思维的碰撞、新信息的获取。课堂上开展 Group work，Team work，Pair work 等教学活动，要以小组成员合作性活动为主体，以小组目标达成为标准，以小组成绩奖励为评价依据，师生在小组内相互讨论、评价、启发、激励，从而拓展学生的思维空间，提高学生的创造思维能力。

4. 设疑布阵，激发求知

在教学中教师应善于引导学生于无疑处觅有疑，善于激疑，有意训练学生发现问题的能力。教师可精心设计一组类似的问题，使学生沿着教师引导的逻辑思路步步深入，达到恍然大悟、触类旁通的目的，也可使学生按教师的指导自己去发现、探索，并得出结论。如教材中有一篇阐明世界人口的科普文章，没有引人入胜的情节，比较枯燥。教师在上课时带来一个挂钟，说："今天大家看时间，来算一道题。"学生们甚是惊奇：英语课怎么上成数学课了？这时教师让学生静静地注视着秒针走了一圈，然后在黑板上写下一道题：$174 \times 60 \times 24 = ?$ 待学生报出答案：250560，教师问："你们知道这是什么数字吗？这就是现在全世界每天出生的婴儿数量。"当学生惊讶时，教师接着问：So it goes on，What will the world be in 600 years? 学生答：We don't know. 教师可趁势打开录音机说：Listen and find the answer.

正如爱因斯坦所说："提出一个问题往往比解决一个问题更重要。"教师应鼓励学生质疑问难，培养他们敢于标新立异、别出心裁，敢于逾越常规，敢于想象猜测，敢言别人所未言，敢做别人所未做，宁愿冒犯错误的风险，也不要把自己束缚在一个狭小的框内的创造品格。一方面要引导学生经常换个角度看问题，多问几个为什么，以便从多角度探索求异；另一方面，引导学生广泛联想，对学生进行发散性思维训练；再就是帮助学生归纳、总结，发现新问题。

5. 重视学法指导，培养自学能力

教给学生学习方法是优化教育的重要原则。古人云："授之以鱼，

227

不如授之以渔。"这就是说教师不仅教给学生知识，更重要的是教会学生获取知识的方法和本领，以适应竞争日益激烈的社会需要。著名教育家叶圣陶说过"教是为了不需要教"，"不教是为了养成学生有一辈子自学的能力"。因此，指导学生正确的学习方法，培养良好的学习习惯和自学能力，激发学生学习的积极性是创新教育的关键所在。培养学生自学能力的途径有：开办英语角、英语演讲比赛、英语晚会等形式。通过这些形式尽可能让学生动脑、动口、动眼、动手，使他们从中受到激励、启发，产生联想、灵感，增添创造意向，训练和培养创新能力。通过实践可知，英语的自学能力由以下几方面组成：

A. 能根据读音规则拼读、拼写英语单词和朗读课文；

B. 能独立运用视听手段听懂英语课文并操练英语；

C. 能独立回答教师根据课文提出的问题；

D. 能独立完成教师提供预习和复习的作业；

E. 能独立使用学习工具书和使用电化教学设备；

F. 能阅读与所学课文相当的课外读物；

G. 具备在预习课文时找出疑难点，并向教师质疑问难的能力。

只有这样，学生才能唤起潜在的创造智能，在意志和信念的推动下，支配自学探索活动，不断更新、深化和充实已获取的知识，为创造性思维的发展奠定基础。

第三节　雅慧体育

学校体育作为学校教育系统中不可或缺的重要组成部分，承载着传授知识、技能与价值观念的任务，同时也承担着磨炼学生意志、促进学生良好的心理品质形成的使命与责任。正如朱永新教授在《新教育之梦我的教育理想》中提到的"理想的体育，应该注重磨炼学生的意志，使学生永不言败，永不停歇，养成坚韧不拔的品质……理想的体育，应该培养学生坦然面对竞争和胜不骄、败不馁的心态，学会自我心理调节和科学训练，养成健全的心理素质"。[①]

2022 年与师生们一起参加乒乓球比赛

我国一直重视学校体育教育。新中国成立之后，我国就确立了"德、智、体几方面都得到发展"的教育方针，提倡"发展体育运动、增强人民体质"。1999 年，中共中央颁发的《关于深化教育改革全面推进素质教育的决定》中提出"德智体美全面发展"。从 2018 年开始，全面推进"德智体美劳"五育并举。体育作为国家教育方针，以课程的形式体现在学校教育体系中，但由于应试教育追求升学率、重智育轻体育的局限性，致使体育课程长期被边缘化，不受重视，成为可有可无的存在。"长期以来，我国存在着幼儿园没有体育课、小学安全体育课、初中应试体育课、高中自由体育课、大学温柔体育课的体育课堂教学范式，致使'学校体育仍是整个教育事业相对薄弱的环节'、'学生体质健康水平仍是学生素质的明显短板'。"[②]

近年来，国家越来越重视学校体育教育，先后出台了一系列指导性文件，加强学校体育教育，提高学生体质健康水平。2018 年 9 月 10 日，习近平总书记在全国教育大会上强调"要树立健康第一的教育理念，开齐开足体育课，帮助学生在体育锻炼中享受乐趣、增强体质、健全人格、锤炼意志。"

2019 年 6 月，中共中央、国务院印发的《关于深化教育教学改革全面提高义务教育质量的意见》指出"坚持健康第一，实施学校体育固

① 朱永新．新教育之梦 我的教育理想 [M]．北京：人民教育出版社，2023：42-49．
② 荣俊杰．上海市高中体育专项化教学的优化研究 [D]．华东师范大学，2020．

本行动。严格执行学生体质健康合格标准，健全国家监测制度。"

2020年，教育部印发《关于深化体教融合 促进青少年健康发展的意见》中对加强学校体育工作，提出学校要开齐开足体育课、开展丰富多彩的课余训练、竞赛活动，扩大校内、校际体育比赛覆盖面和参与度，组织冬夏令营等选拔性竞赛活动……支持大中小学校成立青少年体育俱乐部等举措，促进青少年健康成长。

学校重视并发展体育，其一是体育能强身健体，促进青少年身心健康、体魄强健；其二是培养学生进取精神、拼搏精神、公平竞争及团结友爱的精神、集体情怀、爱国情操等体育精神；其三，体育是实现学生全面发展的重要途径，也是发展德智美劳的前提和基础。当前，学校加强体育工作，走体教融合发展模式，让体育回归教育本源，全面推进素质教育，培养德智体美劳全面发展的社会主义建设者和接班人。

一、体教融合

体教融合是目前学校加强体育工作、促进体育教育高质量发展的最有效方式之一。体教融合是指体育和教育有机融合、相互渗透、相互促进，推进教学体系、训练体系、竞赛体系、管理体系等多方面深度融合。一方面将体育活动纳入到教育教学活动中，实现体育活动常规化；另一方面发挥体育育人功能，促进学科教育发展。两者同向发力，推动青少年文化学习和体育锻炼协调发展。

"体教融合是新时代建设体育强国的重大命题，具有落地的必要性与重要性。"[1] 体教融合不仅有利于学校落实全民健身国家战略，推动健康中国建设，还有助于学校发展竞技体育，为国家培养体育后备人才。学校坚持走体教融合发展模式，将体育系统的教学模式、课程管理优势、竞技体育等元素融入学校体育教学，创新教学方法、优化资源配置，从

---

① 马博威 . 体教融合创新运动训练发展路径 [N]. 新华日报，2024-6-21.

加强学校常规体育教学、开展社团活动和发展竞技体育三个方面实现学校体育教育高质量发展。

1.加强常规体育教学

一般而言，学校开展体育教育主要以常规课程

2016年全国青少年足球启动仪式在凤中体育馆举行

为主，包括体育课和大课间操。学校按照国家课程方案和课程标准开设规定的体育课。教师确定课程内容、课程计划、课程实施方案，并组织和指导学生学习体育相关知识、技能，主要以常规运动为主。

学校加强体教融合视域下的体育教学，首先要求教师转变观念，改变以往只注重基础技能和体能的教学，要加强专项技术训练，面向竞赛教学，进行有难度、有强度、有对抗的训练，增强其体质，锤炼其意志。

其次，要改变传统的、单一的体育教学形式，在教学内容、教学方法、教学模式等方面创新。学校要改变传统体育教学以技能和体能训练为核心的教学模式，转而以尊重学生个性与特长，培养学生运动兴趣和终身体育意识为核心。在教学方法上灵活运用多种现代教学方法，如情境教学、趣味教学、合作学习，充分运用游戏性、竞赛性的素材，丰富课程形式，激发学生运动兴趣，提升学习体验感。学校体育教育教学可采取抓点带面，以特色体育项目为突破口，形成特色体育课程体系，提升学校体育育人水平。在教学模式上，倡导先学后教。体育课不同于其他知识学科，怎样才能做到先学后教？凤鸣山中学罗诚教师认为，第一步，情境自学，先给学生导学案，自己学习、领会技术要领；第二步，合作互学，小组长带领分组练习；第三步，展示激学，分组进行展示，主动思考动作要领；第四步，提升领学，由教师指点，对存在的问题进行总结。课堂模式设计的四个步骤都定位于学生的"学"。他觉得体育教学的基本思路是从教师知识传授型课堂向学生自主探究型课堂转变，激活

思维，诱导自学，先学后教，不教而教……让课堂回归学生的世界，变成阳光灿烂、灵性生长、青春飞扬的舞台。

再次，学校从学生的兴趣和需求出发，采取体育基础课程＋实践活动的教学方式，夯实基础课程的同时也丰富了实践活动内容，不仅提升了教学效果，也调动了学生的积极性。凤鸣山中学严格执行学校2+2项目活动工作方案，学生参与率达到80%以上；85%以上的学生掌握两项体育运动技能，具有一项艺术特长、一项科技创新能力。学校还开展高中七人制足球赛、初中五人制足球赛、班级校园啦啦操比赛、年级趣味运动会、校园围棋联赛，全面提升学生综合素质。

最后，学校要加强与社区、企业、其他学校合作，共同建设或维护体育设施，实现资源共享，同时也为学校开展多样化体育项目提供基础设施，丰富学校的体育教学内容。

2. 开展课余体育活动与竞技体育

《关于深化体教融合 促进青少年健康发展的意见》鼓励学校"开展丰富多彩的课余训练、竞赛活动，扩大校内、校际体育比赛覆盖面和参与度……学校在广泛开展校内竞赛活动基础上建设学校代表队，参加区域内乃至全国联赛。"

学校除了加强常规体育教学以外，还应该开展丰富的社团活动、群众体育运动、学校运动会，完善学校社团制度，提供社团活动设施及经费，培养学生体育运动的兴趣，提高学生参与的积极性。

2021年凤中校运会开幕式——千人韵律操表演

学校承办校际联赛，市级、省级运动会，不仅为学生提供了展示自我的平台，也加强了校际交流与合作。如凤鸣山中学先后承办了2021年市中小学校园足球联赛、区第42届中小学生田径锦标赛；举办 65 届学校田径运动会、年级趣味运动会及各专项赛事活动 10 余项；学校羽毛球社、乒乓球社、街舞社等近 10 个社团活动开展得有声有色。

体教融合最显著的特征是将体育系统中的竞技体育引入学校教育体系，把竞技体育后备人才培养与学校文化素质培养深入融合，让学校成为为国家培养全面发展的高素质体育人才的基地。

杨烨在《上海市中学竞技体育竞赛组织现状与对策》中谈到，学校竞技体育是指由学校学生为主体，在各级各类学校中开展的以竞技体育人才培养为现实目标的训练比赛活动。重心在竞技体育，实体在学校。[①]学校开展竞技体育，既可以利用学校教育教学功能加强学生运动员文化学习，促进其全面发展，又能运用竞技体育专业的训练体制和设备为学校学生服务，提高学校学生整体体质。

学校发展竞技体育是落实"提高学生运动技术水平，为国家培养体育后备人才"基本任务的有效途径。学校可以根据自身体育教学软硬条件，有选择、有针对性地开展一些竞技体育项目，如田径、羽毛球、乒乓球、篮球、足球等，形成"一校一品、一校多品"特色学校，实现学校内涵发展。

二、雅慧体育

雅慧教育秉持"无体育不教育"的发展理念，坚持弘扬中华优秀传统文化与学校文化相结合，坚持以促进学生身心健康为目标、以培育民族精神为核心、以增强文化自信为追求，探索以体育人新模式。

雅慧教育"不求一时之功利，但求学生终身之发展"，始终站在培育人的高度来审视教育，发展教育。为让凤中学子在取得优异的学科成绩的同时，拥有健康的生活情趣和高尚的精神追求，学校坚持走凤中

[①] 杨烨. 上海市中学竞技体育竞赛组织现状与对策 [J]. 上海体育学院学报，2007（3）.

2020年凤中承办校际联盟篮球比赛

竞技体育与学校教育融合发展的体教结合培养模式，并已发展成为沙区乃至重庆的样板。学校落实五育并举的教育方针，坚持"一体两翼"的发展战略，践行"运动让生命精彩，体育使梦想成真"的竞技体育发展理念，重视学校内涵发展和体育特色办学，学校领导对学校竞技体育非常重视，形成校长亲自主抓、分管校长主管、俱乐部主任为主的管理机制，坚持以人才培养为目标、以项目建设为重点、以专业训练为手段、以文化学习为支撑的运行机制，做到竞技体育政策执行到位、物质保障到位、训练落实到位、成绩提升到位。

1. 雅慧模式

雅慧体育实施"群众普及体育 + 专业竞技体育"双轨并行双轮驱动的发展战略。普及体育着力培育全校学生的体育素养、涵养健康身心，弘扬传统文化，学校师生参与面广，普及程度高，举办时间久，项目涵盖八段锦、太极拳、传统武术、拔河、跳绳以及历届主题校运会、年级特色运动会、单项体育联赛活动等；竞技体育从田径一个项目发展到篮球、羽毛球、乒乓球、足球、射击、健美操、击剑等 8 个项目，旨在培养专业运动员学生的意志品质，发扬竞技精神，为高校输送高水平体育人才。学校以竞赛、社团活动为杠杆，改进竞赛办法，强调活动的群众性、竞争性、趣味性。

在普及体育活动开展和竞技体育项目建设中，注重体育文化氛围营造和特色魅力彰显，集体项目创意、运动队旗制作、运动服装设计、竞技动作编排、参赛曲目选取等均融入浓厚的文化元素，让中华优秀文化特质和"凤"文化基因有机融入，自信镌刻在每位运动员的日常刻苦训

雅慧教育论

练中，充分彰显在赛场上的每一次顽强拼搏奋进中。让每一名凤中学子在蓬勃发展的体育运动中，涵养文化，塑造品格，追求卓越。

（1）与时俱进，推进教学改革。

创新教学模式，采用"运动教育教学模式"理念，以"赛季"形式贯穿学期教学，变班级为赛队，让学生作队员，在比赛竞争中，掌握运动技能，提高团队合作意识，培养责任担当精神；实施高中体育选项走班教学，项目包括足球、篮球、羽毛球、乒乓球、健美操、田径、武术、排球、健康教育等十项，充分满足每个学生多元化的运动需求。开发校本课程，每周三上午为体育组教研时间，对体育工作进行专题研讨。体育类研究有"选择制教学探讨与实施""浅谈健康心理在中学生课余体育训练过程中的作用""以学生发展为本，探索课余训练新路""拓展训练在体育课教学中的运用和实践""浅谈心理拓展训练在体育教学中的运用"等文章刊登在相关教育刊物上。学校还组织体育教师完成《凤中高中健康与体育课程系列用书》的校本教材编写，内容包括体能、健康教育、田径、篮球、排球、足球、羽毛球、乒乓球、健美操等9项必修必学内容，精心制作100余节教学微视频，丰富教学参考资源。

（2）系统思维，强化项目效能。

以精准目标为导向，对足球、击剑、射击、健美操、田径、乒乓球等六大特色项目，制定了分层进阶发展目标，落实责任，限期达成，将传统项目做精、成熟项目做优、新晋项目做亮；以学生活动为重点，定期举办年级赛事和趣味运动会、校级运动会、体育节等体育活动，学

巴黎奥运会女子50米步枪三姿季军张琼月（左一）在凤中射击馆指导校射击队员训练

生参与率 100%，活动覆盖面 100%，真正做到凤中天天有运动，周周有活动，月月有赛事；以"体教融合"为抓手，加强与市、区体育局的交流合作和资源共享，凤翔俱乐部已发展为国家级示范俱乐部；发挥凤中教育集团总校资源优势，增强对成员学校、周边学校体育项目的引领带动，合力打造射击、健美操、击剑等体育项目，满足学生多样化体训需求，增强凤中体育综合实力。

（3）健全组织机构，考评结合，不断完善规章制度。

学校艺体工作由分管体艺的副校长主抓，体艺主任和艺术团团长具体负责艺体队的发展建设，利用凤翔青少年体育俱乐部和合唱团的辐射作用，带动了本校及周边学校体艺项目的普及发展。学校还将体艺训练工作纳入学校整体工作的考核内容，教师带队比赛成绩也作为业务考核、职称评聘依据之一。学校和学生处能定期表彰体育优秀教师和品学兼优、积极参加艺体竞赛活动并取得优异成绩的学生。

同时建立了体艺管理规章制度，《凤鸣山中学运动队管理、奖励条例》《合唱团管理规定》使学校体艺工作管理有章有序。

2. 完善体育体系

一是以生为本，实施科学评价。坚持发展学生核心素养，建立体质监测中心，为学生提供准确的身体评析报告，制定科学锻炼的膳食建议；完善体质健康档案，客观记录学生日常体育参与情况和体质健康监测结果，纳入学生综合素质评价档案。针对竞赛运动员，教练组为成员（队员）制定了科学合理而又切实可行的阶段训练计划，包括月度训练计划、周训练计划和日训练计划等，详细规定了各阶段的训练任务和各项训练指标。他们把科学和刻苦有机结合起来，给每个项目组都配备了摄像机等设备，对队员进行跟踪管理，对各项生化指标进行分析，并将之量化、细化，以此提高平时训练的效率。注重体育发展成果，近年来，学校已培养国家级运动健将 5 人，国家一、二级运动员 250 余人，运动队参加各类赛事获国际级金牌 2 枚、银牌 1 枚，国家级金牌 22 枚、银牌 16 枚、铜牌 16 枚，市级金牌 62 枚、银牌 75 枚、铜牌 80 枚，向北大、上海交大、浙大、北体等全国一流高校输送高水平体育人才 57 人。涌现出征战巴西里约奥运会的田径健儿徐小龙、出征日本东京奥运会和 2024 巴黎奥运会的田径健儿许双双等一批杰出体育竞技人才。学校荣获教育部、国家体育总局颁发的"国家高水平体育后备人才基地"等体育荣誉奖牌 6 个。

二是以师立本，激发教学潜能。建立体育课程量化考核制度，激励教师勤学、钻研、创新、进取；完善体育教师职称评聘标准，激发教师教学活力。现有在编体育教师 21 人，其中正（副）高级教师 4 人，特级教师 1 人，市区级骨干教师、沙磁名师、区级学科带头人 7 人，全国体育先进个人 1 人，全国体育教师基本功大赛一等奖 1 人，重庆市体育教师基本素质大赛一等奖 3 人。竞技体育指导教师都取得了相应的教练员岗位等级培训合格证书。获国际级一级田径教练员 3 人、国家级田径裁判 1 人、重庆市优秀教练员"金质奖章" 1 人。外聘专业教练 11 名，项目涉及足球、乒乓、射击、击剑。其中国家 A 级足球教练员 1 人，国家射击队集训教练员 1 人。体育教师完成国家级课题 2 项、市级课题 2 项、区级课题 6 项，圆满完成重庆市普通高中体育课程创新基地建设的所有任务，完成验收工作。

三是场馆优化，提升设施功能。升级凤中体育中心，包含凤凌体育馆、射击馆、击剑馆等八大体育场馆和田径、足球、篮球三大运动场地，使用面积达 2.2 万余 m^2。备齐专业体训器材，现有深蹲机、拉力器、动感单车等各种体训器材近千件，充分满足学生体育课程开展和专业运动训练使用需要。

"管理占七分，训练占三分"成了教练组不成文的规定和模式。运动队的管理和教育是教练根据不同的队员拟定不同的目标，做人、生活、训练都是如此，正如凤中的校训"千教万教教做真人"，每个队员为实现自己心中的目标而流血、流汗、流泪，逐渐形成了独具特色的凤中田径队团队风格。

第四节 "至雅"美育

教育是基于人、为了人、服务人、发展人的事业，是发展人性、培育人格、完善人生，让生命更美好的活动。我们如果认同教育本质是关照人的完整性，为了人拥有更美好的未来，那么，更美好的教育就特别需要彰显美学精神，以美育建构校园生活，让教育走向美学境界，并树立明确的教育价值观。在风中人的教育理解中，这种价值观就是美学。

为了建设具有中国特色的现代化美育体系，党和国家出台多项决策推进中小学美育发展。2015 年 9 月 15 日，国务院办公厅印发《关于全面加强和改进学校美育工作的意见》（〔2015〕71 号）明确指出：2015 年起全面加强和改进学校美育工作。到 2018 年，取得突破性进展，美育资源配置逐步优化，管理机制进一步完善，各级各类学校开齐开足美育课程。到 2020 年，初步形成大中小幼美育相互衔接、课堂教学和课外活动相互结合、普及教育与专业教育相互促进、学校美育和社会家庭美育相互联系的具有中国特色的现代化美育体系。

在 2016 年 9 月发布的《中国学生发展核心素养》中对核心素养的界定包括文化基础、自主发展、社会参与 3 个方面，人文底蕴、科学精神、学会学习、健康生活、责任担当、实践创新六大素养，与"美育"直接相关的就有"文化基础—人文底蕴—审美情趣"。其中对审美情趣的解读为：具有艺术知识、技能与方法的积累；能理解和尊重文化艺术的多样性，具有发现、感知、欣赏、评价美的意识和基本能力；具有健康的审美价值取向；具有艺术表达和创意表现的兴趣和意识，能在生活中拓展和升华美等。

因此，我们要从中华民族伟大复兴、党和国家事业发展战略全局、全面贯彻党的教育方针和人的自由全面发展成长的高度，进一步提高对学校美育地位、功能和价值的认识。

一、凤中人的美育传统

1. 纯正的红色基因之美

重庆市凤鸣山中学创建于 1936 年，坐落于闻名全国的红岩精神发祥地、重庆文化教育大区——沙坪坝区的凤鸣山，背倚凤鸣秀峰，面眺歌乐烟岚。紧邻区委政府、市图书馆、陆军军医大学、西南医院、新桥医院，周边社区居民整体素质较高，办学氛围较好。在一路前行的办学历程中，凤鸣山中学与重庆这座红色的城市、歌乐山这座英雄的山脉一道历经了抗战文化、沙磁文化和红岩文化的洗礼、熏陶、浸润和滋养。铸就了学校百折不屈的精神品格、高雅智慧的人文气息和赤胆忠诚的红色基因。

2. 醇厚的美育积淀之美

凤中作为沙区的一所优质名校和品牌高中，致力于培养全面发展的学生，一直重视"知与行统一"，而不是分离，既关心学生中、高考的"升学率"，更关注学生身心素质的合格率，真正为每个学生创设一段丰富美好的中学教育经历，让他们真正感受到"读书有味且从容"的美好体验，而不是"孤注一掷只为考"的心理煎熬。基于这种认识，学校注重美育教育，体艺特色突出，成效显著，获得了全国教育系统先进集体、重庆市高中课程改革样本实验学校、重庆市教育领域综合改革试点学校等荣誉称号。

3. 优雅的环境蕴育之美

我们拟将学校教育的各个层面、各个部位融进美术教育，让学生置身于一个浓厚艺术气息的大环境之中。

学校主要从五个方面入

2017 年百凤千姿伞语阵装扮节日校园

手：一是继续开展学校各类标识的系统设计与使用。如班徽、活动海报设计、组徽、道路标识设计等。二是在教室、寝室美化大赛的基础上，继续进行办公室、功能室等场所的文化布置。三是进行学校教学楼、办公楼走廊、墙面文化布置。四是学校网络文化建设等。五是完善自然环境设计，发挥环境艺术润育人的功能。凤中校园环境清幽宁静，人文气息浓郁。苗木含情蕴意：榕树根基扎实，独冠成林；桂树出类拔萃，誉满天下；香樟伟岸挺拔，芳直不屈；玉兰素雅洁白，淡雅清芳；杜鹃鲜艳欲滴，气节高雅。

在学校设施设备的设计艺术中发挥潜移默化的教育功能，让美育从书本走向生活，从学习走向应用，并在应用中发挥个性特长，培养创造性思维。

二、雅慧教育对美育的实践与探索

中外美学家从学科价值角度早已诠释了美育在人的成长历程中的作用。"正如席勒所说，美育的目的不是单纯地促进某一种心理功能的发展，而是通过在内心中达到审美状态以使各种心理功能达到和谐。"[①]国学大师王国维认为："美育者，一方面使人之感情发达，以达完美之域，一方面又为德育与智育之手段。"[②]蔡元培在《以美育代宗教说》中提及美育，他认为纯粹的美育能陶冶情操，使人变得高尚，使人超越人我之见。

雅慧美育立足于对中华优秀传统文化继承的基础上，持续深化美育教育改革，创新美育教育方式，构建现代化的美育体系。

1. 用学校文化着学生成长本色

完整的人需要美育呵护。新时期凤中的教育哲学、育人目标、发展路径和育人思路，要充分体现教育的美学境界。学校的教育哲学主张是

---

① 金宁.文艺研究 四十年论文选 1979—2018，第 6 卷 [M].北京：文化艺术出版社，2019：2577.
② 高师《美术教育学》教材编写组.美术教育学 [M].北京：高等教育出版社，1998：16.

关注师生成长，成就生活美好。学校发展路径是以质量推进学校发展，以美育建构校园生活，让教育走向美学境界。学校的文化育人思路是以学校文化培养学生核心价值观，实现立德树人的根本任务。

凤中在 80 余年的办学历程中，虽三易校址，七更校名，但始终扎根在凤鸣山地区从未离开，历代凤中人在前进中寻找教育真谛，在探索中砥砺办学品质，在传承中培育学校精神。学校充分利用学校校名与所属地名"凤鸣山"的一致性，站在文化育人的高度，根据"凤"这一东方神鸟在中国传统文化中承载的生命意识、审美志趣、精神追求以及智慧高洁，精心凝练了独具特色的"凤文化"；诠释学校师生不怕困难、顽强拼搏、励志向前、追求高远的内涵品质；凝练了"群凤和鸣，声震九垓"的办学理念，"凤翔九天，志存高远"的学校精神，"丹心雅意，雏凤清声"的育人目标，"尚雅尚慧，至善至真"的校训等理念文化，激励一代代凤中人涵育优雅，镕铸雄强。

文化校园的每个角落都在诉说着"凤"的灵秀，建筑的每个细节都彰显着"凤"的高雅。校门大气典雅："丹凤门"宏伟磅礴，景象高远。"青梧门"寓意深刻，气象恢张。雕塑寓意深刻："凤鸣潮起"：浦江潮起听凤鸣，少年心事与天齐。"凤逐青天"：新竹高于旧竹枝，全凭老干为扶持。"凤凰涅槃"：浴火重生的砥砺，学养精进的斩获。景观寄语高远："人中凤子"树学习楷模；"凤鸣高冈"寄未来理想；"丹凤朝阳"书人生豪迈；"凤举鸾翔"看当下精彩。凤馨阁文化浓郁：中华传统文化为人处世二十六字经典要义、校训经典解读寄语凤中师生铸就人生华章。

2. 用校本课程铸学生成长底色

学校坚持"以课堂教学为主渠道，以艺术教育活动为载体，以校园艺术文化为依托，突破重点整体推进"的独特工作思路，学校系列校本美育课程建设开发与应用注重实践性。学校实施以"场馆"为阵地，建设校史馆、美术馆、健美操馆、合唱馆等 9 大场馆；新建凤鸣书画院，包含剪纸、版画、陶艺、蜡染、篆刻、绘画、书法、影像制作等项目工作室、工作场或工作坊，提高学生美育修养；以项目为序列，开发音乐、美术、书法、影像设计与制作等 11 个序列共 36 门校本美育课程，让学生在凤中的学习岁月里充分地学习美、发现美、体验美、感受美、创造美！

学校美育课程以艺术课程为主体，包括剪纸、摄影、版画、蜡染等，形成了"雅凤美育"艺术课程体系。学校为初 2021 级学生开设蜡染、剪纸、卡通画特色课程；在初 2020 级开设水彩、版画特色课程；高 2021 级或 2020 级（美术课开设年级）开设水彩（风景、景物）、油画风景（风景、景物）、线描风景、摄影等选修特色课程。教务处给同年级 2-3 名美术科任老师排课安排在同一时间段，排课方式连堂；上课时间安排可以选择上午 4、5 节课或者下午 7、8 节课。如某年级课程不够：如初二年级或者高一、高二年级可半学期安排美术，半学期安排音乐。初中年级开设剪纸、蜡染、水彩、版画、素描静物、色彩静物，三个年级学生走班上课。初一、初二年级以参赛为主，初三年级以专业教学为主，做到特长学生参赛和升学双丰收。

"雅凤美育"艺术课程体系中以弘扬中华美育精神，以美育人、以美化人、以美培元为核心的凤骞传统民间艺术课程被评为重庆市精品课程。凤骞传统民间艺术课程包括剪纸、蜡染两大非遗传统民间艺术课程。学校通过创新教学理念、教学方式方法，以及创新艺术作品的材料使学生在课程学习中达到图像识读、美术表现、审美判断、创意实践和文化理解等美育能力的提升。

凤骞传统民间艺术课程坚持弘扬社会主义核心价值观，强化中华优秀传统文化，引领学生树立正确的历史观、民族观、国家观、文化观，体现中华美育精神与民族审美特质的心灵美、勤劳美、艺术美等。

剪纸作为一个历史悠久的民间民俗文化，具有强烈的艺术冲击力。从 2015 年开始，凤鸣中学通过几年的剪纸艺术走进校园的实践，已经初具规模。学生不仅对剪纸艺术产生了浓厚的兴趣，掌握了一些剪纸的

雅慧教育论

基本技能技巧，而且通过剪纸这一特殊的艺术表现形式，逐步培养了学生的创新精神、创造能力和国际视野能力。

在2021年《国际理解教育大会》上，凤鸣中学的《读名著弘扬传统文化——剪纸、蜡染》作为中外人文交流项目课程参与研讨。在国际理解教育视域下，剪纸课程在内容上结合"四大名著"优秀文学作品人物形象，"梅兰竹菊"四君子和十二生肖等中国特色题材，挖掘学生动手创作学习潜能。教研上根据学校基本情况，充分发挥教师技能和美术学科教学优势，运用剪纸创作的其他技法，融合湘版教材和校本教材，在学校七、八年级和高二年级全面开展剪纸特色课程；呈现的作品融入版画、黑白画、装饰画、电脑技术等诸多特点，形成重庆市凤鸣山中学剪纸独特的艺术风格，学生们在学习剪纸这一传统艺术的同时，又仔细品读了世界名著，获取不同艺术给予的感染力。

学校"剪纸课程"以弘扬中华民族的非物质文化遗产，传承民间剪纸艺术为出发点，在剪纸题材的创作、材料和工具的拓展运用、人物肖像剪纸上大胆创新，形成重庆市凤鸣山中学特色剪纸课程。有专家赞赏其为"融入版画及南北剪纸技法"的凤中剪纸法。北京专家来校讲学参观学校美术馆之后，用4个非常来表达他的观后感：由学生完成的剪纸有水浒108将、红楼梦12金钗、西游记全集、12生肖、梅兰竹菊。有条幅、有斗方、有条屏、有装框、有卷轴、有60米屏风，每一件作品都栩栩如生，满满的一个美术馆凝聚了师生的智慧和劳动，非常震撼！难能可贵的是，此为初中学生日常课堂作品，而非为了某个比赛或活动而制作，学生一批一批，而非定点一个年级，或是几个定点学生，这种全面普及的课程是检验学校是否真做艺术育人的试金石，非常值得学习！剪纸艺术与经典文学的有机结合，共同解读经典，是以文化人、以美育人的经典案例，真是非常难得！剪纸艺术与版画艺术有机结合，是学校课程意识指导校本美术课堂的独特艺术实践探索之路，能够持续前进，非常有价值。

2018年参与学校艺术课程建设工作

艺术课程之二《草木蜡染》。蜡染是贵州少数民族特有的手工艺品，具有很高的艺术文化价值。我们主要学习贵州安顺蜡染技术。安顺蜡染主要分布于安顺、普定及与之相邻的平坝等地周边，也被称为"坝苗"，其风格细致，图案优美，色彩瑰丽。一般装饰在服饰的袖口、襟边、衣背脚、背扇上，安顺蜡染多在蓝色与白色中加入红、黄等颜色，色彩对比强烈，极为鲜艳美观。自然纹样有花、鸟、鱼、虫等自然动植物以及心中的龙、凤等图腾形象，几何形纹样一般采用四面均齐或左右对称，点、线、面组成的图案纹样配合得当，主次分明，疏密有致，富有节奏感和韵律感。

安顺蜡染的内容与形式始终停留在传统时期，作品内容千篇一律，形式单一不变，缺少文化内涵创新，我们在学习的同时对蜡染作品进行创新、改进。

在贵州蜡染中，蜡染图案是蜡染艺术的核心，其独特的艺术形式已成为区别于其他艺术作品的标志，所以要对蜡染图案进行不同层次的创新，包括对图案进行解构和重组。从传统蜡染图案中我们不难看出，传统蜡染图案通常比较繁杂，在现代蜡染图案设计中，可以根据现代设计中的构图形式，采用不对称、简洁化等多种表现方式，打破传统图案的束缚感，并且可以在传统色彩的基础上适当地加入其他流行色彩，使蜡染产品更加生动活泼。

贵州不同的地区、不同的少数民族常用的纹样也不同，可以将不同的装饰纹样结合现代流行元素，如十二星座、二十六个英文字母、二十四节气等创作出新的图案。同时可以结合现代的流行趋势，将蜡染的纹样图案运用到手机App、电脑网页等交互设计以及各种新媒体中，为人们带来新鲜的视觉感受。

绘画装饰类：作为一种特色工艺品，主要是在蜡制品的基础图案上模仿书法、绘画等，常用作赠送礼品。在图案及表现方式上始终运用传统的富有少数民族特色的纹样，在原料的选择上使用传统染料及蜡料，绝不添加、掺用化学合成染料。在全球快餐消费的环境中，依然保持其质朴纯真的一面。

现代设计类：加入了现代设计元素，可以列为现代设计的范畴。在文创产品设计上主要是现代实用产品，例如手机壳、电脑包、零钱袋、环保购物袋、雨伞等等。

在学习贵州蜡染中，很多图案都有它相对应的历史传说和传奇故事，我们还可以通过学校的艺术表演团队将它们作为表演的脚本，重新进行巧妙新颖的编排，结合舞美、灯光，以舞台剧的形式向学生们呈现出来。真正让艺术课程走进学生、走进课堂、走进校园、走进生活、走向世界，让我们了解世界、让世界了解我们！

3. 用多彩活动呈学生成长亮色

学校尊重学生个性发展的需要，丰富多彩的社团活动使学生的特长得以彰显、个性得以张扬。学校以音乐、美术、艺术体操、广播社团、报社为支持的系列活动有 15 种类别，包括凤翥影像社、戏剧社、街舞社、动漫社、创客社团、凤鸣校报社、"一梦千寻"心理社团、模拟联合国大会社团等学生社团，其中凤翥影像工作室 2024 学年参加摄影、微电影比赛荣获全国一等奖 12 个，二等奖 12 个，三等奖 12 个，优秀指导教师 8 人 / 次；市区奖励若干。每年一届"凤之韵音乐汇演""年级健美操比赛""我的美丽假期摄影展""书法（硬笔、软笔）绘画比赛"；每学期 3 次"初中学生优秀写生作品展""高中美术学生优秀作业展"；每周一次"雅行广播"；每天一次"硬笔书法练习活动"。校报《凤鸣》每期刊载诗歌散文、美术绘画、书法作品等。

正因为有如此丰富多彩的美育活动，才成就了凤中师生在美育教育上的屡屡收获。近五年学校师生荣获国际艺术类大奖 15 人次，全国艺术类大奖 100 人次，重庆市艺术类大奖 200 人次。其中健美操队 6 次获全国健美操大赛冠军奖；影像设计与制作获 7 个全国一等奖；合唱团问鼎维也纳金色大厅。培养了 300 余名艺术重本学子，其中 12 人升入清华大学、中央美院。徐孟庭同学参加了新中国成立 70 周年大阅兵军乐团现场演奏。

4. 美育平台

凤鸣山中学为了营造充满艺术气息的教育环境，提供丰富多样的美术教学材料，建设了一个满足美术基础教学的美术教学中心——凤鸣书画院，旨在引领、打造一批美育示范基地，提升美育教育水平；建构多元化美育资源平台，满足多样化的美育实践活动需求。

（1）美术鉴赏功能区。

建设美术鉴赏功能区的目的是为了使学生更好地获得审美享受、提高审美能力、陶冶情操、理解美术作品与美术现象。该功能区主要由四部分组成：学校美术馆（主要陈列两类作品，一类是历届优秀学生的留校经典作品，一类是学校收藏的名家书画作品）；美术现代化学习平台（将美术知识通过现代化平台多样化地呈现出来，进行审美教育）；美术图书室（藏有各类美术图书，包括画画理论、临摹范本、美术杂志、名家传记等）；习作展示区（展示学生不同学习阶段、不同课程的作品，汇报学生学习成果）。

（2）美术技能教学区。

美术技能教学区由九大美术工作室组成，为学生提供理想的实践场所，提升学生感受美、表现美和创造美的能力。每个工作室之间采用活动隔墙，有利于工作室的多功能使用。工作室的主要类型有：素描造型工作室，色彩造型工作室，陶艺设计工作室，剪纸艺术工作室，书画工作室，篆刻工作室，美术研讨室，摄影影像工作室，电脑绘画与设计工作室。工作室配备专职指导教师，明确教学目标和教学内容，有详细的工作职责，配备有先进的专业化教学设施。

（3）美术创作实验区。

美术创作实验区专门设立两个美术专用教室，为学生进行创造性学习提供学习与实践的场所。艺术创作是培养学生创造思维能力的一条有效途径。建立美术创作实验区，有助于学生运用美术展示的知识和方法，有创意地展现美术学习的成果；有助于学生增强自我表达的意识，学会自我评价，学会评价他人美术学习的成果；有助于学生通过视觉艺术形式，架起与他人思想和情感沟通的桥梁。

第五节　雅慧劳动教育

2018年，习近平总书记在全国教育大会上强调"要在学生中弘扬劳动精神，教育引导学生崇尚劳动、尊重劳动，懂得劳动最光荣、劳动最崇高、劳动最伟大、劳动最美丽的道理"。劳动教育重新成为我国教育方针和培养目标。

2019年2月，《中国教育现代化2035》正式发布，要求"更加注重全面发展，大力发展素质教育，促进德育、智育、体育和劳动教育的有机融合"。2020年3月，中共中央、国务院发布《关于全面加强新时代大中小学劳动教育的意见》，指出把劳动教育纳入人才培养全过程，贯通大中小学各学段，贯穿家庭、学校、社会各方面。

在政策引领下，劳动教育已经成为大中小学建设高质量教育中的重要一环，也成为推进国家教育现代化进程和打造教育强国的重要举措。学校发展劳动教育的方式呈现多元化、综合化等特征。"在我国当前教育体系中，劳动教育并非单打独斗、孤立无援，而是具有丰富的外延价值。作为德智体美劳'五育并举'教育方针的重要组成部分，劳动教育不仅能促进学生全身心协调统一、整体发展，还是树德、增智、强体、育美的重要抓手。"①首先，在德育、美育、体育的教育教学过程中渗透劳动教育内容，或者在进行劳动教育的同时开展美育教育，如园艺课；其次，劳动教育与学科教育融合，在学科教学过程中渗透劳动教育思想，不仅树立劳动相关理念，而且鼓励学生亲身参与实验，如学校可将化学课搬到劳动实践基地，让学生测量 ph 酸碱度，配置营养液，动手参与土壤改良；再次，劳动教育从学校课堂延伸到家庭、社会，与家庭教育和社会实践相结合，实现家校社共育。

正如苏霍姆林斯基说："如果你希望学生成为善于思索的人，希望严整的、明确的、逻辑性彻底的思想能通过清楚的说明和解释表达出来，你就要把他们吸引到思想充实的劳动中去，要通过劳动把知识体系的种种关系和相互联系体现出来。你要记住，劳动不仅意味着实际能力和技巧，而且首先意味着智力的发展，意味着思维和语言的修养。"②学校要善于发挥以劳树德、以劳增智、以劳强体的作用，使劳动教育更多元化、生活化、科学化。

一、学校劳动教育内涵

学校劳动教育首先要转变劳动就是"单纯的体力劳动"的陈旧思想观念，改变一直以来学校劳动教育有名无实、虚化劳动课程的现状，树立"人类是劳动创造的，社会是劳动创造的"③"劳动是推动人类社会进步的根本力量"的观念，学校在劳动教育过程中，要注意"以体力劳动为主，注意手脑并用、安全适度，强化实践体验，让学生亲历劳动过程，提升育人实效性"。

根据教育部重大科研项目"劳动与技术教育课程改革研究"课题组的研究，他们把劳动教育的具体目标归纳为以下七个方面：第一，形成

---

① 徐田子，魏婉雪.我国中小学劳动教育研究回溯与展望 [J].教学与管理，2024（6）.
② 朱永新.新教育之梦 我的教育理想 [M].北京：人民教育出版社，2023：92.
③ 习近平.在知识分子、劳动模范、青年代表座谈会上的讲话 [N].人民日报，2016-4-30（2）.

正确的劳动观念，培养热爱劳动、热爱劳动人民、热爱生活和热爱家乡的感情；第二，养成勤俭节约、认真负责、遵守纪律、团结协作、爱护公务、珍惜劳动成果的品质以及良好的劳动习惯；第三，初步掌握现代生活和现代生产所需的基本技术知识和技能；第四，初步具有与技术相联系的安全意识、质量意识、审美意识、效益意识、环保意识、职业与创业意识以及关心当地建设的意识；第五，形成与技术相联系的经济学视野，以及日常生活中的金融、理财的视野；第六，具有生活自理能力和一定的技术认识、技术思维、技术评价、技术应用和技术创新能力，以及终身进行技术学习的能力，为进一步学习和掌握有关技术，迎接未来社会的挑战奠定初步的基础；第七，形成对信息技术的兴趣和意识，了解和掌握信息技术的基本知识和技能。[①]

从这份课题研究结果来看，中小学进行劳动教育的目的主要有：首先，引导学生树立科学的劳动观念，弘扬劳动精神，使学生尊重劳动、崇尚劳动；其次，通过劳动实践教育，使学生掌握一定的劳动技巧和能力，并培养学生养成爱劳动、会劳动、勤劳动的习惯，能积极自觉地、有创造性地进行劳动；再次，帮助学生掌握一定的劳动技能和技术思维，为将来开展劳动技术创造奠定基础。

因此，学校要有针对性的、有目的地开展劳动教育，要构建学校、家庭、社会三位一体的劳动教育环境，注重劳动教育理论与实践结合，突出实操性、技能性，既要提升学生的劳动技能，又要树立劳动价值观和培养劳动精神，形成以构建综合素质为核心的、多元化的学校劳动教育课程体系。

1. 学校劳动教育现状

目前，学校对劳动教育已经引起了广泛的重视，劳动教育课程被窄化、形式化、边缘化的现象已经明显改观，但仍然存在一些问题。

---

① 朱永新. 新教育之梦 我的教育理想 [M]. 北京：人民教育出版社，2023：86-87.

（1）劳动教育方式单一

学校进行劳动教育的方式比较单一，主要是以教师讲解劳动知识和劳动技能为主，而且课程内容缺乏整体设计，课程方式缺乏规划，教师讲解的内容往往只涉及教材上的内容，往往忽视了对学生实践能力和创新思维的培养。

（2）劳动教育师资不足

学校劳动教育存在师资不足、教师专业素质有待加强的情况。开展劳动教育活动，教师应具备丰富的劳动知识和劳动技能，真正理解劳动教育的意义和课程价值，并有较强的劳动价值观念，掌握有效实施劳动课程的路径及方法，具有一定的劳动创新意识，善于开发课程资源，进行课程内容设计与整合，提升学生劳动意识与技能。

（3）劳动教育实践资源不足

学校劳动教育实践资源严重不足。首先，学校作为劳动教育的主场所，由于缺乏实训场地，也没有专用劳动课教室及基本劳动工具，缺乏开展劳动教育实践活动的渠道、载体，致使学校开展劳动教育实践活动的类型有限，常常局限于扫地、搞卫生等。其次，学校也存在对劳动教育实践资源利用不足的情况，没有因地制宜、充分利用现有资源开展劳动实践活动。

2. 学校劳动教育实施策略

2020 年 7 月教育部印发的《大中小学劳动教育指导纲要（试行）》对大中小学劳动教育的具体内容做了设计，规定"小学低年级要注重围绕劳动意识的启蒙，让学生学习日常生活自理，感知劳动乐趣，知道人人都要劳动"；"初中要注重围绕增加劳动知识、技能，加强家政学习，开展社区服务，适当参加生产劳动，使学生初步养成认真负责、吃苦耐劳的品质和职业意识"。

学校要根据学生年龄特征积极探索劳动教育发展新模式，采取多元化、综合化等方式提升劳动教育效果，充分发挥劳动教育的育人功能。

（1）开展劳动教育项目式或主题式学习

为了提升劳动教育效果，学校可以采取项目式或主题式学习方式开展劳动教育。教师结合劳动教育目标，以某一主题或项目统筹课程资源，按照一定的分组方式和合作模式，将学生分成若干小组，分组参与，合作完成。如北京市海淀区第四实验小学为了发挥以劳树德、以劳增智、以劳强体、以劳育美的育人实效，将学校操场一角开发成 200 余平方米的校园种植实践园，种植瓜果蔬菜等。学校这一角也被师生们亲切地称之为"开心农场"。"开心农场"采取分年级、班级管理经营的方式，并配有科技组的老师和有经验的家长，为学生提供专业的种植知识、养护知识。学生们亲身体验、主动实践，不仅能获取知识、提高能力，还能体验劳动的快乐。

（2）开展劳动教育课题研究

教师开发劳动教育实践课题研究，其一，可以提高自身劳动专业技能和素养，更新劳动教育理念与进行劳动教学反思；其二，引导学生积极参与课题探究过程，亲自验证课题结果，充分调动学生参与劳动的积极性，发挥学生的能动性和创新性。课题研究具有实践性、探究性和合作性，有利于激发学生的好奇心和劳动热情，从而达到更好的育人效果。如凤鸣山中学开发的课程："劳动"与"国际理解＋跨学科"的浪漫邂逅——以"'粽'情迎端午 劳动创幸福"劳动教育专题活动为例，该课题入选了重庆市 2023 年普通中小学劳动教育典型案例。学校依托感受体验、技能训练、探究学习和创新创作等实践项目，开展"'粽'情迎端午 劳动创幸福"专题活动，实现多学科与劳动教育的深度融合，实现"劳"中育人、"动"中成长，让学生在活动过程中掌握劳动技能、达成核心素养的培养目标。

（3）开发综合实践劳动教育课程

综合实践劳动教育课程以考察探究、社会服务、设计制作、职业体验等为活动载体，具有自主性、实践性、整合性等特点，有助于提升学生的创新精神和实践能力。学校将综合实践课程与劳动教育课程融合实施，从学生的日常生活、社会生活出发，以社会现实任务为实践内容，既实现学科知识与学生生活经验整合，又通过营造生活化的情境和设计贴近生活的活动，提高学生参与劳动的积极性。如山东省青岛市李沧区青岛宾川路小学开展的"劳动＋文化"综合实践活动——"小红军劳动忙"，通过掰玉米、磨豆机、种水稻等有趣的实践活动，体验革命先辈的艰辛和幸福生活来之不易，使学生在劳动中感受到爱国精神、敬业精神，从"小体验"升华"大文化"。再如凤中在初中开设了米酒制作、干花制作、面点制作、酸奶制作、泡菜制作、精油香皂制作、腐乳制作等特色课程，从学生熟悉的日常生活中寻找课程主题，既为学生将所学知识运用于实践提供了机会，又能更好地激发学生的学习热情。

二、雅慧教育打造家校社劳育新样态

雅慧教育坚持以劳树德、以劳增智、以劳强体的育人目标，通过加强劳动教育课程建设，开展丰富多样的劳动教育实践活动，强化"家校社"资源整合，提升学校劳动教育质量，在实践中融汇德智体美劳，让学生"劳"有所乐、"劳"有所获。

家、校、社作为劳动教育的主要阵地，三者互相协作是落实劳动教育的有效途径。雅慧教育以家、校、社作为劳动教育的实践共同体，充分发挥家、校、社三者的资源优势，扩展劳动教育实践范围，推动劳动教育纵深发展，实现劳动教育的育人目标。

1. 家庭实践劳动

雅慧教育构建同频共振的"雅韵"家校关系，注重家校合作开展实践劳动，一方面可以引导家长转变劳动观念，改变"劳心者治人，劳力者治于人"的陈旧观念，让家长不能只关注学生的成绩，还要注重培养学生良好的劳动习惯和劳动精神，帮助家长树立正确的育人观和成才观；另一方面，家长通过提供技术支持、工具、材料支持等形式参与学校组织的劳动实践活动，加强家、校联系与合作，实现家校协同共育。

凤鸣山中学开展了"家校共育劳动课程"，包括日常的床铺整理、房间整理、清洗自己的衣服、买菜做饭、扫地擦桌子、照顾老人和幼童、面点烘焙、种植蔬菜、植物维护、策划一次家庭旅行、记账一个月的家庭开支、父母的职业体验等，将劳动教育融入日常生活中，鼓励学生从点滴小事、从身边事做起，掌握基本劳动技能，树立正确的劳动观念，培养爱劳动、崇尚劳动的良好品质。凤鸣山中学 2024 年寒假开展的劳动教育实践活动有家务劳动、烹饪、文化活动、体验农务等。

学校要求学生参与家务劳动，做家政小达人。学校将劳动教育与家庭教育相结合，指导学生完成卫生清扫、物品收纳、衣物清洗等力所能及的家务劳动，让学生主动参与到布置房间的活动中以提高学生的动手能力，培养学生吃苦耐劳的优秀品格和热爱劳动的良好习惯。

学生学习烹饪技能，做美食小达人。学校将劳动教育与生活技能相结合，指导鼓励学生走进厨房，学习基本烹饪方法，和家人一起包饺子、烤烧烤、做蛋挞、摆果盘、做年夜饭等，为家人献上"暖心美食"，做美食达人。

学生参与文化活动，做文化小达人。学校利用春节等中华传统节日，组织学生了解年俗及新年传统文化，参与手工制作、剪纸、临写对联等传统文化实践活动，学习、传承和弘扬中华优秀传统文化，坚定文化自信。

学生下田体验农务，做农业小达人。学校利用农务体验，引导学生了解农业、参与耕作，让学生走进田垄，亲近自然，识五谷、知节气、锄杂草、喜采摘，传承农业文化，身体力行地感受劳动的艰辛和收获的快乐。

学生设原创作品展，做设计小达人。学校开展劳动实践手抄报征集展示活动，让学生从劳动中去感悟美、发现美，真正体会到只有劳动才能创造美，进一步唱响劳动最光荣、劳动最崇高、劳动最伟大、劳动最美丽的时代旋律。

学校坚持以体促劳，让学生把气接上，把根扎下，在田间地头感受劳动的光荣、劳动的艰辛和劳动的收获。

2. 社会实践劳动

社会作为推动劳动教育的重要抓手，拥有丰富的劳动教育资源。学校可以采取"引进来、走出去"的原则充分利用社会劳动教育资源开展劳动教育活动。"引进来"一是邀请劳动教育方面的专业人士来学校开讲座或进行劳动教育实践指导，二是与优秀企业、工厂合作，引进先进设备和技术，为学校开展劳动教育实践提供技术和装备支持。"走出去"是带领学生走进社会、走进大自然参与劳动实践活动，如社会志愿者活动、社区服务劳动等。

凤鸣山中学为了落实习近平总书记关于"绿色发展是高质量发展的底色""绿水青山就是金山银山"的绿色发展理念，开展了"冠红岩之名 铸红岩之魂"系列实践活动之"3·12 植青绿·树未来"义务植树劳动。学校组织由初一年级少先队队员、团员代表组成的红岩志愿者服务队及家长代表们徒步到覃家岗接到梨园社区义务植树点，除叶、剪枝、浇水，以及种植幼苗。志愿者们体验了劳动乐趣，增强了"植绿、护绿、爱绿"的意识。

学校高一学生自发参与沙坪坝区开展的"以青春之名，承红岩荣光"学雷锋志愿服务活动。志愿者们发挥不怕脏、不怕累的精神，纷纷拿起清洁工具，帮助环卫工人清扫垃圾、擦拭垃圾桶。

凤鸣山中学为了鼓励学生参与社会实践劳动，采取社区服务的学分认定，要求学生三年内应参加不少于 10 个工作日的社区服务。学校也先后多次与覃家岗街道新鸣社区、凤天路社区合作，开展志愿者劳动实践活动，让学生付出辛勤的劳动，营造良好的社区环境，在体会劳动艰辛的同时也树立了正确的劳动价值观念。

附　录

《德育报》·"总编眼中的名校长"专栏：

重庆市凤鸣山中学党委书记、校长——邓仕民

□ 晨　光

他，外表儒雅，内在坚韧；沉醉于教，痴心于育，属于"腹有诗书气自华"的那种善思考、爱冲浪、勇担当、善作为的开拓者。以其儒之雅风，仁之韬略，不仅前瞻性地打造了"雅慧教育"品牌，而且形成了"群凤和鸣，声震九垓"的办学理念，实现了"丹心雅意，雏声清声"的育人目标；收获的不仅仅是"六月的力作"，而且主持主研国家级、市级、区级教育科研重大课题、规划课题、重点课题 20 余项，荣获市人民政府授予教学成果一等奖等 30 余项荣誉。

他，承得源水，拓得新径；行成于思，业精于勤。以群凤和鸣之激越，开切磋琢磨之风气；以崇雅尚慧之矩范，力求真向善之风骨。对学生倡导"自主管理、自主学习、自主发展"，以"外控"引导"内控"，从"他律"走向"自律"；于教师倡导"言教、身教、境教"齐行，"启、激、导"并举，改"外教"为"内学"，历自信、自励之淬火，助力教师从"理念的我"转变为"理想的我"。

他，沉稳随和，谦虚内敛；强基固本，卓尔不群，始终"把人置于教育的中心"。工作上，善于反思，换位思考；平等对话，乐于分享。学习上，注重习惯，讲求方式；尊重个性，扬长避短。生活上，倾听心

声，暖心关怀；协调有序，厚爱有加。在一步一个新台阶的校长生涯里，靠的"三品"——人品，与人为善；学品，学而不厌；教品，诲人不倦。谱写的是一部部令人叹为观止的"凤中育人经"。

他，仰望星空，脚踏实地；善抓机遇，顺势而为，属于那种"借我一个支点，还你一片绿色"的追寻者，在诲海竞渡中，立足的始终是"一切从学生出发，一心为学生着想"，策略是"宽严兼备，刚柔并施"；路径是"无为而治，道法自然"；目标是"学有优教，人人出彩"。不仅让师生享受到优雅而从容的校园生活，而且使学校迈向了整体优化的大磁场，步入了高品质发展的黄金期。

他，横岭侧峰，以文赋能；铸魂育人，风清气正。事业的活力，是教育情怀的潜流在奔涌；人生的活力，是人格魅力的星光在闪耀；教学的活力，是科艺智慧的活水在浇灌；育人的活力，是德艺双馨的人格在升华。治教、育人、点兵、开源、理物，每一决策和实施都似一幅画卷。在快速实现了"高品质、有特色、现代化、重点校、实验校、示范校"的目标后，又将跨越式发展的目标锁定在"绘国内名校宏图、训精兵良将、出管理高招、育一流人才"上，实不愧为一位集德、能、廉为一体的谋士型校长。

（原载于《德育报》2023 年 5 月 30 日第 628 期）

雅慧教育论

学区共同体：共享核心经验与核心资源

□ 邓仕民

党的十九大报告指出，努力让每个孩子都能享有公平而有质量的教育。这也是当前我国基础教育改革与发展的重要任务。为深化教育领域的综合改革，构建新型的学区教育发展体系，2015 年 11 月重庆市沙坪坝区教委以重庆一中、重庆南开中学、重庆七中和重庆市凤鸣山中学 4 所优质名校为领军学校，将全区 26 所普通中学按地域组建成 4 个学区共同体，统筹推进学校管理、干部培养、师资培训、教育教学、文化特色等工作的整体发展，扩充优质资源数量，整体提升教育水平，更好地满足人民群众对优质教育的需求。

一、共同体建设的主要工作

（一）开展学校管理合作交流。建立符合学区共同体实际的工作规范和管理制度：定期召开共同体校长联席会议、分管校长统筹部署会、中层干部项目推进落实会，使之成为共同体的基本管理制度；开展共同体学校办学、部门管理工作交流和研讨：研讨学校规划、特色发展、干部培养、师资培训、党务工作、工会活动、质量管理等工作；实施中层干部交流任职：共同体校际间根据双方管理需要和工作实际，互派思想素质好、业务能力强、发展潜力大的中层干部和管理人员到对方学校交流任职或锻炼学习。

（二）开展师资培养合作互动。建立教师校际交流机制：制定校际交流教师的管理、评价、考核制度；开展轮岗交流执教活动：根据学区建设目标和各校实际情况，每学年成员校间双方商议互派等额优秀教师轮岗交流执教；实施学区教师培养计划：组建共同体名师工作团队，深入开展名师带徒、带教研组、带课题的"三带活动"；建立市区级骨干教师校际间结对帮扶机制，联合开展学区新教师岗位培训活动。

（三）开展教学研联动互助。组建学区共同体学科中心组或学科学术委员会，统领、指导学区学科联合研讨。积极组织科研课题研究方面的合作，共同完成一项科研课题，每年开展一次共同体内全面的学术论坛、教学沙龙、教学业务培训、课题研究等教育教学活动，交流先进教育理念、教学方式和科研方法，提升教师业务能力；建立集体备课教研制度：制定切实可行的学科一体化教研制度和主题活动计划，扎实开展学科专题教研、集体备课活动。每学期每学科共同体集体备课不少于3次，集中专题研讨交流活动不少于1次，教案、学案评比活动1次，不定期开展教师听课、评课、同课异构"、优质课展示等教研活动；建立学区统一的教学监测体系：加强共同体内各学科的质量过程管理，在课程标准把握、教学过程控制、教学质量检测等方面实行统筹管理。学区每学期组织一次质量检测活动，并依据沙坪坝区教师进修学院期末质量抽测数据进行教学诊断与质量分析,随时掌握教学质量的动态变化，及时采取应对措施，促进共同提高；搭建德育交流平台：就班主任专业发展、主题教育、学生自主管理、社会实践等方面开展交流与合作，同时建立学区学生交流渠道，就体艺特长、主题教育、社团活动等方面进行深入合作。

（四）开展资源共建共享。搭建资源共享平台：学区购买企业级专业教学资源网盘；组建学科核心团队：开放成员校教学名师、市区级骨干教师和科研骨干教师资源，引领学区各校教师的专业发展；开发和建设一批各校共享的精品特色校本课程：开放学校的课程资源、教学资源、主题教育资源、社会实践活动基地等，实现师生资源共享；开展联合培养工作；探索建立在初中、高中学生培养工作上的有效合作。

（五）开展文化建设互融。共同体在教育理想和价值追求等理念层面达成共识，在办学行为、校园文化建设等实践层面则形成各校的特色。

二、共同体建设工作的成效与特色

前段时间，学区共同体建设工作的推进实施情况接受了第三方测评——重庆市教育评估院的评估。通过梳理，得到如下一些收获。

（一）创新的共享模式，不断满足人民群众对优质教育的期盼

共享优质教育资源，缩小校际差距，对促进教育优质均衡发展、提高教育质量、办人民满意教育具有重要的战略意义。学区共同体的探索为此提供了不少经验。

在学区共同体建立之前，学校的"核心经验"和"核心资源"很少对外开放，一般都处于相互保密状态，"优质资源"的辐射引领范围很窄。而普通中学学区共同体则打开了一个共享的通道，共同体成为优质教育资源的共享平台，初步形成了多种优质教育资源的校际共享纽带。更可贵的是，当优质教育资源从区域集中化管理变成学区共同体自主管理时，还破除了教育优质资源"统筹平均分配的误区"，突出了"需求对接"，学区共同体中的优质教育资源都可以得到充分展示，成员学校、教师群体和个体可以依据自身需要加以选择，这就基本形成了教育资源"有效的、精准的、创新的"共享。

通过普通中学学区共同体，不同类型的优质教育资源得到有效共享，其中最有价值的是各学校的管理经验和各位教师的教育教学经验。由领军学校统筹规划，让学校与学校、干部与干部、教师与教师、学生与学生之间，通过"干部互培""教师互动""教研互助""文化互融"等方式，使办学、教育、教学等各个层次的经验得到了传播，经过实践检验富有可行性和实施效果的优秀经验就会进入所有人的视野，成功经验的共享也使共同体最终成为"问题解决的共同体"。

（二）以"协同"为核心的理念，让共同体全体成员都得到提升

"协同"的理念更多表现在"双保"的战略上，既要确保成员学校内涵发展与提升，同时要确保领军学校的办学质量持续提升。从政策启动之初，区教委就确立了学区共同体建设不是将领军学校的优质教育资源"削峰填谷""分散稀释"的原则，因此共同体不会采用优质学校"师资统一调配""课程统一管理"等捆绑措施，而是通过共同体内的各种"互动"措施，以实践活动为载体开展合作，让教育智慧、策略、方法流动，发挥辐射作用，而共同体内领军学校和具有优质教育资源学校的管理层、骨干教师层都不会大规模"变动"。

同时我们认为，优质教育资源输出的过程也是一个反思的过程，可以更好地推动自身向更高目标奋斗。

同时，我们还倡导尊重每一所学校的发展思路，尊重每一位教师专业发展路径。因此，沙坪坝区普通中学学区共同体建设还会着眼于每所学校、每位教师的实际情况和发展需要，着力于学校"自我变革"的"内生动力"，即"我要变"，而不是在共同体压力下的"要我变"。

这便是学区共同体"协同"发展理念的内涵。

（三）创新共建方式，形成"引领"和"协商"两类共建模式

"引领式"共建模式，即以领军学校为共同体建设的"核心主体"，领军学校将优质资源"直接输出"为主要的"行动方式"。如成长导师项目：学区共同体各成员学校遴选本校教师中的优秀教师"苗子"作为"项目学员"，领军学校根据成员学校的申报情况，遴选名师、专家作为各项目学员的"成长导师"。再如"跟岗研修"项目：成员学校由校级领导带队，到领军校开展为期3-5天跟岗学习；或者领军学校校长或各级干部，定期不定期到成员学校进行教育教学管理、课程改革等方面的调研、专题报告、座谈交流。

"引领式"共建模式便于优质办学经验的单向移植，效率高，可以在事先进行系统规划。这也是教育均衡过程中常用的模式。

"协商式"共建模式，即领军学校仅为共同体建设的"组织单位"，共同体成员学校平等参与的共建模式。如凤鸣山中学与成员学校形成的共同体，在这种共同体中，各校的领导干部参与讨论共同体的整体规划，制定各种活动规则，共同体在讨论中形成统一的指导思想和行动纲领，各学校均承担共同体的"共建活动"。这种模式下的活动多数情况下都不是单向输出，而要汇集各校智慧，比如遴选共同体各校各学科优秀师资力量组建名师团队，再让这支团队走进各个学校开展优质课展示或专题讲座。

这种合作以统筹共建为工作机制，充分发挥各校办学特色和发展优势，但最终也要形成一致的行动才能产生效果，因此活动设计阶段的沟通、协调工作非常重要。如凤鸣山中学共同体的"一体化教研活动"，具体策略为"三统一"，即"统一协调学区各校集体备课"：原则上每学期安排一次统一备课；"统一科研"：共同体内各学校以学科组为单位统一开展某一主题下的不同专题研究；"统一质量监测"：每学年上学期，共同体初中阶段举行半期考试联考，针对考试统一进行质量分析，研究提升区域内教学质量对策。这套教研工作方案是共同体学校领导团队长期沟通协调的结果，这个方案从诊断各学校教研工作的问题入手，考虑了各学校的实际。

"协商式"共建模式以"平等协商"为基础，共同组织"主要活动，适合成员校水平接近的情况，也更能发挥各学校的主观能动性。

（四）更大程度发挥名师辐射作用

沙坪坝区普通中学集聚了一批名优的教师群体，全区普通中学有研究员级教师 39 人，国家级或市级或区级学科带头人 25 人，国家级或市级或区级名师 21 人，市级未来教育家培养对象 12 人……各学区共同体通过"名师工作团队"建设发挥名师的辐射作用。

"学区共同体＋名师工作团队"形成了三种名师指导模式：名师工作室发展中心模式，以单一名师为核心形成的指导模式，这与传统的"名师工作室"运作方式一致。学科中心组模式，以学科骨干教师为中心，建立具有共同教育理想和教育追求的优秀教师团队，即共同体学科中心组，由团队进行专业指导。学科中心组成员由领军学校和成员学校学科骨干教师组成，这是学区共同体最有特点的名师指导模式。学科青蓝工程模式,针对成员学校薄弱学科,采取"学科帮扶"方式进行指导的模式。

学区共同体使传统的名师跨校指导更具可行性，尤其是学科中心组模式，可以更大程度汇聚教育教学智慧，这是以前单一学校无法做到的，同时它的辐射面也会更广泛。再有，学区共同体既有的组织架构可以使名师或名师团队的指导活动更具效率，更易组织。

（五）扩展学生优质资源共享的途径，为每一个孩子提供更加适合的教育

学区共同体为学生直接共享优质资源提供了多种方式。如成员学校与领军学校举办"共建班"，实行教学进度同步、教学测试同步、教研同步等措施。再如成员学校优秀学生到领军学校"共学"、特色课程教师走教、共享学习信息资源，等等。优秀学法的共享也是学生共享的重要内容。

三、共同体建设工作的问题与思考

从重庆市教育评估院的评估中我们也可以看到，普通中学学区共同体建设在有些方面还需要进一步改进。

需要更加关注共建内容的全面实施与重点突破的平衡。"干部互培""师资互动""教研互助""资源互享""文化互融"是沙坪坝区普通中学"学区共同体"建设工作的五大核心内容，是"实现学校办学水平整体提升，缩小校际间差距"的系统工作。但学区共同体在建设实施过程中落实情况差异较大，五个方面都会存在明显的薄弱环节，需要在后续的进程中根据实际进行调整。

需要更加关注共建活动设计与问题解决的匹配。高质量的共同研修

活动，是基于"问题解决"的"系列主题"设计。这方面还有一些需要注意的情况，如需要进一步关注不同教师的发展需求，问卷调查发现，88%的教师表示"非常愿意"或"愿意"继续参加共同体的教研活动，但不同职称教师比例明显不同，很可能是教研内容未照顾到不同群体的需要。再有，就是需要在进一步发展教师的"关键能力"上下功夫，共同体研修活动可从"经验范式"向"研究范式"转变，提升教师的关键能力，如课程开发能力、研究学生能力、提升命题能力、指导学生学习的能力等。同时要进一步强化基于问题的学科联合研修规划，开展更多有针对性的活动。

共建共享、同心同行、美人之美、美美与共是普通中学学区共同体建设的理想，我们已经取得了初步成效。评估数据显示，81%的教师认为共同体建设促进了本校的发展；89.5%的家长感受到自己子女就读的学校各方面有良好变化；84.2%的家长对子女就读的学校感到满意，仅4.2%的家长暂时对子女就读的学校不太满意"。我们将继续努力，把共同体学校打造成合作的共同体、成长的共同体、发展的共同体、命运的共同体，努力让每个孩子都能享有公平而有质量的教育。

（原载于《人民教育》2020年第1期［总第821期］）

论小组合作学习中的冲突与调适

□ 邓仕民　黄晓辉　熊元红

摘要：小组合作学习存在认知性、情感性和程序性等冲突现象。导致冲突的原因主要有个人的人格特征、沟通方式、认知基础和能力结构等个体性因素差异以及教师忽视合作奖励结构和学生缺乏合作技巧等。化解小组合作学习中的冲突需要优化小组文化建设、培养学生合作学习习惯和完善小组评价方式。

关键词：小组合作学习；冲突；调适；

合作学习（cooperative learning）可追溯到人类纪元初期，经过两千多年的发展，到 20 世纪 70 年代在美国兴起了现代合作学习理论[①]，也是目前在世界范围内普遍采用的富有创意和实效的教学理论和教学策略体系。[②] 在小组合作学习过程中，合作是主旋律，然而冲突也在所难免，"绝大多数冲突都是发生在合作过程中"[③]。小组合作中的冲突同时具有正向和负向的功能，其正向功能在于它能够在群体成员间的意见交流和碰撞中，推动认识的提升和合作的深入，但如若不加调控，则能成为课堂教学进展和合作学习的障碍。因此，需要摸清小组合作学习中存在哪些

① 王坦. 合作学习导论 [M]. 北京：教育科学出版社，1994：4-11.
② 张文秀. 富有创意和实效的教育理论——合作学习研究 [J]. 江苏社会科学，2007(2)：72-74.
③ M. Afzalur Rahim(ed.).Managing Conflict: An Interdisciplinary Approach, New York : Praeger, 1989：43.

主要的冲突，剖析冲突形成的原因，进而对小组合作学习中的冲突提出调适策略。

一、小组合作学习中的冲突现象

（一）互动与冲突

小组合作学习是学习者以小组的方式围绕着共同的目标而构建知识的过程，它能够有效地激发学生的自我意识，引导学生主动承担小组责任，培养学生的主动参与意识和合作精神，使个体在集体生活中获得学习、交往、品德等综合素质的发展。小组合作学习中，成员之间的互动是经常性的学习活动，通过互动维系和促进小组内成员形成比较稳定的社会关系，即小组结构。在小组结构中，各成员之间形成一套目标、环境、角色、地位、规范、权威结构。成员明确自己的地位和扮演的角色，并按照一定的规范表现出行为，最后指向目标系统。互动可以分为合作性互动、竞争性互动和冲突三种。[①] 合作性的互动以和谐的方式产生正面的积极影响，竞争性互动则通过竞争产生激励性作用，而冲突则通过分歧、对立、抵抗等多种形式的紧张关系实现小组成员之间新的平衡。通过多种形式互动，小组结构在调整变化中实现不断的发展和平衡。

在合作学习中，D.W. Johnson 与 R.T. Johnson 这样定义"冲突"："当某人的观点、信息、结论、理论或意见与他人的不一致，而两者又试图达成一致时，冲突产生。"[②] 施利承等也认同合作学习中的冲突是认识的冲突，而非情感上的冲突。[③] 笔者认为，合作学习虽然是以知识的学习为主要内容，认知上的冲突也是学习过程中普遍而广泛存在的现象，合理范围内的认知冲突具有创造性和积极意义。然而，小组合作学习的过

① 陆士桢，王玥 . 青少年社会工作 [M]. 北京：社会科学文献出版社，2010：95.

② Karl Smith, David W. Johnson, and Roger T. Johnson. Can Conflict Be Constructive? Controversy Versus Concurrence Seeking in Learning Groups[J]. Journal of aducational Psychology，1981，73(5)：651- 663.

③ 施利承，杜卫玉 . 认知冲突：合作学习中的多边对话 [J]. 教育学术月刊，2008(1)：85-87.

程是综合性的学习活动，它应该具有培养认知、情感、社会交往能力、态度和价值观等多元目标。这个过程不只是知识上的学习活动，因而其冲突也不仅局限在认知层面上。基于培养学生多元发展，融各种素质培养于小组合作学习中，既符合小组合作学习兴起的初衷之一——解决种族隔离，促进学生交流与融合，这一目标是社会性的，绝非单一的认知取向的目标；又符合未来学生创新精神和合作精神的培养取向。因此，笔者在论述时更倾向于多维的冲突，即"冲突是个人或群体内部、个人与个人之见、个人与群体之见、群体与群体之间互不相容的目标、认识或感情，并引起对峙或不一致的相互作用的任何一个状态。"① 这里所说的群体特指教师设计好小组学习任务后，对学生进行分组后形成学习团体。

（二）三类冲突现象

由于学生各自的知识基础、涉猎视域、感知和思维方式等个体的固有因素，以及对小组合作学习的目标、合作技巧、途径与步骤等认识上的差异，使小组合作学习遭遇认知性冲突。认知性冲突是课堂中蕴含着的建设性的冲突，经过合作学习中讨论和争论，学生已有的知识结构和认知方式受到冲突，产生认知上的不协调。为解决认知上的矛盾，小组成员需要查阅资料、请教教师，在掌握新的知识的基础上再次碰撞观点，从而在知识的认知上得到提升。Cazden 等发现，"在课堂里的建设性冲突，提高了某人观点正确性的不确定性，促使团队成员重新思考他们最初的观点，强化了对更多信息的好奇心，可以增强内在的、持续的动机，提高观点采择能力和积极的人际沟通，学生因此也会取得更好的成绩。"② 因此，认知性的冲突蕴含着积极的意义，然而，这种情况不总是会发生，它需要教师设计和编排组内成员，并对小组合作学习进行指

---

① 邱礼俊. 组织行为学 [M]. 长春：东北师范大学出版社，2012：138.
② Cazden, Courtney B.; What Goals Should Schools Be Trying to Meet? Essay Review of Psychological Theory and Educational Reform: How School Remakes Mind and Society by David R. Olson. Human Development, Vol 47(5), Sep- Oct 2004. pp. 327- 330.

导。因为在长期的磨合和较量过程中，组内学生在遇到认知冲突时，会倾向于组内知识权威者的意见，而不愿意再花费时间进行多角度的思考与讨论，而直接将学习优势者答案作为自己与小组的集体意见。一旦小组内成员的地位、角色固化，形成成员默认的规则，不同学习水平的学生重复扮演某些角色，就会形成优等生的"学霸现象"、中等生的"打酱油现象"和学困生的"边缘人现象"。

情感性冲突不是以解决问题为基础的冲突，而是来自人际关系上的冲突，由人与人之间相互抵触引起的情感反应所产生的冲突，伴随着不和、吵骂、猜疑等不利于破坏合作关系的情绪与行为。情感性的冲突不具有正向意义，是小组合作学习中应该避免的冲突形式。触发情感性冲突的因素是多样的，个人的讨论技巧、小组合作学习者之间的任务分配与配合、教师的奖励方式等均可能引发情感性冲突。情感性冲突将对问题的争论转为人身攻击，赢得自己观点的胜利重于共同目标的实现，负面情感占据在小组成员交往中。情感性冲突实则是关系冲突，小组内的学生缺乏面对和处理异己意见的能力，没有掌握沟通和合作的技能，无法化解在合作学习中的对立和敌意。情感性冲突具有一定的破坏力，它不利于小组形成合作的氛围，破坏组内合作关系，阻碍学习活动的进展，耗损学生的时间和精力。

程序性冲突发生在小组成员讨论过程中，有小组成员打断他人陈述，急于表达自己观点而产生小组讨论的停滞现象。程序性冲突的引发者不是因为个人情绪上的对抗，也非认知意见的差异，而是破坏了小组合作学习的规则，是技术层面的冲突。信息分享与合作机制不确定、学生未认同和执行合作学习规则均是造成程序性冲突的原因。这种冲突使小组合作的秩序混乱，分享、交流、讨论的学习活动变成了无序的争吵和声音的较量。小组成员之间相互没有接收到完整的信息，或者陈述者的信息被误解，出现了"自说自话"的局面。从根本上讲，这已经偏离了合作的本质意义。

二、小组合作学习中冲突的原因

小组合作学习是一种协作性的活动，其冲突是小组成员不协作状态的反映。造成不协作状态的原因既包含合作者本身的价值观、能力、知识、合作技能等主观原因，也包含合作环境、外部激励措施、规则与秩序制定与维系措施等客观原因。

（一）个体之间有差异

小组合作学习过程是多主体的活动，个体之间存在差异既是合作学习的基础，也是导致小组合作学习冲突的潜在因素。学生在知识基础、智力水平、认知风格、思维方式、性格、兴趣、自我期望等方面不尽相同，每一成员都不会对同伴所说、所做的每一件事表示赞同。个体人格差异、沟通差异、认知差异、能力结构差异等是几种常见的形式。个体自身的特质和价值观系统对个体合作特征有根本性的影响。由于每个学生的成长经历、家庭环境不同，他们在成长中所形成的个性特征和价值观千差万别。这些差异会反映在小组合作学习中，持有相反价值观的学生之间会隐藏着冲突的可能。它不仅表现为小组成员之间的冲突，当个体的价值观、个性特征等个体文化与小组普遍的文化规则不匹配、不协调时，对于个人来讲，这种冲突也是反用于自身的。不懂得倾听、回应方式的学生，要么采取激烈的对抗方式，要么以沉默接受的方式，使小组互动过程中断，产生语义困难、误解以及沟通噪声等对抗性的交流形式，因此沟通方式的差异也是导致小组合作学习冲突的因素。个人知识基础不同，获取信息的范围和深度、看待问题的角度和方式、个体所处的环境、个人经验、知识结构等存在各种各样的差异性，就会对同一问题产生不同意见和需求。在小组合作学习中，如果小组内成员之间的能力结构差异悬殊，那么很容易发生低能力者对高能力者的盲从现象。如若学生的能力结构差异低，则产生冲突的概率就越大。

（二）教师奖励结构不恰当

奖励结构既是运用何种方式强化学习行为的结果，它包括奖励类型、奖励频数、奖励的接受性与奖励的对象；也是人际间奖励的互赖性，它包括负性（否定）的奖励互赖关系和正性（肯定）的互赖关系。[①] 小组合作学习通过社会群体结构的变化带动教学的权威结构、任务结构和奖励结构的变化。"对策困境"的研究表明：在个人奖励结构（每个人达到一定指标均可获奖）和竞争奖励结构（只有得分最高的前几名可得奖）情境下，集体取向者的合作行为多于个体取向者；而在合作奖励结构（以组为单位达到最高分可得奖）情境中，个体取向者的合作行为不少于集体取向者。[②] 因此，合作奖励结构更容易增加学生的合作行为。教师的奖励结构应当引导和鼓励学生开展小组合作，而非个人的竞争力。在学生展示环节，教师对小组内某些表现出色的学生进行加分、表扬或物质性的奖励，直接刺激学生个体的竞争性。如果过分强调竞争性的评价，迫使学生更多的自我介入而不是任务介入，更多地关注行为表现目标而不是学习性目标。

（三）学生合作技巧缺乏

小组合作学习不仅是学习者共同建构知识的过程，更是学习者社会交往的过程。因此，如果缺乏必要的合作和分享的技巧，就很容易阻碍小组学习活动的持续开展。有学者认为，"课堂合作的基本技能包括：听取、说明、求助、反思、自控、帮助、支持、说明、建议、协调。"[③] 学生不会交流和表达自己的想法，语言表达拖沓，讲不出重点，会让倾听者失去理解的机会；同样，随意打断小组内同学讲话的行为，也会引发理解上的冲突。教师对合作学习的本质和自己承担的角色认识不足，

---

① 高有华 . 课程基础理论及其应用 [M]. 镇江：江苏大学出版社，2011：138.
② 顾明远，靳希斌，张厚粲 .20 世纪中国学术大典：教育学、心理学 [M]. 福州：福建教育出版社，2012：409.
③ 王坦 . 合作学习的理念与实施 [M]. 北京：中国人事出版社，2002：171- 172.

疏于对学生培训和指导，对小组的发言技巧、展示规范等普遍缺乏培训，就容易造成学生之间角色分工不明确，合作学习中断或冲突。

三、小组合作学习冲突的调适策略

对小组合作学习冲突的调适，要从宏观的文化建设入手，培养学生基本的合作学习习惯，完善小组合作学习的评价方式。建设小组文化，为学生认同并学习合作提供环境基础，培养学习习惯奠定小组合作学习的技术基础，完善评价方式为小组合作学习提供激励和导向。

（一）开展小组文化建设

文化的实质是认同，学校开展小组文化建设，使学生认同小组文化。小组文化分为有形和无形两种。有形的文化包括组名、口号、标识等，无形的文化包括组内的制度建设和班级活动。鼓励小组成员讨论决定小组的组名、口号等有形的文化符号，通过这一文化仪式，使小组成员形成共识，增强小组归属感和身份感。充分利用班级的成果展示区，将各小组的口号、目标、成果等以多样形式展示，以此激励小组成员形成团结一致的心态。班主任组织各小组开展组内制度建设，制定奖惩机制，制约或激励小组成员。开展活动提升小组文化，以小组为单位进行活动评比和成果展示。教师在小组建设过程中，要发挥统筹协调的作用，既不能让各小组之间势不两立或互不交往，也不能让小组内部过于松散。在小组集体进步和个人个性发展之间形成均衡点，不能让小组成为个人发展的枷锁，也不能形成一盘散沙。教师发挥主题班会活动的作用，对学生进行集体主义教育和心理辅导，使每一位学生在小组合作学习中恰如其分地扮演好角色，共同取得学习上和交往上的进步。

（二）培养学生合作学习习惯

学生合作学习习惯是日积月累形成的，除了学生自身要修炼学习习惯、交往能力等外，教师应当有意识地加强合作学习习惯的培养。在作业与任务设置上，多布置需要小组协作才能完成的任务；在小组设立上，

尊重学生的差异并加以利用，建立多元合作的小组，一般包括"协调员、活跃分子、实施者、资源开展者、引导者、监测/评估员、合作者、完成者和专家9类"[①]，使每个人都能在合作学习中找到自己不可或缺的位置，为合作学习奠定组织基础；在制度建设上，引导小组制定适合各小组的规则，约束小组成员的不良学习习惯，奖励优秀合作习惯者。

（三）完善小组评价方式

根据小组评价细则，制定小组评价体系，形成个人评价与小组集体评价相结合的方式。教师注重学习的过程性评价和结果性评价相结合，既要考虑到小组整体的成果，又要考虑到小组学习合作过程中的合作态度、方法、参与程度、协作、倾听、交流等合作技巧和合作精神的评价。教师注重奖励策略，有意识地采取多种奖励方式，采取合作鼓励结构，激发学生发掘潜能，培养合作意识，提高合作技能，促进共同学习。

（原载于《教育探索》2015 年第 6 期［总第 288 期］）

附录

---

① 陈向明 . 小组合作学习的组织建设 [J]. 教育科学研究，2003：5-8.

"慧学课堂"：探索优质课堂背后共通的秘密

□ 邓仕民

他们发现了优质课堂背后的共通元素：课堂温度、教育宽度、知识密度、学科深度……

2009 年，曾经辉煌过的凤鸣山中学在同侪中，教学质量开始出现明显下滑，它给学校带来的影响是全方位的，教师人心涣散，学校发展前景堪忧！我们意识到，改变必须马上开始。

"慧学课堂"：探索优质课堂背后共通的秘密

"找出一种教育方法，使教师因此可以少教，但学生可以多学；使学校可以因此少些喧嚣、厌恶和无益的劳苦，独具闲暇、快乐及坚实的脚步。"夸美纽斯描述的教育愿景仿佛道出了我们的心里话，我们称这样的课堂为"慧学课堂"，成为我们追寻的目标。

我们开始认真思考课堂教学的本质，尝试先从理念上想通改革这件事。通过反复对比各种先进的教学方法，对我们认为的"高品位"和"高境界"教学过程一一剖析，渐渐发现了优质教学过程背后一些共通的元素，我们总结为：课堂温度、教育宽度、知识密度、学科深度，只有这四个方面都兼顾得比较好的课堂，才可能是一堂好课，学生才能有收获，才会乐此不疲。在这四个维度中，"课堂温度"体现了教学的驱动力，"教育宽度"体现了教育公平力，这二者共同呈现出教育引摄力，它会让学生更加"乐学"；"知识密度"体现了目标执行力，"学科深度"体现了思维创新力，这二者共同呈现出教育突破力，它会使课堂更加"高效"。四个维度都是教学的必要元素，忽视哪一项都会影响课堂效果。这个发现还告诉我们，绝不能再像过去那样，把知识的高效获取作为唯一目标，还要重视学生获取知识时的感受，最好能够让他们有获得真知时的巅峰体验。

接下来，我们开始了具体实施的过程。

为"慧学课堂"做观念上的准备

在改革初期，我们切身感受到以中考、高考成绩为主要内容的传统评价制度所带来的阻力，过强的风险意识让大家裹足不前，生怕改变把一切都搞砸了。我们意识到，教师们的理念滞后是阻碍教师改革的重要因素，为了让教师们坚信改革课堂的关键在于释放学生，学校曾邀请昌乐二中教师现场授课，也派出200多名教师集体前往四川棠湖中学观摩学习……这些"眼见为实"的活动，让教师们真切地感受到了学生这种教育资源被开发后所爆发出来的巨大能量，教师的震撼也使我们的改革有了一次切实的动员。

之后，学校创建了独具校本特色的"凤鸣大讲坛"，对全校教师进行新教育观念启蒙。至今，"凤鸣大讲坛"已开讲39期。生本教育创始人郭思乐，教育部新课程专家组核心成员、全国著名物理特级教师黄恕伯……专家们的理论让教师们醍醐灌顶，彻底颠覆了他们的学生观：学生不仅是教育的对象，更是最丰富、最鲜活、最能起决定作用的教育资源。我们的课堂应该相信学生，更应该依靠学生。

把"慧学课堂"付诸实践

急于改变的我们把视野转向了外部世界。洋思中学、昌乐二中……国内实施新课程改革的探索者为我们提供了学习的样本，我们首先把各种新课程样本"拿来"，但我们绝不仅仅满足于做一个模仿复制者，而是思考每个环节的价值追求，思考我们自己的特点与需要。

2011 年 3 月，经过经验的移植、核心成员的顶层设计、不断地实践与调整，学校终于出台了《重庆市凤鸣山中学关于推进"四环节问题导学式慧学课堂"改革的指导意见》，正式确定了我校"慧学课堂"的改革路径。

"慧学课堂"兼顾了我们认为最重要的课堂教学的四个维度，最终的目标是要通过"问题"导学，激发学生积极主动的学习思维，在单位时间内高质量、高效率完成教学任务，学生在知识与技能、过程与方法、情感态度与价值观三维目标上都要全面地获得发展。它以学习小组为组织形式，具有如下特征：

慧学课堂是在尊重学生自主学习权利的前提下开展的，学生在课上有充足的时间进行思考、展示和互动交流，其主体地位使教学充满吸引力和责任感，学生的主人翁精神使他们充满了学习热情和动力，使课堂始终洋溢着生命激情，充盈着自己发现真知时的幸福体验，是有"温度"的课堂。

慧学课堂特别关注学生在课堂学习机会和展示机会的均等，给予全体学生以充足思考的时间、足够多的个人实操时间以及尽可能均等的展示机会，即使最不擅长这一学科的学生，也不会因为进度而被甩下，因为在课程的设计阶段，教师就会从他们的角度考虑每一个环节，引导教学走出"优生垄断"误区，是有"宽度"的课堂。

慧学课堂会在教学容量上有一定的要求，这对中学阶段的教学尤其是必需的，不论何种教学模式，学生的收获都要有知识量的要求，因为知识是思维和能力的基础。教师会事先把握好教学内容的取舍、教学进度的快慢和教学节奏的张弛，力求获取最大化的整体教学效益，是有"密度"的课堂。

慧学课堂要求教师在知识的重点与难点的教学之后，激发起学生对相关问题的深入思考。追求知识教学与能力培养相统一，追求思维深度与文化内涵相统一，是有"深度"的课堂。

慧学课堂 = 课堂温度 + 教育宽度 + 知识密度 + 学科深度，慧学课堂实现了"传授型课堂"向"学习型课堂"的转变、"知识型课堂"向"发展型课堂"的转变，达到我们理想中的"解放学生，改变学生的学习状态；解放教师，提高教师的生活质量；提升学校，改变学校的发展模式"的改革目的。

今天，我们回看当初的改革，"慧学课堂"改革是为了追求有品质的教育过程并产生优质的教育成果，这一点已经基本实现了，它首先是基于人的发展，基于人在学习中的主动和自由的发展，重点是解决学生学习的兴趣、热情、自信心、情感态度和学习动力问题，然后才是解决知识学习问题。我们也是在实践中才慢慢地意识到，我们的改变非常值得，这种兼顾了四个维度的教学方式，不仅让学生在知识的获取上没有减少，还在反省能力和思辨能力上有了普遍提升，孩子们看问题更加深刻和多维了，也更加宽厚包容、更有自信心了，求真、向善的人生境界也有了很大的提升。

另外，我们的"慧学课堂"改革不是局限于课堂，不是就课改而课改，而是与学校文化相融合，与学校德育相辉映。"慧学课堂"依托于学校"智慧""高雅"的"凤"文化内涵，让学生"学而生慧，慧而达远"。学生小组合作、自主探究、登台展示，培养了积极进取的人生态度、阳光开朗的性格和优雅自信的气质。作为学校改革的突破口，"慧学课堂"改革以学校文化建设引领走向高远，以学校德育活动支撑逐步深入，从而引爆了学校的整体改革与发展。

不让"慧学课堂"昙花一现

当大家的意识都有了充分的提升，并且脚下的路径也渐渐明晰，这时一项事业的成败就取决于决策者的勇气与决心、毅力与恒心，取决于是否能消除执行者的惯性与惰性，具体的制度设计、实施方法的优劣就显得十分重要。

首先是制度设计。为使改革有"法"可依，有章可循，学校先后出台了《重庆市凤鸣山中学关于推进"四环节问题导学式慧学课堂"改革的指导意见》《重庆市凤鸣山中学关于实施"四环节问题导学式慧学课堂"学习小组评价与管理的指导意见》《重庆市凤鸣山中学关于"四环节问题导学式慧学课堂"常态推进的工作方案》等指导性文件，建立了行政督导、专家督导、教研组督导"三级督导"机制，推门听课，预约听课，视频监控，深入课堂，督导课堂，会诊课堂，促使全校教师及时"入格"，迅速"合格"。制度上的严格要求是必须的，表明了学校改革的态度和决心，也是克服惰性、激发变革的底线保证。

同时，相应的评价体系建立起来，学校对教师的课堂改变情况进行了量化考核。对教师的评价，与以往只看重结果性评价不同，我们在这项改革中更强调对教学行为的评价，这与对学生的过程性评价接近。学校借助小组学习过程评价表、学生评教表、视频监控、随机听课等方式，对教师实施"慧学课堂"的教学行为进行评价，每周一统计，每周一反馈，使之成为教师教学行为的一面镜子，能够对教师下一步的教学产生积极的影响。

对于教师教学水平的提升，我们采用了以活动为主的策略。为给全校教师提供观摩学习的范例，以点带面，示范辐射，学校搭建了"'慧学课堂'优质课大赛"（已举办10届）、"新老师亮相入格课""岗培班结业学员合格课""市区级骨干教师示范课""'慧学课堂'常态课展示"等多个展示交流平台，引领全校教师登台交流。每学期均有100余人次的不同层次教师进行展示，覆盖每个学科。

学校还创办了每月一期的"凤鸣论坛"，由学校教师介绍经验，反思行为，分享成果。"我总结我的教训，人人多了一个教训；你奉献你的成功，人人多了一个成功。"它是在践行"慧学课堂"过程中，教师们用真实的行动、真情的表达、真正的思考汇聚起来的智慧火花。

在教研中强化集体教研，创新教研手段。集体教研活动已经成为磨炼"慧学课堂"的主要途径，我们强化对教材的研讨和导学案设计制作的研讨,每次集体教研活动都不会成为只为一两堂课服务的"过眼云烟",任何一个好的想法,经过大家的认可,最终都会进入我们的教学资源库,这个库对所有教师开放,每位教师都可以把好点子"拿来",为自己的课堂添砖加瓦。我们还推行了教研活动"2+2"模式,即每人提两条建议,讲两个问题,长期坚持使每位教师几乎都有了一双慧眼,有了一种更精细、更敏锐的洞察力,原本看似已经很完美的教学设计,在大家你一言我一语的反复推敲下,又能找到更合理的改进点。

积极为教师成长搭建学术平台。我们通过各种渠道努力为教师争取机会,外出参加各种研讨会、现场会、论坛、调研及赛课等学术活动。更是尽自己所能,在学校搞了多次高水平的学术交流活动。数十场大型教育教学现场会走进凤鸣山中学,为学校带来了教育教学的前沿资讯,也向外界彰显了学校改革的成果。同时,我们还用课题做牵引,提升教师的学术水平。学校的"新课程'四环导学'慧学课堂理论与实践研究"成功申报为重庆市教育科学"十二五"规划课改专项重点课题;"小组合作与探究学习有效性的实证研究"也成功申报市级规划课题;学校还成功申报了 57 个沙坪坝区"教师成长课题",现已结题 49 个。课题研究对教师的成长,尤其是学术水平的提升,有着不可替代的作用。

通过几年的努力,我们更坚信对优质课堂共通元素的猜想,越来越接近我们的"慧学课堂"理想,正如教师们所讲:"以前一节课要写几块黑板,一边写,一边讲,还要留意差生是不是在听,一节课下来口干舌燥,感觉心都被掏空了,还落了满身的粉笔灰……'慧学课堂'能让自己轻松愉快地工作,开开心心地工作,为什么不实施呢?"

接下来,我们还要在课改中提高教师的理论水平,让他们把实践性、操作性经验进行升华,带来整体性提升;我们还意识到,课堂教学仅仅是学校各项工作中的一环,课堂教学改革若要取得成效,必须要有校园文化的引领和学生德育活动的支撑……

（原载于《人民教育》2017 年第 2 期［总第 759 期］）

后　记

在我看来，教育的最高境界是追求教育的真善美。正因为拥有这样的信念，在教育之路上跋涉多年，我始终怀揣着对教育最纯粹的热爱与执着。身为重庆市凤鸣山中学的书记、校长，我有幸见证了无数学生的成长与蜕变，也在这一过程中不断思索教育的真谛。"雅慧教育论"的提出，绝非一蹴而就，它是我在教育实践中点点滴滴的积累与感悟，是对教育本质深入探寻后的结晶。

初入教育行业时，我和许多教育工作者一样，努力传授知识，希望学生能在学业上取得优异成绩。但随着时间的推移，我逐渐发现，教育远不止于此。学生们是一个个鲜活的个体，有着不同的性格、兴趣和梦想。他们需要的不仅仅是知识的堆砌，更需要在一个充满人文关怀、能够滋养心灵的环境中成长。

在凤鸣山中学的日常教学管理中，我留意到学生们在品德修养、审美情趣和创新思维等方面的发展参差不齐。有些学生成绩优异，但在为人处世、团队协作上却有所欠缺；有些学生极具艺术天赋，却因缺乏系统引导而难以将兴趣转化为特长。这些现象让我意识到，我们的教育需要一种更全面、更具内涵的理念来引领。

于是，我开始深入研究国内外的教育理论与实践案例，从中国传统的儒家文化中汲取"雅"的精髓，从现代教育对创新思维、多元智能的重视中提炼"慧"的要素。经过无数次的思考、讨论与实践，"雅慧教育论"的雏形逐渐显现。"雅"者，正也，代表着高尚的品德、优雅的举止和深厚的文化底蕴；"慧"者，智也，代表着聪慧的头脑、创新的思维和解决问题的能力。我认为，"雅"与"慧"是学生未来立足社会、成就人生的两大基石，它强调培养学生的优雅气质与聪慧品质，注重知识传授与品德塑造、审美培养、创新能力提升的有机融合。二者相辅相成，缺一不可。

基于以上认识，我提出了"雅慧教育"的理念，并将其作为学校办学的核心思想。雅慧教育，旨在培养"品德高尚、学识渊博、身心健康、志趣高雅"的时代新人，致力于为学生终身发展奠基。

在《雅慧教育论》的形成过程中，我得到了许多人的帮助与支持。我校的方予老师、廖成群副校长在文稿初创和筹划出版等过程中施以援手，向我提出了很多有价值的建议、有启发的观点和有效的推进措施，对我帮助很大。在这里，我要特别感谢《德育报》执行总编晨光先生。在本书的出版过程中，晨光先生给予了我鼎力相助。他以其专业的眼光和丰富的经验，为本书的内容架构、文字表述提出了许多宝贵的建议。在稿件的编辑、审核阶段，他不辞辛劳，反复斟酌每一个细节，确保本书能够以最完美的姿态呈现在读者面前。没有他的帮助，本书的出版或许会面临诸多困难。

同时，我也深感荣幸能够得到教育界泰斗顾明远老先生为本书作序。顾老一生致力于教育研究与改革，他的教育思想影响深远。他在序中对"雅慧教育论"的肯定与鼓励，让我倍受鼓舞。顾老的序言不仅为本书增添了厚重的学术价值，更为"雅慧教育论"的推广与传播奠定了坚实的基础。他的指导与关怀，让我在教育探索的道路上更加坚定信心，勇往直前。

回顾"雅慧教育论"的形成历程，我感慨万千。这不仅是我个人教育理念的升华，更是全体凤鸣山中学师生共同努力的成果。在实践"雅慧教育论"的过程中，我们的教师团队积极探索创新教学方法，将"雅慧"理念融入到每一堂课、每一次活动中；我们的学生在"雅慧"文化的熏陶下，不断提升自我，展现出了自信、优雅、聪慧的精神风貌。

教育是一项伟大的事业，它承载着无数学生的未来和社会的希望。"雅慧教育论"的提出，只是我在教育探索道路上的一个阶段性成果。我深知，教育改革永无止境，"雅慧教育论"也需要在实践中不断完善与发展。未来，我将继续与全体教育工作者携手共进，努力为学生创造更加优质的教育环境，培养更多德智体美劳全面发展的新时代人才。

人生百年，学无止境；幸福教师，追寻雅慧。在《雅慧教育论》即将付梓之际，回首这段历程，心中感慨万千。本书的诞生，既是我个人对教育事业的思考与总结，更是重庆市凤鸣山中学全体师生共同努力的结晶。在此，我衷心感谢每一位关心和支持凤鸣山中学教育事业的同仁！感谢每一位为本书出版付出努力的朋友。感谢父母的养育之恩！感谢爱人和孩子无私的爱！感谢所有在我人生路上给予关爱和帮助的朋友们！希望《雅慧教育论》能够为教育界的同仁提供一些有益的参考，共同推动教育事业蓬勃发展。

二〇二五年二月十日